D1996672

Werner Wintersteiner (Hg.)

»Mehr Sicherheit ohne Waffen«

Gefördert von der Stadt Wien Kultur

Bibliografische Information der Deutschen Bibliothek:
Die Deutsche Bibliothek verzeichnet diese Publikation
in der Deutschen Nationalbibliografie.

Der Beitrag von Hans Thirring *Mehr Sicherheit ohne Waffen. Denkschrift an das österreichische Volk und seine gewählten Vertreter* wird hier mit freundlicher Genehmigung von Herrn Dr. Peter Thirring, dem Vertreter der Erbengemeinschaft, abgedruckt.

Coverfoto: »Designed by Freepik«

Druck: CPI – Clausen und Bosse, Leck
Printed in Germany
ISBN: 978-3-85371-547-5

Promedia Verlag
Rotenlöwengasse 8/4
1090 Wien
E-Mail: promedia@mediashop.at
Web: www.mediashop.at | www.verlag-promedia.de

„MEHR SICHERHEIT OHNE WAFFEN"

Zur Aktualität von Hans Thirrings Friedensplan

WERNER WINTERSTEINER (HG.)

PROMEDIA

Inhalt

Werner Wintersteiner

Über den Thirring-Plan (hinaus). Zu diesem Buch

»La guerre n'est pas le plus court chemin vers la paix.«

DOMINIQUE VILLEPIN

Im Jahre 1963 publizierte der hoch angesehene Wiener Physikprofessor und Friedensaktivist Dr. Hans Thirring das Memorandum *Mehr Sicherheit ohne Waffen*, den sogenannten *Thirring-Plan* zur einseitigen Abrüstung des neutralen Österreich. Dieser sah die durch internationale Abmachungen gestützte Auflösung des Bundesheeres vor. An Österreichs Grenzen sollten UNO-Soldaten Beobachtungsposten beziehen. Damit sollte – in einer Zeit, die für Entspannung und Abrüstung ein günstiges politisches Klima bot – das neutrale Österreich einen Anstoß für weltweite Abrüstung und Ächtung der Kriege geben. Erklärtes Ziel Thirrings war es, eine globale Abrüstungsdynamik in Gang zu setzen. Der umstrittene Plan sorgte für einige Turbulenzen und wurde vom politischen Establishment abgelehnt, brachte seinem Autor aber zwei Nominierungen für den Friedensnobelpreis ein. Mit seinem Vorschlag zur einseitigen Abrüstung als explizit friedenspolitische Intervention hat der Wissenschaftler ein Tabu gebrochen, eine Debatte angestoßen und eine Denkmöglichkeit eröffnet. Es war sozusagen eine »Schubumkehr« des Diskurses: Sicherheit nicht mehr durch permanente Drohgebärden und weitere Aufrüstung, sondern eben *Mehr Sicherheit ohne Waffen.*

Das war damals eine Provokation, und das ist heute erst recht eine. Jedoch eine notwendige Provokation. Heute vielleicht noch notwendiger als damals. Denn heute erleben wir nicht bloß einen neuen Kalten Krieg, sondern auch in Europa einen »heißen Krieg« mit globalen Auswirkungen. In der sogenannten »Zeitenwende« dominiert immer stärker eine Kriegslogik, der zufolge massiv aufgerüstet wird, aber diese Aufrüstung nicht hinterfragt werden darf: In den Debatten wird »Kriegstauglichkeit« zur Normalität und der Diskurs um Friedensbemühungen zum Tabu.

Für eine Wiederbelebung des Diskurses über Abrüstung

Wir brauchen daher eine Diskursumkehr. Es geht nicht länger an, dass Aufrüstung als Normalfall gilt und Abrüstung sich legitimieren muss. Es sollte vielmehr umgekehrt sein. Denn es ist so, wie auch der durchaus zum konservativen Lager gezählte französische Politiker, Diplomat und Schriftsteller Dominique Villepin sagt: »Der Krieg ist nicht der kürzeste Weg zum Frieden.«[1] Wir müssen daher den Diskurs über Abrüstung als Teil von umfassenden Friedensstrategien wiederbeleben.

Diese Debatte zu befördern und einen Beitrag zu ihr zu leisten, ist das Anliegen dieses Buches. Da eine Debatte von kontroversen Positionen lebt, wurden Expert*innen verschiedener Arbeitsfelder, politischer Lager und unterschiedlicher Generationen gebeten, den Thirring-Plan aus heutiger Sicht zu kommentieren und/oder derzeitige Herausforderungen der Friedenssicherung zu diskutieren. Dabei geht es auch um die besonderen Möglichkeiten neutraler Staaten wie Österreich.

Zu den Beiträgen dieses Buches

Im ersten Abschnitt, DER THIRRING-PLAN, wird das Originaldokument erstmals seit 1963 wieder integral veröffentlicht. Dem folgt eine Darstellung der Geschichte und des Schicksals dieser Initiative von *Werner Wintersteiner*. In seinem Beitrag »Ein weltpolitischer Paradigmenwechsel. Über das Potential von Hans Thirrings Abrüstungsvorschlag« interpretiert er dessen Konzept als aktuelles diskursives Gegengewicht gegen jedes militaristische Denken und Handeln.

Im zweiten Abschnitt, DER THIRRING-PLAN IM HISTORISCHEN KONTEXT, folgen Kommentare, die Thirrings Vorschlag historisch situieren und einschätzen. Hier finden sich unterschiedliche und teilweise kontroverse Positionen, vor allem bezüglich der Frage der bewaffneten Neutralität. Was allerdings alle Autor*innen eint, ist ihre Skepsis gegenüber Hochrüstung und Militarismus und ihre Wertschätzung der Neutralität.

Heinz Gärtner, Professor für Politikwissenschaft an der Universität Wien,

1 Dominique Villepin, *Le Monde Diplomatique*, juin 2024, 1.

schildert in »Hans Thirring: Brillante Analyse und eine ungeeignete Schlussfolgerung« die geopolitische Konstellation und die Abrüstungs- und Neutralitätsdiskurse, die den Rahmen für Thirrings Idee bildeten. Er folgt dem Wiener Physiker in vielen seiner Überlegungen, hält aber die Kernidee der einseitigen Abrüstung für unbrauchbar und kontraproduktiv.

Erik Gornik, Mitarbeiter des Heeresgeschichtlichen Museums Wien, zielt mit dem Titel seines Beitrags, »Ein ›Testobjekt der Möglichkeit friedlicher Koexistenz‹. Österreich und der Thirring-Plan«, auf Thirrings Hauptargument. In seiner Skizze der Beweggründe Thirrings geht er besonders auf den Schriftverkehr ein, den dieser mit den Staatschefs der USA und der UdSSR geführt hat. Darüber hinaus referiert er die Kritik an dem Plan in der Österreichischen Militärischen Zeitschrift (ÖMZ) sowie Thirrings Replik.

Gerhard Oberkofler, emeritierter Professor an der Universität Innsbruck, beschreibt in seinem Beitrag »Zur Vorgeschichte des Thirring-Plans«, das pazifistische Umfeld Thirrings – die Aktivitäten kriegskritischer Naturwissenschaftler*innen und die Tätigkeit des *Bundes demokratischer Frauen*, also die pazifistischen Basisbewegungen, die es nicht leicht hatten in Zeiten des Kalten Krieges.

Erwin Bader, emeritierter Professor der Universität Wien, stellt Thirrings Wirken in eine Traditionslinie des österreichischen Pazifismus von den Anfängen bis zur Gegenwart: »Das Kreuz des Pazifismus – von Bertha von Suttner bis heute. Hans Thirring im Kontext der österreichischen Friedensbewegungen«. Im Atomzeitalter seien die Staaten zum Frieden gezwungen – und die Religionen sollten daran wirken, alle Feindbilder im Dialog abzubauen.

Ein weiteres Kapitel thematisiert FRIEDEN, NEUTRALITÄT UND ABRÜSTUNG HEUTE. Auch hier finden sich, wieder in Bezug auf die Frage, ob die Neutralität bewaffnet sein müsse, kontroverse Positionen, vor allem aber zahlreiche, teils sehr konkrete Vorschläge für staatliche und gesellschaftliche Neutralitäts- und Friedenspolitik, gewaltfreien Widerstand und Soziale Verteidigung.

In einer ausführlichen Prüfung des Thirring-Plans kommt *Christoph Matznetter*, NR-Abgeordneter der SPÖ, zu dem Schluss, dass der Vorschlag einen viel höheren Realitätsgehalt hat als zumeist angenommen. Denn das Argument »Schutz vor kriegerischer Invasion durch Aufrüstung« ist für Matznetter (wie für Thirring) nichts als eine Illusion. Er beantwortet somit die Frage »Hat der Thirring-Plan 60 Jahre später noch eine Bedeutung?« mit einem eindeutigen Ja und plädiert für Abrüstung als Instrument aktiver Außenpolitik.

Günther Greindl, General des österreichischen Bundesheeres i. R., der den Thirring-Plan als junger Offizier kaum beachtet, aber jedenfalls eindeutig abgelehnt hatte, ist nun voller Respekt für ihn. Zwar spricht er sich in seinem Aufsatz »Neutralität darf nicht wehrlos sein« eindeutig für die bewaffnete Neutralität aus, die er neben Diplomatie und Demokratie als die dritte Säule des Staates betrachtet. Doch er würdigt zugleich Thirrings unerschütterlichen Glauben an den Willen der Völker zum Frieden. Als leidenschaftlicher Verfechter der Neutralität stellt sich Greindl gegen jede Kriegspolitik und somit auch gegen die Einbeziehung Österreichs in das Sky Shield-Projekt. Er warnt: »Das Friedensprojekt EU ist im Kielwasser der NATO-neu auf einem geopolitischen Irrweg.«

Auch *Karin Liebhart*, Politologin an der Universität Wien, stellt das Thema Neutralität in den Mittelpunkt ihrer Ausführungen. In »Ende der Diskussion? Ambivalenzen der österreichischen Neutralitätsdiskurse« verweist sie auf den Widerspruch zwischen Wertschätzung der Neutralität und mangelnder Verteidigungsbereitschaft in der Bevölkerung. Sie erklärt dies damit, dass derzeit – im Gegensatz zu Thirrings kosmopolitischen Intentionen – Neutralität für viele nur den Wunsch bedeute, in keinen Konflikt hineingezogen zu werden.

Ewa Dziedzic, NR-Abgeordnete der Grünen, skizziert praxisnahe eine österreichische Friedenspolitik. Unter dem Titel »Frieden – nicht nur eine Frage der Sicherheit« stellt sie zunächst ein Spektrum friedenspolitischer (staatlicher und nichtstaatlicher) Handlungsmöglichkeiten vor, um dann die bisherigen österreichischen Aktivitäten zu bewerten. Dabei geht sie nicht zuletzt auf das Projekt des *Zivilen Friedensdienstes* ein, das von der Koalitionsregierung der ÖVP und Grünen erstmals angegangen wurde.

»Kriege abschaffen heißt das Patriarchat abschaffen – Ein Beitrag zur feministischen Friedenspolitik« ist Thema und Titel von *Rosa Logars* Beitrag. Die Vorsitzende der österreichischen Sektion der *Women's international League for Peace and Freedom* (WILPF) geht wie Thirring davon aus, dass Waffen keinen Frieden schaffen können. Sie vertritt eine konsequent feministische Friedenspolitik und erläutert diese anhand von internationalen

Beispielen und vor allem der Tätigkeit von WILPF-Österreich. Im Interesse des Überlebens der Menschen und des Planeten sei eine große gesellschaftliche Transformation erforderlich, die patriarchale, kapitalistische und militaristische Strukturen überwindet.

Christine Schweitzer vom *Bund für Soziale Verteidigung Deutschland* und dem *Institut für Friedensarbeit und Gewaltfreie Konfliktaustragung* sympathisiert in ihrem Beitrag »Ohne Waffen, aber nicht wehrlos? Gewaltfrei Sicherheit schaffen« durchaus mit Thirrings Initiative, betont aber, dass es sicherheitspolitische Konzepte brauche, die nicht davon abhängig sind, dass die Gegenseite die friedlichen Absichten respektiert. Sie geht daher bei ihrer Darstellung alternativer Sicherheitskonzepte besonders auf die Gewaltfreie (Soziale) Verteidigung ein. Sie erläutert umfassend deren Geschichte, Konzepte und Methoden. Ihr Fazit fällt ähnlich wie das von Rosa Logar aus – gerade angesichts der bedrohlichen ökologischen Situation sei es hoch an der Zeit, Militär und Rüstung zu überwinden.

Das vierte Kapitel, ANTIMILITARISMUS UND ABRÜSTUNG – INTERNATIONALE BEISPIELE, stellt herausragende internationale Abrüstungsinitiativen vor.

Andreas Gross, Politikwissenschaftler und Politiker, Mitbegründer der Gruppe für eine Schweiz ohne Armee, stellt die »Die Kampagne Schweiz ohne Armee« vor, die beim Volksentscheid von 1989 von über einer Million Schweizer*innen (mehr als ein Drittel aller Stimmenden) unterstützt wurde, »die erfolgreichste Niederlage der schweizerischen Demokratiegeschichte«. Gross diskutiert diese Kampagne auch im Zusammenhang mit früheren Initiativen, dem Thirring-Plan und dem österreichischen Volksbegehren zur Abschaffung des Bundesheeres. All diese Bemühungen eint die Überzeugung: »Wir wollen unser Land nicht weiterhin durch eine unzulängliche Rüstung gefährden, sondern durch konsequente Abrüstung schützen: unsere stärkste Verteidigungslinie ist das Vertrauen der Welt.«

Marko Hren, Veteran der slowenischen Friedensbewegung, stellt »Die Initiative ›Slowenien ohne Armee‹ (SOVA) im Kontext des entstehenden unabhängigen Staates Slowenien (1986–1991)« vor. Sie war stark von der Schweizer Kampagne inspiriert. Wenig bekannt ist, dass es ihr nicht nur um Entmilitarisierung, sondern vor allem auch um eine internationale Friedenskonferenz der jugoslawischen Republiken ging, um eine friedliche Auflösung

Jugoslawiens zu sichern. Dieses Experiment fiel den militaristischen Bestrebungen aller Seiten zum Opfer. Hrens Insider-Bericht ist ein Lehrstück dafür, welchem Widerstand gewaltfreie Bestrebungen ausgesetzt sein können.

Der Sozialanthropologe *Leo Gabriel*, ein profunder Kenner Lateinamerikas, stellt »Costa Rica: Das Land ohne Armee – ein Modell für die Welt« vor und damit ein Land, das sozusagen den Thirring-Plan umgesetzt hat, mit großen innenpolitischen Vorteilen und eben einer Außenpolitik des Friedens, die auch seinen Nachbarstaaten zugutekommt.

Im Anhang hat Werner Wintersteiner den Überblick »Anti-Militarismus in Österreich. Historischer Streifzug« zusammengestellt.

Die Beiträge dieses Buches bieten einen Schatz von Erfahrungen, Vorschlägen und Ideen, die gerade heute dringend benötigt werden. Den Autor*innen geht es dabei nicht darum, Thirrings Plan einfach zu übernehmen, sondern seinem Optimismus und seiner Überzeugung, dass Sicherheit nicht durch Waffen, sondern nur durch Friedensbemühungen zu erreichen ist, zum Durchbruch zu verhelfen.

Werner Wintersteiner
Villach, im Jänner 2025

I. DER THIRRING-PLAN

Hans Thirring

Mehr Sicherheit ohne Waffen
Denkschrift an das österreichische Volk und seine gewählten Vertreter

AN DAS ÖSTERREICHISCHE VOLK UND SEINE GEWÄHLTEN VERTRETER[2]

In der vorliegenden Denkschrift wird ein Plan zur Beschreitung neuer Wege der Abrüstung entwickelt, der Folgen von welthistorischer Tragweite nach sich ziehen kann. Es sei daher ausdrücklich vor einer übereilten Stellungnahme dazu gewarnt. Erst denken, dann handeln, sei das Leitprinzip. Man sollte erst jene Leute befragen und anhören, die gründliche Kenner der Weltsituation sind, und sodann ihre Urteile entsprechend bekanntmachen, damit nicht voreilige Beschlüsse durch einflußreiche Gruppen von Menschen gefaßt werden, die gar nicht in der Lage sind, sich ein Bild über die zu erwartenden Folgen zu machen.

Für jene Leser, die wenig Zeit haben und sich rasch einmal über den Plan und die Absichten seines Verfassers informieren wollen, sei zuerst die Lektüre der Kapitel 1, 9 und 11 empfohlen.

Inhaltsverzeichnis

2 Die Orthographie des Originals wurde beibehalten, nur offensichtliche Fehler wurden ausgebessert. (Beim abschließend »Nachtrag« wurden statt Verweise auf Seitenzahlen Verweise auf die entsprechenden Unterkapitel angebracht.) Alle Fußnoten dieses Kapitels stammen vom Herausgeber.

1. DIE GRUNDGEDANKEN DES PLANES

Die Notwendigkeit und Dringlichkeit einer allgemeinen und vollständigen Abrüstung ist in den letzten Jahren von einer zunehmenden Anzahl führender Staatsmänner voll anerkannt worden. Aber die diesbezüglichen Verhandlungen sind durch die fatale – und im Grunde genommen überflüssige – Verquickung mit dem Verbot der Kernwaffenversuche fast hoffnungslos blockiert. Ein naheliegender Ausweg aus dieser verfahrenen Situation ist bisher unbeachtet geblieben, weil die Aufmerksamkeit der Mehrzahl aller an derartigen Fragen interessierten Menschen teils von den innenpolitischen Streitigkeiten, teils von der Angst vor den Atomgefahren zu sehr in Anspruch genommen wird. Was man übersehen zu haben scheint, ist folgendes:

Das politische Klima in Europa hat sich in den letzten zehn Jahren so sehr gegenüber der Kriegszeit und ersten Nachkriegszeit geändert, daß sich für einzelne, durch ihre geographische und politische Lage besonders begünstigte neutrale Länder, die in der Geschichte vielleicht noch nie dagewesene Gelegenheit bietet, aus einem Dienst, den sie der ganzen Welt erweisen, gleichzeitig selbst auch erheblichen Gewinn zu erzielen.

Diese Gelegenheit ergibt sich als Folge der Tatsache, daß namentlich in den Staaten des Ostblocks (stärker noch als in den anderen Ländern) die drückende Last der Rüstungsausgaben und dazu die drohende Gefahr einer völligen Vernichtung durch einen Atomkrieg als derart unerträglich empfunden wird, daß der Ruf nach Abrüstung und friedlicher Koexistenz immer lauter und dringlicher wird. Wenn nun ein in geeigneter Lage befindlicher neutraler Staat seine bedingte Bereitschaft zu einer einseitigen vollständigen Abrüstung zum Ausdruck bringt, so macht er sich dadurch automatisch zum Testobjekt für die Vertrauenswürdigkeit von Nichtangriffsgarantien. Würde irgendein Nachbar einen Angriff auf das wehrlose Land unternehmen, so würde die Möglichkeit zu einer allgemeinen Abrüstung auf Jahrzehnte hinaus hoffnungslos begraben sein. Aus diesen Gründen ist die gewissenhafte Respektierung der Grenzen des abgerüsteten Staates für alle seine Nachbarn ein Belang von übergeordnetem Interesse und insbesondere auch von unvergleichlich größerer Wichtigkeit als irgendwelche Territorialgewinne oder etwa die Machtergreifung des Kommunismus in einem Kleinstaat, die von den Vertretern des Marxismus-Leninismus als Ergebnis einer von innen her aufflammenden Revolution erhofft wird, aber angesichts der Drohung des Atomtodes niemals mehr durch einen Krieg erreicht werden kann. Es ist ferner zu beachten, daß gerade friedliche Koexistenz eine Prestigeangelegenheit des sowjetischen Kommunismus in seinem Kampf gegen die militante chinesische Form geworden ist. Man kann daher mit Sicherheit damit rechnen, daß ganz besonders Chruschtschow mit dem ganzen Gewicht seiner Persönlichkeit sich für die Unverletzbarkeit eines freiwillig abgerüsteten Staates einsetzen würde.

Durch Einleitung von Gesprächen über einseitige Abrüstung und Sicherheitsgarantien kann daher ein nachbarliches Verhältnis von gegenseitigem Vertrauen und Koexistenzbereitwilligkeit geschaffen werden, das stärker ist und einen verläßlicheren Schutz gegen Friedensstörungen bildet als die heute ohnehin schon sehr fragwürdige konventionelle Rüstung.

Wegen der weltweiten Abneigung gegen neuerliche Kriegsabenteuer könnte ein solcher Zustand erreicht werden, ohne daß man etwa vorher die tiefgehenden politischen und ideologischen Gegensätze aus der Welt schaffen müßte. Denn die Zahl der Menschen, die fanatisch genug sind, um der Durchsetzung eines ideologischen Zieles zuliebe die Entbehrungen, Opfer und Todesgefahren eines Krieges auf sich zu nehmen, ist heute verschwindend gering im Vergleich zur Zahl derer, die endlich einmal in Frieden weiter leben wollen. Um aber die latente Friedenssehnsucht der Menschen zum Durchbruch gelangen zu lassen, müßten die Verhandlungen des zur Abrüstung bereiten Staates nicht auf der diplomatischen Ebene stehen bleiben, vielmehr müßte durch geeignete Zusammenkünfte und Vorträge beiderseits der Grenzen das Gespräch über die Abschaffung der Waffengewalt in das Volk selbst hineingetragen werden, wo es bestimmt den nötigen Widerhall finden wird.

Sobald auf diese Weise ein neues politisches Klima entstanden ist, könnte die vollständige Abrüstung des die Aktion einleitenden neutralen Staates risikolos vollzogen werden, wobei sie gar nicht unbedingt in der Abschaffung einer allgemeinen Dienstpflicht bestehen müßte, sondern zum Beispiel auch nur in der Umwandlung der allgemeinen Wehrpflicht in eine allgemeine Arbeitspflicht. Außerdem würde natürlich in jedem Lande auch die zur Aufrechterhaltung der inneren Ordnung und Sicherheit bestehende bewaffnete Polizeitruppe beibehalten werden.

2. DAS PROBLEM DER ALLGEMEINEN ABRÜSTUNG

So sehr die Opfer der Bombenabwürfe auf Hiroshima und Nagasaki zu beklagen sind und so sehr auch die Möglichkeit einer Vernichtung unserer Zivilisation durch Mißbrauch der seither entwickelten noch tausendmal stärkeren thermonuklearen Bomben zu einer realen Gefahr wurde, hat doch andererseits das Auftauchen der Superwaffen den unschätzbaren Wert, daß es ein radikales Umdenken der großen Mehrheit aller verantwortungsbewußten Menschen gegenüber den Problemen von Krieg und Frieden mit sich gebracht hat. Während die Idee einer allgemeinen und vollständigen Abrüstung noch bis zum zweiten Weltkrieg von allzuviel maßgebenden Leuten nur als eine Utopie schwärmerischer Pazifisten betrachtet wurde, hat sich in der Einstellung der Menschen des Atomzeitalters gegenüber diesem Problem ein vollständiger Wandel vollzogen. Die Mitgliedstaaten der Vereinten Nationen haben sich endlich zu dem Entschluß durchgerungen, die Abrüstung als bevorzugten Programmpunkt zu behandeln; die maßgebenden Staatsmänner von Ost und West haben detaillierte Pläne ausgearbeitet und Delegierte von siebzehn Staaten sind im Auftrag der Vereinten Nationen in Genf am Verhandlungstisch bemüht, die betreffenden Pläne miteinander in Einklang zu bringen.

Um die Bedeutung der Bemühungen richtig einzuschätzen, sollte man sich darüber klar werden, daß abgesehen von dem ungeheuren materiellen Nutzen, der aus der Einsparung der gegenwärtig bei dem Rüstungswettlauf vergeudeten mehr als 100 Dollarmilliarden jährlich resultieren würde, doch in erster Linie die moralische Seite der Angelegenheit mehr Beachtung finden müßte als bisher. Es ist eine Schande und Schmach für die sogenannte zivilisierte Menschheit, daß man heute, fast zwei Jahrtausende nach dem Kreuzestod des Erlösers und zu einer Zeit, da man tief in die Geheimnisse der Atomkerne eindringt und den Mond zu erobern gedenkt, noch immer an der primitiv barbarischen Methode der Austragung zwischenstaatlicher Konflikte durch organisierten Massenmord festhält und für das Weiterbestehen dieses tierischen Atavismus keinen triftigeren Grund angeben kann als das Schauermärchen, daß man ohne kriegerische Vorbereitungen von der Gegenseite umgebracht würde.

Nun sind wir heute dank der Existenz der Atomwaffen endlich so weit gekommen, daß wenigstens die führenden Männer der größeren Staaten die Abrüstungsfrage mit dem nötigen Ernst aufgegriffen haben und daß die überwiegende Mehrheit aller Menschen von den Kriegen genug hat und nichts sehnlicher wünscht als endlich einmal in Ruhe gelassen zu werden.

In starkem Gegensatz zu der positiven Einstellung gegenüber der Notwendigkeit und dringenden Erwünschtheit der Abrüstung steht aber die weitverbreitete negative Einstellung gegenüber der Frage ihrer Realisierbarheit. Eine jahrtausendealte militaristische Tradition einerseits und dazu das durch unkluge Handlungen beider Seiten immer wieder genährte gegenseitige Mißtrauen andererseits sind schwere psychologische Hemmnisse. Und dazu kommt natürlich noch der nicht zu unterschätzende Widerstand jener Kreise, die an der Aufrechterhaltung des Rüstungswettlaufs finanziell interessiert sind und daher darauf bedacht sein müssen, das gegenseitige Mißtrauen weiter zu schüren.

3. DIE BLOCKIERUNG DER ABRÜSTUNGSVERHANDLUNGEN DURCH DIE MISSLUNGENE EINIGUNG ÜBER EIN ATOMTEST-VERBOT

Einen nicht unwesentlichen Beitrag zur Aufrechterhaltung des gegenseitigen Mißtrauens bildet auch der bisherige negative Verlauf der Genfer Abrüstungsverhandlungen,[3] die ihrerseits wiederum unter dem Handicap

3 »Genfer Abrüstungskonferenz der 17 Mächte: am 14.3.1962 unter Schirmherrschaft der UNO einberufene Abrüstungskonferenz, an der 17 Mächte teilnahmen, 1969 erfolgte eine Erweiterung auf 26 Staaten, 1975 auf 31 Staaten. Eine neue Abrüstungskonferenz der UNO, die nun als alleiniges Gesprächsforum für Abrüstungsfragen der internationalen Gemeinschaft fungierte, nahm 1979 in Genf die Verhandlungen auf. Damit verbunden war eine Erweiterung auf 40 Staaten. 1996 beteiligten sich 60 Staaten an den Verhandlungen. Konferenzergebnisse waren u.a. der Atomwaffensperrvertrag 1968, das

leiden, daß man ihnen das fast unlösbare Problem des Atomtestverbots vorangestellt hat. Es mag für den Nichtfachmann durchaus sachlich klingen, daß man die allgemeine Abrüstung mit der Beseitigung der furchtbarsten Waffen beginnen sollte und zu diesem Zweck erst einmal durch ein wirksam kontrolliertes Verbot der Atomwaffenversuche, die noch dazu eine direkte Gesundheitsschädigung für einen gewissen Prozentsatz aller Menschen bedeuten, die Weiterentwicklung dieser schrecklichen Waffen unterbinden sollte.

Leider hat nun gerade diese Reihung der Prioritäten einen lähmenden Einfluß auf die Abrüstungsverhandlungen ausgeübt und dadurch die gesamte Aktion in Mißkredit gebracht. Man hatte sich nämlich von vornherein auf den durchaus richtigen Grundsatz geeinigt, daß die einzelnen Schritte der Abrüstung so ausgewogen sein müßten, daß nicht im Verlauf des Prozesses ein vorübergehender militärischer Vorteil auf der einen oder anderen Seite entstünde, der von dem jeweils überlegenen Teil zu einem Überfall mißbraucht werden könnte. Um nun zu verhindern, daß die Sowjetunion durch allfällig heimlich durchgeführte Atomversuche ihr nukleares Potential über das der westlichen Länder steigert, muß nach westlicher Auffassung die Einhaltung eines Versuchsverbotes durch strikte internationale Kontrolle gesichert sein. Tatsächlich war man nun auch in der ersten Phase der Verhandlungen, die im November 1958 begann, schon ein gutes Stück weitergekommen und im Frühjahr 1959 war man einem Vertragsabschluß schon ziemlich nahe, der 170 mit internationalem Personal besetzte, auf bestimmte Punkte der Erde verteilte Kontrollstationen vorsah.

Aber vor der endgültigen Einigung wurden die bis dahin mit den Russen ausgehandelten Bedingungen als unzureichend erklärt, weil der Bericht eines amerikanischen Expertenteams herausgefunden hatte, daß es mit den vorgesehenen 170 fixen Stationen nicht möglich sein würde, zwischen unterirdischen Kernwaffenversuchen und den auf der Erde häufig vorkommenden natürlichen seismischen Störungen zu unterscheiden. Aus diesem Grunde verlangten die Amerikaner, daß zusätzlich zu den 170 fixen Kontrollstationen noch fliegende Inspektionsteams zugelassen werden, die berechtigt sein

---

B-Waffen-Abkommen 1972 sowie das C-Waffenabkommen 1993.« (Lexikon wissen.de, https://www.wissen.de/lexikon/genfer-konferenz-abruestungskonferenz1962)

sollten, sich an jeden beliebigen Ort der Erde zu begeben, von dem verdächtige seismische Erschütterungen gemeldet werden, um an Ort und Stelle konstatieren zu können, ob es sich nur um ein leichtes Erdbeben oder um eine Kernexplosion handle.

Mit diesem Verlangen hatte man aber gerade den empfindlichen Punkt der sowjetischen Landesverteidigung getroffen, die gegenüber Spionage bedeutend stärker allergisch reagiert als der Westen. Der Grund dafür liegt – abgesehen von dem schon aus der Zarenzeit übernommenen Geheimhaltungskomplex – in einer recht realen Tatsache: Das Gleichgewicht der Abschreckung wird derzeit (zum Glück für den Weiterbestand der Zivilisation) durch die allgemeine Kenntnis der Tatsache aufrecht erhalten, daß ein mit den modernen Waffen (Interkontinentalraketen mit thermonuklearen Sprengköpfen) geführter Blitzkrieg zwar jeden Gegner binnen weniger Stunden tödlich treffen, nicht aber wehrlos machen könnte. Denn mit dem Ausradieren seiner Großstädte, Industrieanlagen, Kraftwerke, Verkehrsknotenpunkte usw. (die sich nicht unter der Erde verstecken lassen), wären noch nicht alle wohlgetarnten und geschützten Abschußrampen der Interkontinentalraketen vernichtet. Die Existenz einer den ersten Angriff überlebenden »,second strike force« bildet also jene sehr ernstliche Abschreckung, die auch tatsächlich in allen bisherigen kritischen Situationen (zuletzt während der Kubakrise im Oktober 1962[4]) das Umschlagen des kalten Krieges in einen heißen verhindert hat. Aber gerade hinsichtlich der Verletzbarkeit der Gegenschlagskapazität besteht eine Unsymmetrie zwischen Westen und Osten. Denn die USA hat eine beträchtliche Menge von Fernraketen an vielen Stellen des Globus außerhalb ihres eigenen Territoriums und dazu noch bewegliche Abschußbasen in den Polaris-U-Booten untergebracht, so daß sie selbst für den unwahrscheinlichen Fall der Zerstörung aller Raketenbasen im eigenen Land noch einen vernichtenden Gegenschlag führen könnte. Die Sowjetunion verfügt nun andererseits zwar auch über Raketen großer Tragkraft und Reichweite, aber

4 Eine der gefährlichsten Situationen des Kalten Krieges. Als Antwort auf die Stationierung von nuklear bestückten Mittelstreckenraketen in Italien und der Türkei, die Ziele in der UdSSR erreichen konnten, stationierte die UdSSR auf Kuba Mittelstreckenraketen mit Atomsprengköpfen. Die USA reagierten mit einer Seeblockade. Ein atomarer Schlagabtausch konnte durch die Verständigung zwischen den Präsidenten Kennedy und Chruschtschow verhindert werden. Schließlich wurden sowohl die Atomwaffen in Kuba als auch die in Italien und der Türkei abgezogen.

höchstwahrscheinlich noch nicht über die Technik der von U-Booten oder Überwasserfahrzeugen treffsicher abzufeuernden Polaris-Raketen und auch nicht über Stützpunkte außerhalb ihres Landes. Würden daher durch erfolgreiche Spionage alle Abschußbasen dem Gegner bekannt sein und durch einen ersten Schlag vernichtet werden können, dann könnte die Sowjetunion durch einen Blitzkrieg wehrlos gemacht werden, was natürlich vom Standpunkt des Militarismus aus die Verlockung zu einem Angriffskrieg von Westen her wesentlich erhöhen würde.

Daher also die besondere Empfindlichkeit der Sowjetunion gegenüber Spionage, die sich ja auch in der heftigen Reaktion gegenüber dem U-2 Zwischenfall[5] im Mai 1960 so drastisch manifestierte und die bis vor kurzem zu der ganz kategorischen Ablehnung von Inspektionen an Ort und Stelle geführt hat. Nun ist zwar in der letzten Zeit eine gewisse Annäherung erzielt worden, indem die Russen von der absoluten Ablehnung solcher Inspektionen abgegangen sind und sich bereit erklärten, Inspektionen auf sowjetischem Gebiet bis zu einer Höchstzahl von drei jährlich zuzustimmen, während die Amerikaner auf der Erhöhung dieser Zahl auf sieben bis neun jährlich beharren.

Obwohl die verbleibende Differenz von vier bis sechs Inspektionen jährlich geringfügig erscheinen mag im Vergleich zu der welthistorischen Bedeutung, die das gesamte Abrüstungsproblem zweifellos hat, besteht nur geringe Hoffnung, daß man durch Überbrückung dieser Differenz zu einem Kompromiß gelangen wird. Und selbst wenn es zu einer Einigung über das Versuchsverbot käme, so wäre damit allein noch nicht eine einzige Atombombe aus dem Arsenal der Großmächte verschwunden – ganz zu schweigen von dem Weiterbestehen des sonstigen gigantischen Rüstungspotentials und insbesondere der Raketen, mit denen statt Atomsprengköpfen auch der aus dem Atommüll leicht herstellbare radioaktive Todesstaub oder chemische und bakteriologische Massenvernichtungsmittel befördert werden können. Aus diesem Grunde wäre es wichtig, das Problem der Abrüstung noch ganz unabhängig von der Frage der Atomversuche von einer ganz anderen Seite her aufzurollen.

5 Abschuss eines amerikanischen U-2 Spionageflugzeugs über der Sowjetunion am 1. Mai 1960 und Gefangennahme des Piloten. Schwere Verstimmung zwischen den beiden Supermächten.

4. REGIONALE ABKOMMEN

Die Abrüstungsbemühungen der Nachkriegszeit tendierten bisher dahin, eine mit der Eliminierung der gefährlichsten Waffen beginnende, dann allmählich auch die anderen Waffengattungen erfassende stufenweise Abrüstung auf der ganzen Welt gleichzeitig und mit gleichen Schritten einzuleiten. Eine andere Methode bestünde darin, zuerst gewisse hiefür geeignete Gebiete teilweise oder ganz zu entmilitarisieren. Auch dafür sind schon Vorschläge gemacht worden, wie zum Beispiel der Rapacki-Plan[6] und der Undén-Plan,[7] die beide Gegenstand lebhafter Diskussionen bildeten. Leider werden diese Pläne und auch die Vorschläge zu einem Disengagement der Großmächte an gewissen Zonen von den Westmächten mit der Begründung abgelehnt, daß sie das Kräfteverhältnis zu Ungunsten des Westens verändern würden. Denn würde man z. B. die amerikanischen und sowjetischen Truppen in ihre Heimatländer zurücknehmen, dann wären im Falle eines europäischen Krieges die ersteren durch die volle Breite des Atlantik vom Kriegsschauplatz getrennt, während die Russen sehr rasch eingreifen könnten. Es mag dahingestellt bleiben, ob solche Argumentationen im Zeitalter der Interkontinentalraketen noch viel Gewicht haben; jedenfalls muß aber mit der Tatsache gerechnet werden, daß sich die Westmächte auf den Standpunkt einer kategorischen Ablehnung aller Arten von Disengagement-Plänen eindeutig festgelegt haben und daß die Aussichten einer Änderung dieser Haltung auch nicht größer sind als die einer Einigung in der Frage des Testverbotes.

Eine der Schwierigkeiten des Abrüstungsproblems liegt in der Tatsache, daß die Zustimmung so vieler gegensätzlicher nationaler und anderer Interessengruppen erforderlich ist, deren gleichzeitiges Eintreffen noch nie erreicht werden konnte. Es ist klar, daß irgendein Mitglied eines der großen Blöcke nicht selbständig einen einseitigen Abrüstungsbeschluß fassen könnte ohne von seinen Freunden als Verräter an der gemeinsamen Sache hingestellt zu werden. Einen auf seiner Souveränität und Unabhängigkeit

6 Plan des polnischen Außenministers 1957 in der UN-Vollversammlung für eine atomwaffenfreie Zone in Mitteleuropa. Von den NATO-Staaten abgelehnt. (Vgl. den Beitrag von Heinz Gärtner)

7 Plan des schwedischen Außenministers zum Verbot für Nicht-Kernwaffen-Staaten, diese herzustellen oder zu lagern; von der UN-Generalversammlung 1961 beschlossen.

basierenden Beschluß in der Abrüstungsfrage kann also nur ein neutraler oder zumindest nichtgebundender Staat fassen. Aber auch unter den Neutralen scheiden jene aus, deren Grenzen so umstritten sind, daß eine militärische Entblößung den angriffsbereiten Nachbarn die erwünschte Möglichkeit zu einer Invasion bieten würde. Das typische Beispiel für diese Situation bildet Israel, das zwar ein neutraler Staat ist, für den aber eine einseitige Abrüstung einen nationalen Selbstmord bedeuten würde. In einer ähnlichen, wenn auch nicht derart kraß bedrohten Lage befindet sich Indien.

5. NEUTRALE STAATEN OHNE UMSTRITTENE GRENZEN

Andererseits aber gibt es in Europa einzelne neutrale Staaten, deren Bürgern es bis heute gar nicht recht zum Bewußtsein gekommen ist, daß ihre geographische und politische Situation sie in die beneidenswerte Lage versetzt, gleichzeitig ihre eigenen Staatsfinanzen sehr wesentlich zu entlasten, dazu ihr Wirtschaftspotential durch bessere Ausnützung der jugendlichen Arbeitskräfte zu stärken und überdies noch der ganzen Welt einen unschätzbaren Dienst zu erweisen, indem sie die prinzipielle Möglichkeit einer einseitigen Abrüstung vorexerzieren und damit eine Entspannung herbeiführen.

Neutrale europäische Länder, deren Grenzen gegenwärtig nicht umstritten sind und es auch in Zukunft kaum sein werden, sind Österreich, die Schweiz, Schweden, Finnland und Irland. Von diesen fünf Ländern scheiden allerdings die Schweiz und Schweden aus diversen Gründen aus.

Für die Schweizer hat vor allem der Glaube an die Notwendigkeit einer Landesverteidigung fast den Rang eines religiösen Dogmas angenommen, und man würde daher die innersten Gefühle der Eidgenossen verletzen, wollte man ihnen zumuten abzurüsten. Außerdem ist die Schweiz auch reich genug, um sich den Luxus einer seit mehreren Generationen nicht in Aktion tretenden Armee leisten zu können, die im übrigen auch deutlich genug auf reine Verteidigung aufgebaut ist, so daß sie nicht in den Verdacht eines potentiellen Unruhestifters kommen kann.

In Schweden liegt das Haupthindernis ebenfalls in dem aus der präatomischen Zeit stammenden Vorurteil, daß ein Volk nur dann als tapfer und achtenswert angesehen werden kann, wenn es zur Selbstverteidigung gerüstet ist. Dazu kommt im Falle von Schweden in zweiter Linie noch der Umstand, daß jener Teil der heimischen Großindustrie, der zur Aufrechterhaltung seiner Vollbeschäftigung auf Rüstungsaufträge angewiesen ist, die Abrüstung als schwere Geschäftsstörung betrachten würde. Obwohl also Schweden ein neutraler Staat ohne umstrittene Grenzen ist, wird der auf psychologischen und wirtschaftlichen Gründen beruhende Widerstand gegen eine Abrüstung schwerlich zu überwinden sein.

Es ist darum damit zu rechnen, daß sich weder in der Schweiz noch in Schweden eine parlamentarische Mehrheit zu einer einseitigen Abrüstung entschließen würde. Vielmehr werden diese Länder, statt von der oben geschilderten günstigen Gelegenheit Gebrauch zu machen, erst einmal abwarten, wie das Experiment bei den drei anderen Ländern ausgeht.

Der Fall Österreich soll im folgenden Kapitel getrennt betrachtet werden und daher wollen wir zunächst die diesbezüglichen Verhältnisse in Irland und Finnland einer Analyse unterziehen. In Irland lebt noch die Generation, unter deren Mitwirkung das Land seine Freiheit erkämpft hat. Es ist klar, daß man in den Zwanzigerjahren unseres Jahrhunderts, als die Loslösung von England erfolgte, jeden Gedanken an eine Abrüstung als feigen Verrat verworfen hätte. Nachträglich betrachtet muß man aber feststellen, daß diese Befreiung nicht durch einen Krieg mit sorgfältig geplanten Feldzügen und Schlachten erfolgte, sondern im wesentlichen durch parlamentarische Kämpfe, die von Unruhen und kleineren Revolten auf der grünen Insel unterstützt wurden und ihren Erfolg zu einem Großteil auch der Einsicht der britischen Staatsmänner verdankte. Denn diese Männer erkannten rechtzeitig, daß ein ständig von irredentistischen Ideen beherrschter Landesteil einen Fremdkörper darstellt, den man je eher desto besser herauszuoperieren hat – wie das ja auch fast noch in der gleichen Generation mit Indien geschah. Gewiß mag es in dem selbständig gewordenen Staat Eire auch heute noch Leute geben, die mit den Landesgrenzen nicht einverstanden sind, weil sie die von der Natur gegebene Abgrenzung der gesamten Insel als die einzig richtige ansehen und darum die scheinbar widernatürliche Abtrennung des Nordteils Ulster als ein dem neuen Staat angetanes Unrecht betrachten. Andererseits muß man sich fragen, ob natürliche Grenzen bei der heutigen Verkehrstechnik eine so entscheidende Rolle spielen, daß sie schwerer wiegen als andere Faktoren wie z. B. der Unterschied zwischen dem katholischen Süden und dem protestantischen Norden und vor allem gegenüber dem ausgesprochenen Wunsch der Bewohner von Ulster, weiterhin dem United Kingdom anzugehören. Es scheint darum, daß sich die maßgebenden Kreise in Irland mit den bestehenden Grenzen schon abgefunden haben, und selbst jene, die dies nicht getan haben, würden kaum so wahnsinnig sein zu glauben, daß man Ulster durch einen Krieg gegen das britische Reich erobern könnte. Auf der andern Seite denkt selbstverständlich kein geistig normaler Engländer mehr daran, Irland wieder rückerobern zu wollen und darum werden sich die Iren früher oder später einmal fragen, wozu sie eigentlich heute noch eine nationale Wehrmacht brauchen. Etwa um die Insel vor einer Eroberung durch die Russen zu schützen, um zu verhindern, daß Eire ein neues Kuba wird?

Nun ist gerade Kuba in diesem Zusammenhang ein besonders lehrreicher Fall. Hier erfolgte tatsächlich ein Einbruch des Kommunismus in die westliche Hemisphäre. Aber dieser Einbruch erfolgte nicht durch eine Invasion der Roten Armee in ein Land, das keine Armee besaß, sondern dadurch, daß die verlotterte und korrupte Diktatur Battistas sich gegen die Unzufriedenheit im eigenen Lande nicht mehr halten konnte und daß schließlich der siegreiche Häuptling der Revolte, als ihm die Vereinigten Staaten wirtschaftliche Schwierigkeiten machten, im Osten mehr Unterstützung fand als im Westen. Es hat nicht etwa das Nichtvorhandensein einer kubanischen Streitmacht fremde Eroberer ins Land gezogen, vielmehr hat gerade die sehr bald dem roten Diktator gefügige kubanische Armee eine Rückgewinnung Kubas für den Westen verhindert.

Auf Irland zurückkommend kann gesagt werden, daß hier ein Fall vorliegt, in dem das Weiterbestehen einer Nationalarmee seinen Sinn verloren hat, weil weit und breit nichts da ist, gegen das man sie einsetzen könnte.

Dazu ist nun Irland nicht so reich wie die Schweiz, um sich eine Wehrmacht nur aus psychologischen Gründen zu leisten und um der Welt zu dokumentieren, daß man ein Soldatenvolk sei. Für einen um das Wohl seines Landes besorgten Staatsbürger dürften darum die weiter unten im Zusammenhang mit Österreich erläuterten Gedanken über die Möglichkeit und den Nutzen einer einseitigen Abrüstung von Interesse sein.

Der Fall Finnland unterscheidet sich von dem Irlands dadurch, daß es dort vor knapp mehr als zwei Jahrzehnten tatsächlich einen harten Krieg gegeben hat, bei dem es nur dem tapferen Widerstand seiner Armee zu verdanken ist, daß das Land als unabhängiger Staat weiter existiert. Hier hatte also damals die Existenz einer gut ausgebildeten Wehrmacht einen wohlbegründeten Sinn. Aber zur Beurteilung der heutigen Lage muß ebenso wie im Falle Irland und Österreich der radikale Umbruch der Weltsituation ins Kalkül gezogen werden, der durch die Drohung des Atomtods und durch den Übergang von der Ära Stalins zu der Chruschtschows verursacht wurde. Die Russen hatten, als sie im Winter 1939/40 Finnland angriffen, das bestimmte Ziel gehabt, die Staatsgrenze zwischen beiden Ländern von der Karelischen Landenge weg nach Norden zu verschieben, um bei dem damals noch erwarteten Angriff der Westmächte Leningrad nicht dem direkten Beschuß einer quer durch Finnland herangebrachten schweren Artillerie auszusetzen – wozu außerdem noch Argumente über frühere Grenzen des Zarenreichs hinzukamen. Dieses Ziel ist in den schweren Kämpfen des Winterkriegs 1939/40 erreicht worden, und es besteht derzeit ein gutnachbarliches Verhältnis zwischen der Sowjetunion und Finnland. Jeder wirkliche Kenner der Kreml-Politik wird der Feststellung zustimmen, daß für die maßgebenden Männer der Sowjetunion das Bestehen einer befriedeten Grenze (insbesondere dann, wenn diese Befriedung durch Abrüstung einer Seite noch gebührend unterstrichen sein wird) viele hundertmal wichtiger ist als der allfällige Besitz weiter westlich gelegener Militärstützpunkte, deren Wert bei zunehmender Reichweite und Zielsicherheit der Interkontinentalraketen von Jahr zu Jahr geringer wird. Auch Finnland gehört also zu den Ländern, von denen man erwarten kann, daß sie sich einem von Österreich her gegebenen Beispiel sehr rasch anschließen könnten.

6. PRÜFUNG DER ARGUMENTE GEGEN EINE ABRÜSTUNG ÖSTERREICHS

Ich bin mir vollkommen darüber im klaren, daß bei sehr vielen von meinen Landsleuten (deren Zahl jedoch weniger als die Hälfte aller betragen dürfte) mein im folgenden näher erläuterter Vorschlag sehr heftige Abwehrreaktionen hervorrufen wird. (Ich kenne auch ihre Gegenargumente so genau, daß es mir gar nicht schwerfallen würde, einen scharfen Anti-Thirring-Leitartikel zu schreiben.) Was ich von den Gegnern des Planes verlangen kann, ist Prüfung meiner Thesen mit Verstand und klarer Überlegung an Stelle von emotionaler Reaktion.

Wie oberflächlich viele Leute ihre Gegenargumente auf falsche Voraussetzungen basieren, kann man daraus ersehen, daß selbst aus parlamentarischen Kreisen gegen die Idee einer Abrüstung Österreichs der Einwand gemacht wurde, Österreich sei durch den Staatsvertrag oder das Neutralitätsgesetz zur Aufstellung einer Wehrmacht verpflichtet. Beides ist falsch.

Der Staatsvertrag enthält in seinen Bestimmungen militärischer Natur lediglich Klauseln, die besagen, was wir nicht haben dürfen, nämlich Atomwaffen, U-Boote und dgl., ohne jedoch ein Wort über die Notwendigkeit des Bestehens eines Bundesheeres zu verlieren oder eine untere Grenze für die Stärke einer allfälligen Wehrmacht anzugeben. Und im Neutralitätsgesetz, das übrigens ein österreichisches Verfassungsgesetz ist, das mit Zweidrittelmehrheit abgeändert werden könnte, ohne daß wir einen ausländischen Vertragspartner um seine Zustimmung ersuchen müßten, steht nur, daß Österreich sich verpflichtet, seine Neutralität mit allen ihm zu Gebote stehenden Mitteln zu verteidigen. Auch hier ist keine Angabe über die Höhe der zur Verfügung stehenden Mittel gemacht. – Es sei nebenher in diesem Zusammenhang auch erwähnt, daß mir ein österreichischer Politiker im Jahre 1955, als die Frage der Einführung der allgemeinen Wehrpflicht in Österreich zur Debatte stand, dezidiert erklärte, daß wir ein Bundesheer brauchten, damit uns die Neutralität von den anderen Staaten garantiert wird. De facto haben wir nun das Bundesheer, aber kein einziger Staat hat eine Garantieerklärung abgegeben. Dank dem kurzen Gedächtnis in politischen Dingen scheint sich heute niemand daran zu stoßen, daß zuerst die Hoffnung auf Erlangen einer Neutralitätsgarantie und nachher gerade ihr Nichtvorhandensein als Argument für die Notwendigkeit der Aufstellung und Unterhaltung einer Wehrmacht gebraucht wird.

Beschäftigen wir uns nun mit ernsthafteren Argumenten für die Notwendigkeit einer Landesverteidigung. Als die Frage im Jahr 1955 an Österreich herantrat, stand man noch stark unter dem Eindruck der als Nachwirkung des Hitler-Krieges vor sich gegangenen Expansion des Kommunismus. Man hatte gesehen, wie nach 1945 ein osteuropäisches Land nach dem anderen in den kommunistischen Einflußbereich geriet; man erfuhr durch

Tausende von Emigranten, wie unglücklich sich viele Leute unter dem dortigen Regime fühlten, und darum leuchtete nicht nur bürgerlichen Kreisen, sondern auch Sozialisten das Argument durchaus ein: Bis zum Abzug der Besatzungstruppen war Österreich durch die Anwesenheit westlicher Streitkräfte davor geschützt, das Schicksal der Ungarn, Tschechen usw. zu teilen; jetzt müssen wir uns durch eigene Kraft schützen, dazu brauchen wir eine Wehrmacht.

Diesem gleichen Argument wird nun von einem Großteil der Bevölkerung auch heute noch Glauben geschenkt, wobei aber die folgenden sehr wichtige Tatsachen übersehen werden.

1. Kein Teil Österreichs ist einem Nachbarstaat unrechtmäßig oder mit Gewalt entrissen worden. Es besteht also kein nationaler Anspruch auf österreichisches Gebiet, der eine militärische Operation gegen unsere Grenzen rechtfertigen könnte. (Jeder Kenner Jugoslawiens wird bestätigen, daß ein Überfall von dieser Seite her zur Rückgliederung der einst umstrittenen slowenischen Gebiete heute und in Zukunft nicht mehr in Frage kommt, und zwar insbesondere dann nicht, wenn Österreich einmal abgerüstet ist.)

2. Gewiß besteht von Osten her der Weltherrschaftsanspruch des Kommunismus. Dieser gründet sich aber nach den Dogmen des Marxismus auf die Erwartung, daß das kapitalistische System an seinen eigenen Widersprüchen zugrundegehen und durch die proletarische Revolution von innen her gestürzt werden muß. Die Ansprüche des Kommunismus haben also einen völlig anderen Charakter als jene Hitlers, der die Pubertätsbegeisterung für Krieg und Soldatentum nie überwunden hat und schon zu Beginn der Zwanzigerjahre, als er sein Buch »Mein Kampf« schrieb, von einem Alexanderzug[8] nach dem Osten träumte. Die kommunistischen Diktatoren dagegen haben bei aller Härte gegenüber ihren Gegnern im Inneren mit Ausnahme der oben erwähnten Grenzkorrektur im Finnlandkrieg 1939 noch nie aus einem Friedenszustand heraus einen Eroberungskrieg anzutreten versucht. Aus diesem Grund allein schon kann man nachträglich sagen, daß auch ein ungerüstetes Österreich nach 1955 nicht etwa vom russischen Bären gefressen worden wäre.

3. Zu all dem kommt noch die von den meisten Menschen gar nicht richtig

8 Gemeint ist der zehnjährige Eroberungsfeldzug des makedonischen Königs Alexanders des Großen.

erfaßte grundlegende Änderung der Weltlage seit dem Ende des zweiten Weltkrieges. Das Auftauchen der Atombombe 1945, der thermonuklearen Bomben[9] seit 1952, der Weltraumraketen 1957 hat alle Theorien der älteren Kriegstechnik völlig über den Haufen geworfen. Dazu kam seit 1953 bis 1955 die Ablösung des Stalinismus durch das von seinen Gegnern als »reformistisch« und »opportunistisch« verschrieene Regime von Chruschtschow, der einem gesunden Selbsterhaltungstrieb folgend die Forderung einer friedlichen Koexistenz allen inneren und äußeren Widerständen trotzend ständig wiederholt. Wer in den letzten Jahren genügend viel internationale Tagungen mitgemacht hat, bei denen auch politische Fragen erörtert werden, wird wohl beobachtet haben, daß gerade von östlicher Seite her bei jeder nur möglichen Gelegenheit auf die Notwendigkeit und Dringlichkeit von friedlicher Koexistenz und allgemeiner Abrüstung hingewiesen wird. Nun gibt es einen erheblichen Prozentsatz von Leuten im Westen (wahrscheinlich mehr als die Hälfte von allen, die sich mit solchen Dingen beschäftigen), die dem Wort ›friedliche Koexistenz‹ nicht trauen und die ganze Abrüstungspropaganda für eine Falle halten, die dazu dienen soll, den Westen zuerst wehrlos zu machen und dann mit den heimlich zurückbehaltenen Waffen zu vernichten. Diese Meinung ist falsch. Sie beruht auf mangelhafter Kenntnis des nachstalinistischen Marxismus und auf Ignorierung der wahren Volksstimmung in den kommunistischen Ländern. Die Abrüstung ist ein echtes Anliegen der Oststaaten,

a) weil sie ernste Besorgnisse über die Möglichkeit einer völligen Vernichtung durch einen Atomkrieg haben;

b) weil sie die drückende Last der Rüstungsausgaben als schwerstes Hindernis für den Aufbau ihrer Wirtschaft betrachten;

c) weil sie überzeugt sind, daß erst in einer von der Kriegsdrohung befreiten Zeitepoche die Überlegenheit ihres eigenen ökonomischen und politischen Systems zur vollen Geltung gelangen wird.

(Nebenbei bemerkt sind das genau die gleichen Gründe – bei b) und c) natürlich mit umgekehrtem Vorzeichen der Erwartung – die auch die vernünftigen Menschen im Westen wie z. B. die führenden Kreise des Britischen Commonwealth, der Vereinigten Staaten und der skandinavischen

9 Wasserstoffbomben.

Länder dazu gebracht haben, sich ernstlich um eine allgemeine Abrüstung zu bemühen.)

Die Bevölkerung der Oststaaten besteht nicht so, wie es sich manche Leute unter dem Eindruck von Orwells *1984* und auch mancher Pressenachrichten noch immer vorstellen, aus einer Horde von blind gehorsamen Sklaven, die sich gedankenlos und willenlos in jedes militärische Abenteuer hineinkommandieren ließen. Vielmehr besteht im Osten genau so wie im Westen eine durchaus echte Friedenssehnsucht, die sich seit dem Aufkommen der Atomwaffen wesentlich verstärkt hat, aber nie richtig zum Durchbruch gelangen konnte, weil die Machthaber beider Seiten der Tradition folgend bestrebt sind, den Wehrwillen ihrer Völker aufrechtzuerhalten, indem sie auf die als Kriegsvorbereitung gedeutete Aufrüstung der Gegenseite hinweisen.

Es müßte daher der Versuch gemacht werden, an einzelnen Stellen des Globus, die keine neuralgischen Punkte sind, die Friedensbereitschaft unzweideutig durch einseitige und vollständige Abrüstung zu dokumentieren, um durch dieses Beispiel den latenten Friedensdrang der Nachbarn voll entfalten zu lassen.

7. TESTFALL ÖSTERREICH

Die gesamte Grenze der im Jahr 1918 entstandenen Bundesrepublik Österreich existierte vor wenigen Jahrhunderten noch gar nicht als Staatsgrenze, sondern lag völlig im Inland. Erst im 15. Jahrhundert entstand die Grenze gegen die Schweiz, im 19. die gegen Deutschland und dann 1918 jene gegen Italien und die Nachfolgestaaten. Alles was unmittelbar jenseits unserer heutigen Staatsgrenze liegt, bildete einmal einen Bestandteil des Habsburgerreiches, hat sich dann teils aus eigenem Bestreben, teils wider Willen (Südtirol) von Österreich losgelöst, hat aber auch nach dieser Trennung teils gemeinsame Sprache und Religion, teils kulturelle, wirtschaftliche und verwandtschaftliche Bindung an Österreich. Alle Vorbedingungen für ein gurtnachbarliches, ja freundschaftliches Verhältnis sind gegeben, aber die guten Beziehungen werden sich erst recht voll entfalten, sobald Österreich den überraschenden Schritt einer einseitigen Abrüstung tut und damit sein Vertrauen zu den Nachbarn bekundet.

Nun zieht zwar die Urwaldlogik der Machiavellisten[10] unter den Militaristen den Schluß, daß eine einseitige Abrüstung eine Kapitulation, ja eine versteckte Einladung zu einer Invasion bedeuten würde. Aber dieser Schluß hätte sich zwar für irgendeinen europäischen Staat vor 1914 noch als zutreffend erwiesen und wäre an manchen Punkten der Erde wie zum Beispiel Israel auch heute noch richtig. Für Österreich und seine Nachbarn ist er aber in der Gegenwart völlig falsch. Wenn Österreich seinen Willen zur friedlichen Koexistenz durch einseitige und vollständige Abrüstung manifestiert und sich dadurch selbst zum Testobjekt der grundsätzlichen Möglichkeit friedlicher Koexistenz macht, dann wird folgendes geschehen:

a) Es wird ihm gerade vonseiten der östlichen Nachbarn her, bei denen ja der Ruf nach Abrüstung und friedlicher Koexistenz am stärksten laut wird, eine warme Welle der Sympathie entgegenschlagen, die es vollkommen unmöglich machen wird, daß irgendein Diktator dieser Staaten einen Angriff auf Österreich kommandieren könnte.

b) Es wird vor allem Chruschtschow, dessen Stellung gegenüber dem kriegstreiberischen Kurs der Stalinisten durch eine Abrüstung Österreichs wesentlich gestärkt würde, seinen ganzen Einfluß dafür einsetzen, daß keiner der Staaten des Ostblocks irgendeine unfreundliche Handlung gegenüber Österreich unternimmt.

Natürlich wird es Leute geben, die darüber besorgt sein werden, daß eine solche Verbesserung der Beziehungen zum Osten zur Folge haben könnte, daß Österreich dem Kommunismus in die Arme getrieben wird. Zur Richtigstellung dieser naiver Meinung denke man daran, daß auch seit dem Bekenntnis Österreichs zur dauernden Neutralität im Jahre 1955 der Einfluß der kommunistischen Partei in Österreich nicht gewachsen, sondern gesunken ist. Entgegen den Besorgnissen der Zweifler wird sogar die durch den Wegfall der Rüstungsausgaben verursachte Verbesserung der wirtschaftlichen und budgetären Lage des Staates die Gefahr einer aus der Verzweiflung des Proletariats entstehenden Revolte in weite Ferne rücken.

Das Entscheidende an der Wirkung einer österreichischen Abrüstung

10 Niccolò di Bernardo dei Machiavelli (1469–1527) war ein italienischer Philosoph, Diplomat und Schriftsteller, Autor von *Il Principe* (Der Fürst), einer Analyse der politischen Macht. Machiavellismus gilt seither als politische Theorie, der zufolge jedes Mittel zur Erlangung politischer Macht, auch unabhängig von Recht und Moral, erlaubt ist.

wird darin bestehen, daß die Verbundenheitsgefühle aus der Zeit der alten Monarchie durch den gemeinsamen Horror vor einem Atomkrieg und das vitale Interesse an einer Entspannung wieder neues Leben gewinnen können. Das Mißtrauen des Ostens gegen das, was sie den Imperalismus und Revanchismus des Westens nennen, hat bisher einen wesentlichen Fortschritt der Abrüstungsverhandlungen vereitelt. Die Folge davon ist, daß in weiten Kreisen des Westens die Vorstellung entstand, die Kommunisten gingen nur einfach stur auf eine Expansion ihrer Macht bis zur Welteroberung aus und seien daher weder an Entspannung noch an einer wirklich kontrollierten Abrüstung interessiert. Im Falle einer Abrüstung Österreichs hätte nun der Osten Gelegenheit, durch sein Verhalten gegenüber dem auf militärische Abwehr verzichtenden Staat ohne eigenes Risiko zu zeigen, wie ernst er es mit dem Streben nach Abrüstung und friedlicher Koexistenz meint.

Meine These geht dahin, daß dieses Anliegen – nämlich die durch eine Entspannung herbeigeführte Verminderung der Vernichtungsgefahr und die Befreiung von der drückenden Rüstungslast – für den Osten unvergleichlich wichtiger ist als die Gewinnung irgendwelcher neuer Stützpunkte in Mitteleuropa. Darum wird meiner Überzeugung nach Österreich im abgerüsteten Zustand inmitten von wohlgesinnten und auf friedliche Koexistenz bedachten Nachbarn – und dazu als scharf beobachtetes Testobjekt des vordringlichsten Belanges der ganzen Welt – bedeutend sicherer leben als im bisherigen Zustand. Zur größeren äußeren Sicherheit wird außerdem noch die größere innere Sicherheit kommen, weil durch Vermeidung der Vergeudung von Kapital und Arbeitskraft auf unproduktive militärische Zwecke die Wirtschaft und die soziale Struktur gewinnen wird.

8. AUSEINANDERSETZUNG MIT EINIGEN WEITEREN GEGENARGUMENTEN

In geringerem Ausmaße als in der Schweiz und in Schweden, aber dennoch merklich, wird man auch in Österreich mit Einwänden psychologischer Natur rechnen müssen. Es ist ein weit verbreitetes Vorurteil, daß die freiwillige Abrüstung eines Staates, die ihn »wehrlos jedem Angriff aussetzen würde«, eine Art schimpfliche Selbstentmannung wäre. Dies ist nun ein durchaus kindliches Vorurteil. Denn die Frage, ob man bewaffnet gehen soll oder nicht, hängt viel weniger vom Mannesmut ab als von der Umgebung, in der man sich bewegt. Der Wiener des 20. Jahrhunderts geht ohne Bedenken unbewaffnet auf der Straße, ganz gleich, ob er bei Tag auf der Ringstraße spaziert oder abends durch dunkle Vorstadtgassen wandert und gerade unter jenen Ausnahmen, die sich einbilden, einen Revolver in der Tasche haben zu müssen, finden sich vorwiegend ängstliche Psychopathen. Die Anpassung der Rüstung an die äußeren Verhältnisse ist eine selbstverständliche Forderung der Vernunft; sie hat mit Mut und Männlichkeit gar nichts zu tun und soll sich in den Beziehungen der Völker untereinander ebensogut vollziehen wie beim einzelnen.

Es ist jetzt gerade ein Jahrhundert her, daß man die alten Festungsmauern niedergerissen hat, die Wiens Innenstadt umgaben, und an ihrer Stelle die Ringstraße erbaut hat. Niemandem wird es einfallen, die Beseitigung der Wälle rückgängig machen zu wollen, weil Wien knappe 60 km vom sogenannten eisernen Vorhang entfernt ist. Die Abschaffung eines österreichischen Bundesheeres wäre nur ein konsequenter Schritt weiter in dieser Entwicklung, die uns aus der mittelalterlichen Situation herausführt; sie bedeutet nichts anderes als das Weglegen eines kostspieligen Werkzeuges, das schon heute nutzlos geworden ist und in Zukunft weiter noch seinen Sinn verlieren wird, wenn wir gerade durch die Abrüstung einen Zustand herstellen, der einen Angriff auf Österreich unmöglich macht.

Gegen das Wort »unmöglich« höre ich die Einwände jener Zyniker, die davon überzeugt sind, daß einem machtgierigen Diktator jedes Mittel recht ist und daß er, um sein Ziel zu erreichen, auch imstande wäre über Berge von Leichen hinwegzugehen. Darauf kann ich nur erwidern: so einfach, wie sich euer von der Idee einer Gangsterwelt befangener Geist die Sache vorstellt, ist die Situation der menschlichen Gesellschaft im Atomzeitalter ja doch nicht. Natürlich dürfen wir nicht voraussetzen, daß die führenden Männer unserer Nachbarstaaten reine Engel wären. Aber sie sind ganz und gar nicht Psychopathen wie Hitler und auch nicht Diktatoren von Volksmassen, die man von Jugend auf durch das Gerede von Ehre der Nation und dem notwendigen Kampf um den Lebensraum systematisch zur blinden Kriegsbereitschaft erzogen hat. Und seit dem Aufkommen der Atombomben leben wir auch nicht mehr in einer Zeit, da ein Herrscher, der sich militärisch hinreichend überlegen fühlt, einen Krieg anzetteln könnte ohne befürchten zu müssen, daß sein eigenes Land total zerstört wird. Heute müssen alle Staatsmänner, unabhängig von ihrem Charakter und Temperament, sehr darauf bedacht sein nur ja nichts zu provozieren, was die Ost-West-Spannung verschärfen und so das nukleare Pulverfaß zur Explosion bringen und damit unserer Zivilisation zerstören könnte.

Wenn es nicht zu der technischen Revolution von 1945 gekommen wäre, dann könnte ein besonders mißtrauischer Zweifler unter Umständen mit dem Bedenken recht haben, eine österreichische Abrüstung könnte unseren tschechischen Nachbarn die Möglichkeit bieten, sich ohne militärische Verluste das Zistersdorfer Erdölgebiet einzuverleiben, das einen sehr bedeutenden Wert besitzt und in einer Gegend liegt, auf die die Tschechen unter Hinweis auf König Ottokar von Böhmen vielleicht historische Ansprüche erheben könnten. Aber seit 1945 hat sich eben jener ungeheure Wandel in der Kriegstechnik vollzogen, der eine Umwertung aller Werte mit sich brachte. Auch die Milliardenschätze des Zistersdorfer Öls haben nicht ein Hundertstel des in Zahlen kaum ausdrückbaren Wertes, den das Gelingen eines Beweises für die Möglichkeit einer friedlichen Koexistenz und weiterer Fortschritte in der Abrüstung für die ganze Welt und insbesondere für den ganzen Ostblock hätte. Wenn also die Ostmächte sich hüten werden, ein abgerüstetes Österreich anzugreifen, geschieht das nicht aus christlicher Demut und Nächstenliebe, sondern aus der nüchternen Erwägung, daß mit einem Angriff auf irgendein wehrloses Land alle Aussichten auf eine allgemeine Abrüstung endgültig begraben wären.

Das Wort von der Unmöglichkeit eines Angriffes auf Österreich ist so zu verstehen, daß keiner der sechs Nachbarn Österreichs selbständig irgendwelche militärische Operationen gegen uns unternehmen würde. Damit soll aber nicht gesagt sein, es sei unmöglich, daß ein Dritter Weltkrieg ausbricht, der natürlich auch uns in Mitleidenschaft ziehen würde. Es ist zwar unwahrscheinlich aber doch nicht völlig unmöglich, daß in den nächsten Jahren einmal wegen Berlin oder Kuba der kalte Krieg in einen heißen umschlagen wird. Das wird aber keine Spielerei mit den alten Waffengattungen Heer, Marine und Luftwaffe sein, mit Feldzügen, Schlachten, Schützengrabenkrieg usw., sondern ein erbarmungsloser Ausrottungskampf um die endgültige Vernichtung des anderen Systems. Ein Kampf auf Leben und Tod, der nie durch bloßes Herumschießen mit altmodischen konventionellen

Waffen beendet werden könnte. Er könnte zwar mit den alten Waffen beginnen, aber nie mit der verlangten totalen Kapitulation enden, ohne daß jeder von beiden Gegnern seine schwersten Waffen zum Einsatz gebracht hat. (Ich habe viele dutzendmal den Einwand gehört, daß man im zweiten Weltkrieg nicht die auf beiden Seiten schon bereitgestellten Giftgase verwendet hat, und daher in einem dritten aus Angst vor der Vergeltung auch auf die Atomwaffen verzichten würde. Der gewaltige Unterschied liegt aber darin, daß die Giftgase schon im ersten Weltkrieg ihre Probe nicht bestanden haben, weil ihre Wirkung zu sehr von Wind- und Wetterverhältnissen abhängig ist und weil die Deutschen, die mit den Giftgasangriffen begannen, dennoch den Krieg verloren haben. Zum Unterschied davon haben die Amerikaner mit den zwei Bomben auf Hiroshima und Nagasaki den zweiten Weltkrieg schlagartig beendet. Heute haben sowohl die Amerikaner wie auch die Russen Vorräte von thermonuklearen Bomben, deren gesamte Sprengkraft mehr als eine millionmal größer ist als die der Hiroshima-Bombe. Wenn es also einmal zum Entscheidungskrieg käme und die höchsten Militärs zu befehlen hätten, dann versuche man einmal von Kapitulation zu reden, bevor die ganze Hölle der Vernichtungskapazität losgelassen wurde!)

In einem dritten Weltkrieg würden daher in Europa alle Länder des Nato-Pakts und des Warschauer-Bündnisses mit der nötigen Gründlichkeit in öde Mondlandschaften verwandelt werden um nie mehr als Raketenstützpunkte dienen zu können. Und die Neutralen, Österreich und die Schweiz, würden, ohne einem direkten Beschuß ausgesetzt zu sein, indirekt einem langsamen und qualvollen Tod entgegen gehen. Denn erstens sind sie nicht autark genug, um inmitten eines total zerstörten Erdteils, umgeben von Ruinen und vielen Millionen unbestatteter Leichen, weiter leben zu können und zweitens wäre die radioaktive Verseuchung aller landwirtschaftlichen Gründe mit Strontium 90 und Cäsium 137 so arg, daß im Inland überhaupt keine genießbaren Lebensmittel mehr erzeugt werden könnten. Schon einige Monate nach der Katastrophe würde das große Sterben auch die letzten Schweizer und Österreicher hinweggerafft haben. Gegen dieses Schicksal können weder Landesverteidigung noch Zivilschutz etwas helfen, weil man ja das ganze Acker- und Wiesenland nicht unter die Erde verstecken kann.

Die Anwälte einer Landesverteidigung gehen von der falschen Voraussetzung aus, daß der Herr des Kremls sich eines Tages den Spaß leisten könnte, seine Gegner mit einem kleinen konventionellen Feldzug in Europa einschüchtern zu wollen oder daß sich in Europa etwas Ähnliches abspielen könnte wie in Südostasien. Dies ist nun eine völlige Verkennung der Situation. Es wird bei uns entweder keinen Krieg geben (was mehr als 99 % wahrscheinlich ist) oder die letzte Auseinandersetzung zwischen Ost und West, die mit der totalen Vernichtung Europas enden würde.

In letzterem Fall wäre ein österreichisches Bundesheer absolut machtlos, weil sich die mechanischen Zerstörungen außerhalb unseres Landes abspielen würden, während der radioaktive Niederschlag vom Himmel fiele und alles Ackerland verseuchen würde, ohne daß wir das Geringste dagegen tun könnten. Auf der anderen Seite aber kann eine allgemeine Entspannung, eingeleitet durch eine österreichische Abrüstung, sehr stark dazu beitragen, die ohnehin schon geringe Wahrscheinlichkeit eines Umschlagens des kalten in einen heißen Krieg noch weiter zu verringern. Dies umsomehr dann, wenn andere Länder wie Irland oder Finnland dem Beispiele Österreichs folgen. Es ist sogar denkbar, daß sich später auch andere Staaten anschließen, sehr zum Mißvergnügen jener, die an den Rüstungen dick verdienen, und unter dem lauten Protest der um das Weiterbestehen eines freien Westens besorgten Leute, die dem Gegner ein unbeschränktes Maß von Böswilligkeit und keinen Funken Verstand zutrauen.

9. KONKRETE SCHRITTE ZUR AUSFÜHRUNG DES ABRÜSTUNGSPLANES

Erster Schritt: Einsetzung eines Komitees von Fachleuten auf dem Gebiete der Weltpolitik, die namentlich Erfahrung über die Entwicklung in der Nach-Stalinschen Ära haben. Ihre Aufgabe wäre es, die Grundthesen der vorliegenden Denkschrift zu prüfen, die hier der Übersichtlichkeit halber noch einmal zusammengestellt sind:

1. Die allgemeine Abrüstung ist ein vitales Interesse der ganzen Menschheit. Abrüstung und friedliche Koexistenz sind wegen der in Kapitel 6 dargelegten drei Gründe Belange, die insbesondere in den europäischen Oststaaten unvergleichlich höher bewertet werden als eine etwa durch militärische Vergewaltigung erzwungene Erweiterung der kommunistischen Machtsphäre, die nur neue Komplikationen schaffen könnte.

2. Zwischen der Expansionstendenz Hitlers und jener der kommunistischen Machthaber besteht ein grundlegender Unterschied, indem Hitler auf militärische Eroberung ausging, während der Marxismus den inneren Zerfall des kapitalistischen Systems als eine historische Notwendigkeit betrachtet und daher ein militärisches Eingreifen von außen her als eine überflüssige und höchst riskante Maßnahme ablehnt.

3. Für die Frage des Umschlagens des kalten Krieges in einen heißen ist die Existenz oder Nichtexistenz eines österreichischen Bundesheeres vom strategischen Standpunkt aus eine quantité négligeable; in politischer Hinsicht dagegen würde eine Abrüstung Österreichs ein gewichtiger Faktor zugunsten einer Entspannung sein.

4. Aus diesen Gründen wird ein als Testfall für die Möglichkeit friedlicher Koexistenz deklariertes Österreich im abgerüsteten Zustand eine wesentlich höhere Sicherheit besitzen als im gegenwärtigen Zustand einer Rüstung mit konventionellen Waffen.

Nebst der Prüfung dieser vier Thesen sollte das Expertenkomitee auch die Reaktion beobachten, die der Gedanke einer Abrüstung Österreichs in der Bevölkerung der Nachbarländer hervorruft. Da natürlich damit zu rechnen sein wird, daß die einzelnen Gutachter zu entgegengesetzter Beurteilung der Weltsituation und meiner Thesen gelangen, sollten die verschiedenen Meinungen miteinander konfrontiert und die Widersprüche geklärt werden. Das Ergebnis sollte sodann der Öffentlichkeit in möglichst klar verständlicher Sprache vorgelegt werden.

Zweiter Schritt: Im Falle einer positiven Einstellung der Bevölkerungsmehrheit zu dem vorliegenden Plan sollte die österreichische Regierung Vertreter der sechs Nachbarstaaten Österreichs als Verhandlungspartner und Vertreter der vier Signatarmächte des österreichischen Staatsvertrags als Beobachter zu einem neuen Wiener Kongreß einladen, der womöglich 1964, ein halbes Jahrhundert nach dem Ausbruch des ersten Weltkriegs, oder spätestens 1965 eineinhalb Jahrhunderte nach dem ersten Wiener Kongreß stattfinden würde. Das Thema dieses Kongresses sollte so gewählt sein, daß überflüssige Streitigkeiten und gegenseitige Beschuldigungen der einzelnen Teilnehmer untereinander durch strikte Beschränkung der Tagesordnung auf einen einzigen Punkt ausgeschaltet werden, nämlich:

Wie kann der Friedenswille in jedem einzelnen der sechs Nachbarstaaten Österreichs genügend stark gefestigt werden, um die zweifellos bestehen bleibenden ideologischen Differenzen so weit auszuklammern, daß ein militärischer Angriff auf ein abgerüstetes Österreich ein für allemal nicht mehr in Frage kommt?

Vom Ausfall dieser Antwort auf die Frage wird das weitere Gelingen des Planes abhängen. Wenn man sich mit dem Beginn der Aktion nicht allzuviel Zeit läßt, ist zu erwarten, daß Österreich nicht nur befriedigende Antworten seiner Nachbarstaaten erhalten wird, sondern auch an Popularität und Beliebtheit in der Welt gewinnen wird. Denn der gegenwärtige Trend der Weltpolitik der Großmächte geht eindeutig dahin, die Spannungen zu verringern und Auswege aus der in die Atomverbot-Sackgasse geratene Abrüstungssituation zu finden.

Die Bildung eines Freundschaftwalls rings um Österreich ist keine Utopie, wenn man nur das Wort Freundschaft richtig versteht. Denn wir wollen gar nicht etwa mit unseren östlichen Nachbarn »ein einig Volk von Brüdern« sein, vielmehr unseren ideologischen Standpunkt unverrückbar, aber unter Ausschaltung von Waffengewalt, behaupten. Die Realisierbarkeit dieses Gedankens beruht eben auf dem Gesinnungswandel seit dem Ausbruch des Atomzeitalters. Früher konnte man ein Dominieren des kollektiven Aggressionswillens beobachten, der durch die Erziehung zu nationaler Eitelkeit, Gruppenegoismus und zum Kampf um den Lebensraum des Volkes wachgehalten wurde. Um ihn vor einer gewaltsamen Entladung zurückzuhalten, mußten damals die Nachbarn zur Abwehr gerüstet sein. Im Atomzeitalter hat sich die Sachlage umgekehrt, indem namentlich in den Ländern, die von den Weltkriegen heimgesucht wurden, die Abscheu vor einem neuen Krieg zum dominierenden Faktor geworden ist, wie wir das besonders deutlich an den Japanern beobachten können. Im Gegensatz zu früher würde in der zweiten Hälfte unseres Jahrhunderts das natürliche Streben der überwiegenden Bevölkerungsmehrheit dahin gehen, das Kriegsinstrument einer nationalen Wehrmacht einfach abzuschaffen. Aber auch dieses Streben wird, wie schon früher erwähnt, dadurch unterdrückt, daß die Abrüstungsgegner ständig mit dem Finger auf die Rüstung der Gegenseite hinweisen und diese als eine Angriffsvorbereitung deuten, die eine Aufrüstung der eigenen Nation als eine selbständige Abwehrmaßnahme notwendig erscheinen läßt. Aus diesem Zirkel von gegenseitiger Drohung und Furcht werden wir nur dann herauskommen, wenn endlich einmal ein günstig gelegener Staat nach Prüfung der Lage den entscheidenden mutigen Schritt tut, von selbst mit der Abrüstung anzufangen und dadurch mit gutem Beispiel der Welt voranzugehen.

Neben meinen drei oben zusammengestellten Thesen geht meine Voraussage für die Zukunft dahin: Ein die Möglichkeit einer Abrüstung Österreichs behandelnder Wiener Kongreß wird namentlich bei den Oststaaten (gegen deren allfällige Intervention unser Bundesheer ursprünglich für notwendig befunden wurde) einen Meinungsumschwung zu aufrichtiger Sympathie und Vertrauen mit sich bringen, der die Sicherheit unseres Landes entscheidend stärken würde.

Natürlich könnte zum Abschluß des Wiener Kongresses ein formeller Nichtangriffspakt zwischen Österreich und seinen Nachbarstaaten unterzeichnet werden. Aber dieser allein würde nicht hinreichen, um den Widerstand der Abrüstungsgegner zu überwinden, weil die Mehrzahl von ihnen auf dem Standpunkt stehen dürfte, daß internationale Verträge nur als ein Fetzen Papier betrachtet und bedenkenlos gebrochen werden, sobald ein vermeintliches höheres Interesse auf dem Spiele steht. Bethmann Hollwegs Ausspruch »Not kennt kein Gebot« als Entschuldigung für die widerrechtliche Verletzung der Neutralität Belgiens durch Deutschland im Jahre 1914 wird in diesem Zusammenhang immer wieder zitiert. Darum müßte zusätzlich zu den papierenen Garantien noch die nötige Atmosphäre geschaffen werden, die einen militärischen Überfall auf Österreich ausschließt außer natürlich im Fall eines dritten Weltkrieges, der, wie oben dargelegt, auf einer ganz anderen Ebene und mit Vernichtungsmitteln geführt würde, gegen die unsere Wehrmacht völlig machtlos und nutzlos wäre.

Im übrigen gibt es auch zwischenstaatliche Beziehungen, die gar nicht besonders freundschaftlich sind und dennoch genügende Sicherheit gegen einen militärischen Überfall bieten. Ein Beispiel dafür ist das Verhältnis zwischen Österreich und Italien, das gewiß durch den Südtirol-Konflikt getrübt ist, aber nie soweit gestört werden könnte, daß es zu militärischen Operationen käme. Denn es wäre ganz paradox zu erwarten, daß etwa die Italiener als Repressalie gegen Bombenanschläge von Terroristen in Südtirol in ein unbewaffnetes Österreich über den Brenner einmarschieren und Nordtirol annektieren würden.

Meiner persönlichen Überzeugung nach kann man sich auch keine Situation vorstellen (außer natürlich den Fall eines dritten Weltkrieges), in der sich ein Machthaber eines der drei östlichen Nachbarstaaten veranlaßt sehen könnte, ein unbewaffnetes Österreich anzugreifen. Weil aber gemäß der Mentalität der noch im präatomischen Militarismus befangenen Leute der Einbruch in ein ungeschütztes Lokal auf der zwischenstaatlichen Ebene als eine Selbstverständlichkeit, ja fast als nationale Pflicht erscheint, müßten weit handgreiflichere Beweise als nur papierene Verträge für einen dauerhaften Nichtangriffswillen vorliegen, bevor der Entschluß einer einseitigen Abrüstung gefaßt werden kann. Was zunächst erreicht werden könnte, wäre eine im Ton aller Massenkommunikationsmittel zum Ausdruck kommende bessere freundschaftliche Stimmung gegen Österreich und mehr Entgegenkommen bei diplomatischen und handelspolitischen Verhandlungen. Überdies könnten einzelne ungewöhnliche und unkonventionelle Maßnahmen getroffen werden, von denen hier nur zwei Beispiele aufgezählt werden mögen:

a) An allen Grenzübergangsstellen der wichtigeren Straßen und Eisenbahnen könnten Denksteine errichtet werden, die auf der Seite des betreffenden Nachbarstaates in der jeweiligen Landessprache die Aufschrift enthalten: »In ... Entfernung beginnt das Gebiet der Bundesrepublik Österreich, die sich als erste freiwillig und einseitig zu einer vollständigen Abrüstung entschlossen hat. Wir sind gewillt mit diesem Lande gutnachbarliche Beziehungen zu pflegen und seine Grenzen, auch wenn sie nicht bewacht sind, als unverletzlich zu betrachten.«

b) Allen Staatsbürgern der Nachbarstaaten Österreichs, die des Lesens und Schreibens kundig sind, wird von ihrer Regierung nahegelegt, vorgedruckte Postkarten an das österreichische Staatsoberhaupt zu senden, in denen sie mit ihrer Unterschrift den Willen bekräftigen, an keiner Angriffsaktion auf ein abgerüstetes Österreich teilzunehmen. Alle diese Karten wären dann nach Ländern und Bezirken geordnet in einem eigenen Gebäude im österreichischen Heeresmuseum als Schlußpunkt der Waffensammlung und als Symbol einer rationellen Landesverteidigung in einer neuen Zeit aufzubewahren. Als Gegengabe könnte der österreichische Bundespräsident jedem einzelnen der Kartenschreiber seinerseits eine schöne Bildkarte einer österreichischen Landschaft mit faksimilierter Unterschrift senden, auf der dem Empfänger für sein Versprechen gedankt und die Erwartung ausgesprochen wird, daß nie mehr Söhne des Nachbarlandes in einem Krieg gegen Österreich den Tod finden werden. Bei der Schönheit der österreichischen Landschaft wird es gar nicht schwer sein, eine allfällige Grußkarte des Bundespräsidenten mit einem Farbphoto auszustatten, das auf den einfachen Menschen im Osten attraktiv genug wirkt, um es als Andenken oder Zimmerzierde aufzubewahren, so daß die von einem Staatsoberhaupt unterzeichnete Kunde von einem Beitrag zum Frieden als Wandschmuck für manche Arbeiter- oder Bauernstube unserer Nachbarländer dienen könnte. Auf diese Weise würden gewisse Ressentiments aus der Zeit von Lidice und anderen Greueltaten der SS gedämpft werden.

Auf die naheliegende Frage, warum hier vorwiegend von unseren östlichen Nachbarn die Rede ist, wäre zu antworten, daß für die Schaffung einer österreichischen Landesverteidigung, wie schon in Kapitel 6 auseinandergesetzt, natürlich in erster Linie die Besorgnis vor einer weiteren Expansion des Kommunismus maßgebend war. Auf der anderen Seite wäre ja der Gedanke einer Invasion vonseiten der Schweiz geradezu grotesk, und auch von Italien droht bestimmt keine Gefahr dieser Art. Dagegen gibt es freilich einen kleinen Prozentsatz von Österreichern und dazu sehr zahlreiche Menschen im östlichen Ausland, die der Meinung sind, daß Westdeutschland eines Tages auf die Idee kommen könnte, einen Anschluß Österreichs nach Art des Einmarsches vom März 1938 mit Gewalt zu erzwingen. Aber diese – in Österreich selbst nur von einer kleinen Minderheit der Bevölkerung geteilte Besorgnis – ist völlig unbegründet. Vor allem ist der Vergleich zwischen Hitler und Adenauer ebenso falsch wie der zwischen Hitler und Chruschtschow. Wenn es auch Neonazi in Deutschland und Neofaschisten in Italien noch gibt, so haben sie doch keinen entscheidenden Einfluß auf die Außenpolitik dieser Staaten. Dazu kommt, daß ein auf den Anschluß Österreichs an Deutschland abzielender Schritt einen der wichtigsten Grundsätze der NATO, ein reiner Verteidigungspakt zu sein, widerlegen würde.

Gerade also die NATO könnte es niemals zulassen, daß einer seiner Mitgliedstaaten durch einen Angriff auf ein abgerüstetes Land einen eklatanten Aggressionsakt begeht. Abgesehen von all dem liegen übrigens auch die politischen und wirtschaftlichen Verhältnisse heute ganz anders als zur Zeit der Annexion Österreichs von 1938. Denn damals waren die Verhältnisse in Österreich so untragbar geworden, daß im Lande selbst reichlich viel Sympathien für den Plan eines Großdeutschen Reiches vorhanden waren, so daß Hitlers Einmarsch im März 1938 noch völlig unblutig und unter dem lärmenden Jubel einer genügenden Menge betörter Volksgenossen vor sich ging. Heute befindet sich Österreich an sich schon in einer besseren Situation, die sich noch weiter verbessern kann, wenn einmal die Vergeudung von Volksvermögen auf nutzlose Waffen eingestellt wird.

Die in diesem Kapitel unter a) und b) aufgezählten Maßnahmen zur Dokumentierung des Friedenswillens unserer Nachbarn sind bloß als Beispiele gedacht; sie haben mit dem Kern des Vorschlages, der auf den Grundthesen 1. bis 4. beruht, keinen direkten Zusammenhang und könnten noch beliebig variiert und verbessert werden. Es wäre ja auch damit zu rechnen, daß unsere Nachbarn von sich aus noch handgreiflichere Beweise ihres guten Willens und ihrer Entschlossenheit, ein abgerüstetes Land nicht anzugreifen, anbieten könnten.

Der Wiener Kongreß soll im übrigen selbst keinen Beschluß über eine Abrüstung Österreichs fassen. Dieser bleibt vielmehr der österreichischen Gesetzgebung vorbehalten, die den nächsten Schritt tun wird.

Andererseits könnte der Kongreß mit seinen positiven Folgen das Vorspiel für einen weitergehenden Wiener Kongreß bilden, der nach dem Vorschlag des großen Vorkämpfers des Europa-Gedankens Richard Coudenhove-Kalergi über die Bildung eines größeren Paneuropa verhandeln würde, das nebst den europäischen Staaten auch die USA, Kanada und die USSR einschließen, also von Alaska bis Kamtschatka reichen würde. Coudenhoves Plan ist eine großartige Zukunftsvision, für deren Verwirklichung der erst einmal rund um Österreich zu bildende Koexistenzring einen Kristallisationskern bilden könnte.

Dritter Schritt: Erst wenn der Wiener Kongreß und der Widerhall des Auslands auf den hier skizzierten Plan dem österreichischen Volk das nötige Vertrauen auf die Sicherheit eines einseitig abgerüsteten Staates einflößt, wäre die Entscheidung über die Abrüstung zu treffen, was entweder durch Parlamentsbeschluß oder eine direkte Volksbefragung geschehen könnte. Auf alle Fälle müßte die Abrüstung eine totale sein, so daß nur allein die derzeit schon bestehende Polizei und Gendarmerie beibehalten wird. – Die Sicherheitsorgane des Bundes könnten übrigens ihre Ausrüstung durch Übernahme eines Teiles der militärischen Überschußgüter verbessern.

Hinsichtlich der Frage der allgemeinen Dienstpflicht wären zwei Alternativen zu erwägen, nämlich entweder Annullierung des bestehenden Wehrgesetzes oder Umwandlung der Wehrpflicht in eine allgemeine Arbeitspflicht. Die Entscheidung zwischen diesen beiden Alternativen ist an sich von zweitrangiger Bedeutung im Vergleich zu dem grundlegenden Gedanken der Ersetzung von Waffengewalt durch Änderung des politischen Klimas. Ich persönlich würde die zweite Alternative, nämlich Ersetzung der Wehrpflicht durch eine allgemeine Arbeitspflicht, bevorzugen. Die Gründe dafür werden im folgenden Kapitel dargelegt.

10. DAS PROBLEM DER ALLGEMEINEN ARBEITSPFLICHT

Gegen eine vollständige Abrüstung wird oft der Einwand erhoben, daß eine militärische Abrichtung notwendig und gesund sei, um die jungen Männer zu Ordnung und Disziplin, zu körperlicher Ertüchtigung und spartanischer Lebensweise zu erziehen. Darauf ist zu erwidern, daß dies eigentlich schon Aufgabe der Schule wäre. Muß man erst dazu abgerichtet werden, andere Leute tot zu schießen, um sich körperlich zu trainieren und der Verwöhnung und Verweichlichung entgegenzutreten? Dazu haben wir ja einen Turnunterricht, dem nur etwas größere Bedeutung als bisher beigelegt werden sollte. Andererseits muß man zugeben, daß mancherlei Argumente zugunsten der Beibehaltung einer allgemeinen Dienstpflicht sprechen. Zu den erwähnten Gründen erzieherischer Natur kommt noch das Argument, daß in den letzten sieben Jahren eine Fülle organisatorischer Arbeit in den Aufbau des Bundesheeres und eines Landesverteidigungsministeriums investiert wurde. Es wäre daher durchaus vernünftig, sich zu überlegen, ob es nicht rationeller wäre, die vorhandene Organisation für nützliche Zwecke zu adaptieren, statt sie völlig aufzulösen. Setzen wir also den Fall, man behielte den Gedanken bei, die männliche Jugend des Staates für eine gewisse Periode, die ein Jahr nicht überschreiten soll, für den Dienst am Gemeinwohl zu verpflichten. Dann ist es klar, daß man das wertvolle Menschenmaterial, dessen Dienste der Staat in Anspruch nimmt, für produktive Zwecke verwenden sollte. Dadurch könnte nicht nur ein beträchtlicher gemeinwirtschaftlicher Nutzen, sondern auch eine erhöhte erzieherische Wirkung erzielt werden. Laßt die jungen Söhne des Volkes anständige Arbeit leisten, deren Wirkung mit deutlich sichtbaren Spuren dem Wohle der Gemeinschaft dient; erweckt in den Menschen das Gefühl der Befriedigung und des Stolzes über ein wohlgelungenes Werk, dann wird das zu einer Erziehung zu ordentlichen Staatsbürgern viel stärker beitragen als die Übung mit Mordwaffen, für deren Verwendung kein ernsthafter Fall eintritt. Denn es muß auf die Dauer auf die Dienstpflichtigen direkt demoralisierend wirken, wenn sie monatelang hart mit Übungen und Vorbereitungen auf eine Situation geplagt werden, die ihnen überhaupt in der Praxis nie begegnen wird. So wie ein zu seiner natürlichen Funktion nicht mehr benütztes Körperorgan schließlich verkümmert oder entartet, kann auch eine nationale Wehrmacht, der kein äußerer Feind mehr Gelegenheit zum Kampf bietet, schließlich entarten und zum Werkzeug von Putsch-Generälen werden. Etwas derartiges hat man im mittleren Osten und in einzelnen Staaten Südamerikas mehrmals beobachten können.

Wenn also Dienstpflicht, dann Verwendung für produktive Zwecke, besonders dort, wo es wirklich Not tut. Österreich ist wie viele andere Länder trotz scheinbarem äußeren Glanz in mancher Hinsicht noch recht notleidend. Wir haben vor allem viel zu wenig Wohnungen und von den vorhandenen sind viele in einem Zustand, der unserer Zeit unwürdig ist. Dazu kommt die Not an Schulen, Forschungsanstalten und Spitälern; wir könnten rationeller wirtschaften und das Nationaleinkommen steigern, wenn gewisse öffentliche Arbeiten, wie Straßen- und Kraftwerkbauten, Elektrifizierung der Bundesbahnen, Automatisierung des Fernsprechnetzes, usw. rascher fortschreiten könnten. Alles das ist derzeit durch Mangel an Arbeitskräften gehemmt. Österreich würde weit besser prosperieren, und seine Währung stabiler halten, wenn es die zwei Milliarden Schilling jährlich für Wehrausgaben und die auf die irreale Vision eines konventionellen Krieges trainierenden 30.000 bis 40.000 Mann für produktive Zwecke einsetzen könnte.

Wie man das zu tun hätte, soll von den für solche Planungen zuständigen Stellen entschieden werden. Ich bin mir darüber im klaren, daß der Gedanke einer allgemeinen Arbeitspflicht von jeher von den Gewerkschaften scharf bekämpft wird und daß andererseits der Plan der Gründung eines staatlichen Betriebes, dem die Arbeitskraft der Dienstpflichtigen fast unentgeltlich zur Verfügung stünde, bei den Vertretern der freien Wirtschaft auf heftigen Widerstand stoßen würde. Aber es wäre traurig, wenn angesichts der Höhe des durch die Abrüstung erzielbaren Gewinnes die kleinlichen Gruppeninteressen nicht durch einen gerechten Ausgleich miteinander in Einklang gebracht werden könnten. Hier sollte der Scharfsinn unserer Verfassungsjuristen zusammen mit der Klugheit der Vertreter der einzelnen Kammern eine Lösung finden. Bei geschickter Ausnutzung der Arbeitskraft jener jungen Leute, die heute ihren Militärdienst unproduktiv ableisten, könnte ein wesentlicher Beitrag zur Verbesserung der wirtschaftlichen und sozialen Lage unseres Landes erzielt werden. Auf diese Weise würde die kommunistische Gefahr, deren Drohung ja für viele Österreicher die Aufstellung eines Bundesheeres nötig erscheinen ließ, von der Wurzel aus viel radikaler gebannt werden als durch eine Landesverteidigung mit altmodischen Waffen. Es lohnt sich also durchaus, in dieser Angelegenheit von vitaler Bedeutung eine Kompromißlösung zwischen parteipolitischen Sonderinteressen zu finden.

Vom Standpunkt der sozialen Gerechtigkeit aus darf auch unsere Verpflichtung gegenüber der Klasse der Berufssoldaten nicht vergessen werden. Man muß damit rechnen, daß ein Großteil der Aktiven sich dieser Laufbahn in der Überzeugung gewidmet haben, daß die Verteidigung des Vaterlandes eine heilige Pflicht sei. Darum soll ihnen nicht die Existenzgrundlage entzogen werden, weil man erst später zur Erkenntnis gelangte, daß ihre Posten im Atomzeitalter ihren Sinn verloren haben. Im Fall der Einführung eines allgemeinen Arbeitsdienstes wird man fast alle von den gegenwärtigen Berufssoldaten und speziell Offiziere in geeigneten Stellen der neuen Organisation wieder verwenden können. Ich fände es sogar gerecht, in diesem Falle die Bezüge und die Avancementverhältnisse gegenüber der gegenwärtigen Lage mit Rücksicht darauf zu verbessern, daß dann endlich vernünftige Arbeit geleistet würde.

Im übrigen sei erwähnt, daß ich mit unserem Herrn Verteidigungsminister darin übereinstimme, daß der derzeitige Ausrüstungsstand unseres Bundesheeres den modernen Ansprüchen der Waffentechnik ganz und gar nicht genügt. Nur wäre es ein Irrtum zu glauben, daß man die Lage durch eine Erhöhung der Budgetkosten für die Landesverteidigung auf das Doppelte oder Dreifache wirklich grundlegend verbessern könnte. Nicht einmal mit dem zehnfachen Betrag, also einem Aufwand, der den finanziellen Ruin Österreichs zur Folge hätte, könnten wir eine Streitmacht aufstellen, die einem selbst nur mit den kleinen taktischen Atombomben bewaffneten Gegner erfolgreich Widerstand leisten könnte. Daher – zum x-ten Male sei dies gesagt: Größere Sicherheit durch eine Maßnahme, die die Welt aufhorchen läßt und das Gespenst eines Krieges in weite Ferne rückt.

Zu den Argumenten für die Abrüstung Österreichs kommt schließlich noch der Dienst, den wir der freien Welt leisten würden, indem wir durch eine Tat das Märchen vom aggressiven Militarismus der kapitalistischen Staaten widerlegen. Denn die Tatsache, daß ein Land, in dem neben der verstaatlichten Industrie die freie Wirtschaft dominiert, das erste ist, das freiwillig früher als irgendein kommunistischer Staat abrüstet, könnte nicht mehr wegdisputiert werden.

11. SCHLUSSWORT: ENTSTEHUNGSGESCHICHTE DES PLANS UND PROGNOSEN FÜR SEINE AUFNAHME

Weil die vorliegende Denkschrift eine Angelegenheit behandelt, die ein Anliegen der ganzen Menschheit, nicht nur einer Nation allein und noch weniger einer einzigen politischen Partei ist, entstand sie ohne Fühlungnahme mit irgendeiner politischen Gruppe. Sie ist vielmehr ein Produkt der Überlegungen, die jeder verantwortungsbewußte Atomphysiker anstellen muß, der so wie ich seit der Entdeckung der Kernspaltung des Urans durch Otto Hahn die Möglichkeit der technischen Nutzbarmachung der Kernenergien mit Sorge und Aufmerksamkeit verfolgt hat. Ich habe schon 1946, also fast vier Jahre bevor in USA das Geheimnis einer Wasserstoffbombe gelüftet wurde, die ersten numerischen Angaben über die Sprengkraft einer solchen Bombe und über die fast unbegrenzten Möglichkeiten der thermonuklearen Waffen veröffentlicht, die dann sechs Jahre später durch die Versuche im Pazifik bestätigt wurden. Seither habe ich mich in erster Linie mit dem Problem der Möglichkeit einer Abwendung der Kriegsgefahr beschäftigt und seit 1957 hatte ich im Rahmen der internationalen Pugwash-Konferenzen wiederholt Gelegenheit mit zahlreichen prominenten Forschern aus Ost und West Beratungen über dieses Thema zu führen; ich war seit Kriegsende dreimal in USA, viermal in England und Frankreich, weiters noch in Westdeutschland und zweimal in Rußland, wobei mein Hauptaugenmerk der Frage nach der Haltung der offiziellen Kreise und der einfachen Leute zur Frage der Kriegsverhütung galt.

Als Chruschtschow am 2. Juli 1960 im Kongreßsaal der Wiener Hofburg seinen Vortrag über Abrüstung hielt, hatte ich Gelegenheit, ihn aus allernächster Nähe zu beobachten und konnte die vorbereiteten Stellen von den extemporierten Sätzen deutlich unterscheiden. Unter den letzteren fiel mir besonders der folgende Satz auf: »So wie man den Menschen nicht mit dem Knüppel ins Paradies treiben kann, fällt es uns auch nicht ein, die Völker durch einen Krieg in den Kommunismus treiben zu wollen …!« Weil dieser Satz, der damals von den Zeitungsberichterstattern der westlichen Presse den Lesern vorenthalten wurde, in Vergessenheit zu geraten schien, schrieb ich im Dezember 1960 an Chruschtschow, erinnerte ihn an seine damalige Rede und stellte ihm drei Fragen über die Realisierbarkeit der von ihm propagierten friedlichen Koexistenz. Eine ausführliche Antwort von acht maschingeschriebenen Seiten Umfang wurde mir am 30. XII. 1960 zugestellt und gleichzeitig durch die sowjetische Nachrichtenagentur TASS verbreitet, der volle Wortlaut der Fragen und Antworten wurde als erster Artikel von Nr. 1 des Jahrganges 1961 der offiziösen Zeitschrift SOWJETUNION HEUTE abgedruckt. Chruschtschow wiederholt darin noch einmal den zitierten Satz aus seiner Wiener Rede und fügt unter anderem hinzu:

> Die friedliche Koexistenz von Ländern mit verschiedener sozialer Ordnung ist eine objektive Notwendigkeit der Entwicklung der menschlichen Gesellschaft in unserer Epoche. Die Völker und Staaten haben nur eine Wahl: entweder friedliche Koexistenz und wirtschaftlicher Wettbewerb des Sozialismus und des Kapitalismus oder ein menschenvernichtender Kernwaffen- und Raketenkrieg. Etwas anders gibt es nicht.

Über meine Fragen an Chruschtschow und seine Antworten orientierte ich den Präsidenten Kennedy, in einem Brief, auf den ich im Februar 1961 eine im Auftrag des Präsidenten von seinem special assistant, Mr. Arthur Schlesinger jr., unterzeichnete ausführliche Antwort erhielt. Ein Auszug aus meinem Briefwechsel mit den beiden Staatsmännern ist in der in Westdeutschland herausgegebenen Zeitschrift PHYSIKALISCHE BLÄTTER, 79. Jahrg., 1962, Heft 9, S. 431–439 erschienen. Sowohl Chruschtschow als auch Kennedy bekennen sich in ihren Briefen übereinstimmend zu der Notwendigkeit, den Wettbewerb zwischen den beiden rivalisierenden Systemen ohne Anwendung von Waffengewalt weiter zu führen; beide sind zudem fest davon überzeugt, daß ihre Siegesaussichten nach Wegfall der Kriegsgefahr bedeutend besser sein werden, während eine kriegerische Auseinandersetzung zum Untergang führen müßte. Eine Erklärung dafür, warum trotz der Übereinstimmung der beiden führenden Männer die Abrüstungsverhandlungen bis heute den toten Punkt nicht überwunden haben, findet man in den Kapiteln 2 und 3 der vorliegenden Denkschrift.

Die Abrüstung scheitert nicht daran, daß, wie viele Leute auf beiden Seiten glauben, die jeweils andere Seite gar nicht den ernstlichen Willen zur Abrüstung hat, sondern an dem Mangel an gegenseitigem Vertrauen. Dem traditionellen militärischen Denken muß immer wieder der Verdacht entspringen, daß die Seite A automatisch jede Schwäche des Gegners B dazu benützen müßte, um über ihn herzufallen. Es ist leicht einzusehen, daß in dieser Situation der Teufelskreis des gegenseitigen Mißtrauens nur durchbrochen werden kann, wenn einmal an einem hiefür geeigneten Testobjekt ein Exempel statuiert und gezeigt wird, wie stark das Anliegen der Abrüstung auf beiden Seiten ist. Aus diesen Überlegungen ist sodann der vorliegende Plan entstanden.

Über die Aussichten seiner Verwirklichung wäre folgendes zu sagen:

Mit Rücksicht auf das im Osten stärker als im Westen ständig betonte Verlangen nach Abrüstung und friedlicher Koexistenz ist zu erwarten, daß der hier vorgelegte Plan auch bei unseren östlichen Nachbarn mit mehr Beifall begrüßt wird als bei den westlichen. Das schafft nun zwar günstige Vorbedingungen dafür, daß gerade jene Staaten, gegen die man Österreich aufrüsten zu müssen glaubte, ihr möglichstes tun werden, um uns von ihren Nichtangriffsabsichten zu überzeugen. Andererseits ist natürlich zu befürchten, daß ein lauter Beifall aus dem Osten und besonders vonseiten der österreichischen Kommunisten in den Ohren zahlreicher Landsleute sehr verdächtig klingen wird und das Mißtrauen gegen den Abrüstungsplan verstärken wird. Ich kenne persönlich viele Leute, die geneigt sein werden, irgendeine positive Reaktion vonseiten der Oststaaten als das Frohlocken über den gelungenen Gimpelfang zu deuten und daraus den Schluß zu ziehen, daß im Falle der Verwirklichung einer einseitigen Abrüstung die

Zange um das wehrlos gemachte Österreich sich bei nächster Gelegenheit schließen würde.

Ich persönlich bin davon überzeugt, daß diese Meinung auf unzureichenden Informationen über den Nach-Stalinschen Kurs des europäischen Kommunismus beruht. Die Entscheidung darüber‹ wer recht hat, sollte von den wirklichen Fachexperten getroffen werden. Vom Ausmaß der politischen Reife der Österreicher wird es schließlich abhängen, ob sie sich vom alten Schlagwort der Vaterlandspflicht und den Klängen des Radetzkymarsches mehr beeinflussen lassen als von der Erwägung, daß man in dem neuen Zeitalter, in dem wir leben, gewisse Fragen neu überprüfen muß, wie z. B. die folgende: Ist die Gefahr, daß einer unserer Nachbarn über uns herfallen wird, ernster als die schon heute bestehenden, nämlich das Anwachsen der Staatsschuld, die mangelhafte Dotierung von Unterricht und Wissenschaft, das drohende Verkehrschaos in den größeren Städten und vor allem die wohlbegründete Unzufriedenheit der jüngeren Menschen wegen des Wohnungselends. Können wir es angesichts der angespannten Budgetlage und des Mangels an Arbeitskräften verantworten, daß zwei Milliarden Steuergelder jährlich auf einen Kampf gegen Windmühlflügel aufgewendet werden und dazu noch zehntausende junger Männer dauernd unproduktiv beschäftigt werden? Müssen wir nicht auch nach den großen Gefahren Ausschau halten, die der ganzen Welt und damit natürlich auch uns drohen? Die Österreicher, deren Aufmerksamkeit oft zu sehr von den Zwergproblemen der Innenpolitik in Anspruch genommen wird, sollten sich darüber klar werden, was uns bevorstünde, wenn die Chinesen eigene thermonuklearen Waffen entwickeln, bevor noch durch Fortschritte in den Abrüstungsverhandlungen dem Rüstungswettlauf ein Ende gesetzt wird. Der größte Dienst, den Österreich durch Verwirklichung des hier vorgeschlagenen Planes der Welt erweisen könnte, würde darin bestehen, mitzuhelfen, damit nicht der gegenwärtige, weiche Kennedy-Chruschtschow Kurs durch einen harten Goldwater-Mao Tsetung-Kurs ersetzt wird. Denn mit dem harten Kurs könnte die Pekinger Drohung verwirklicht werden, 300 Millionen Chinesen zu opfern, um den Kapitalismus aus der Welt auszurotten und den überlebenden Kommunisten die Weltherrschaft zu sichern. Die Zukunft eines freien Österreich kann davon abhängen, ob das Volk und seine Vertreter reif genug sind, sich von Fachexperten der Weltsituation beraten zu lassen, dann sich selber Gedanken zu machen und schließlich in einer sehr ernsten Frage mit Vernunft und nicht nur gefühlsmäßig der Tradition folgend die richtige Entscheidung zu treffen.

NACHTRAG ZU KAPITEL 9: NEUFASSUNG DES VORSCHLAGES:

Österreich soll im Einvernehmen mit seinen sechs Nachbarstaaten und den vier Signatarmächten des Staatsvertrages von 1955 die folgende Erklärung an die Vereinten Nationen abgeben:

1. In Verfolgung der Grundsätze der Vereinten Nationen ist es Österreich gelungen, ein derart gutes Verhältnis mit seinen Nachbarstaaten herzustellen, daß es zum Schutze seiner Grenzen auf den Gebrauch von Waffen verzichten kann, weil es von Staaten umgeben ist, die keine Gebietsansprüche erheben und gewillt sind, den Prinzipien der Vereinten Nationen zu gehorchen. Österreich wäre darum bereit, unter den in den folgenden Punkten 2–4 angegebenen Bedingungen unter Kontrolle der UN vollständig abzurüsten.
2. Österreichs sechs Nachbarstaaten erklären, daß sie keinerlei territoriale Ansprüche auf das Gebiet der gegenwärtigen Republik Österreich haben, daß sie sich weiter von einem abgerüsteten Österreich nicht bedroht fühlen und daher gemäß der den Mitgliedern der Vereinten Nationen auferlegten Verpflichtungen die bestehenden Grenzen als unverletzbar betrachten. Zum Ausdruck ihres ernstlichen Willens dazu werden sie gleichzeitig mit der österreichischen Abrüstung ihre militärischen Streitkräfte in eine noch festzulegende Entfernung von der österreichischen Grenze zurückziehen.
3. Die Signatarmächte des österreichischen Staatsvertrages brauchen keine Garantie einer allfälligen militärischen Hilfeleistung abzugeben. Wohl aber werden Amerika, England und Frankreich sich verpflichten, mit dem ganzen Gewicht ihres Einflusses dafür einzutreten, daß keiner der Staaten des Nato-Paktes irgendwelche militärische Aktionen gegen Österreich unternimmt, und ebenso verpflichtet sich die Regierung der USSR das ganze Gewicht ihres Einflusses auf ihre Verbündeten dahin geltend zu machen, daß kein Mitglied des Warschau-Paktes und insbesondere

keiner der östlichen Nachbarn Österreichs irgendeine militärische Aktion gegen dieses Land unternimmt.

4. Nach erfolgter kontrollierter Abrüstung wird die Republik Österreich als das Modell eines abgerüsteten Staates und als das Testobjekt der Möglichkeit friedlicher Koexistenz von den Vereinten Nationen anerkannt. An den Grenzen Österreichs bleiben unbewaffnete Kontrollposten der UN, die nicht etwa die Aufgabe einer Verteidigung, sondern nur einer Überwachung haben, so daß allfällige Grenzverletzungen unverzüglich an den Sicherheitsrat gemeldet werden könnten.

Die internationale Anerkennung Österreichs als Modellstaat der Abrüstung würde genügenden moralischen Halt gewähren, um die weiteren in Kapitel 9 vorgeschlagenen Maßnahmen entbehrlich erscheinen zu lassen.

NACHTRAG BETREFFEND ATOMTESTVERBOT

In Kapitel 3 meiner im Mai 1963 verfaßten Denkschrift wird von der Blockierung der Abrüstungsverhandlungen durch die mißlungene Einigung über ein Atomtestverbot gesprochen. Wegen des seit der Drucklegung der Schrift zustandegekommenen Vertrages über ein teilweises Verbot der Atomwaffenversuche könnte man bei oberflächlicher Betrachtung glauben, daß meine Schlußfolgerungen auf Voraussetzungen beruhen, die inzwischen gegenstandslos geworden sind. Sobald man aber der Sache auf den Grund geht, findet man, daß das Ergebnis der Moskauer Verhandlungen die Grundthesen der Schrift keineswegs entkräftet, sondern im Gegenteil noch mehr stützt. Man überlege sich nur folgendes:

1. Wie in Kapitel 3 meiner Denkschrift ausgeführt, ist das Hindernis für ein totales Verbot von Versuchsexplosionen der Streit über die Kontrolle unterirdischer Kernwaffenversuche. Dafür ist auch heute noch kein Kompromiß gefunden worden und es besteht daher für solche Versuche auch kein Verbot. Tatsächlich sind sie auch unmittelbar nach dem Vertragsabschluß noch fortgesetzt worden.
2. Wie ferner am Ende von Kapitel 3 betont, beinhaltet das Versuchsverbot weder ein Verbot der Anwendung von Atomwaffen im Kriegsfall

noch ein Verbot weiterer Erzeugung. Jede der Atommächte kann nach wie vor ihr Vernichtungspotential so weit steigern, wie sie es für zweckmäßig hält, um mit dem Gegner konkurrenzfähig zu bleiben, wobei die gesamte Sprengkraft aller bisher angehäuften nuklearen Bomben schon heute ungefähr so groß ist, als hätte man für jeden einzelnen Menschen der Erdbevölkerung mehrere Tonnen Dynamit bereitgestellt.

3. Aus den hier genannten Gründen ist auch von allen ernst zu nehmenden Kommentatoren des Moskauer Vertrages darauf hingewiesen worden, daß das jetzt zustandegekommene teilweise Versuchsverbot nur ein Anfang zu weiteren Schritten in Richtung einer allgemeinen Entspannung sein soll. Ein derartiger Schritt wäre eine nach vorheriger Verständigung mit den Nachbarn durchzuführende totale Abrüstung einzelner in günstiger Lage befindlicher neutraler Staaten. Gerade der Verlauf der Moskauer Verhandlungen und die scharfe Reaktion der Chinesen auf Chruschtschows Koexistenzpolitik läßt die Richtigkeit meiner Behauptung erkennen, daß gewisse neutrale Staaten eine totale Abrüstung gefahrlos ausführen könnten. Durch den eben erfolgten ersten Schritt zur Entspannung der Weltlage wird also mein Vorschlag nicht etwa überflüssig, wohl aber wird er sich leichter und ohne Risiko durchführen lassen.

Werner Wintersteiner

Ein weltpolitischer Paradigmenwechsel
Über das Potenzial von Hans Thirrings Abrüstungsvorschlag

Im Jahre 1963, mitten im Kalten Krieg, kam aus dem neutralen Österreich ein konkreter Vorschlag, wie in die ins Stocken geratenen Abrüstungsbemühungen der Supermächte eine neue Dynamik bekommen könnten. Vielleicht hätte diese Idee, wäre sie realisiert worden, zu einem früheren Ende des Kalten Krieges beigetragen und das Antlitz Europas positiv verändert. Der sogenannte *Thirring-Plan* zur einseitigen Abrüstung Österreichs sah die Auflösung des Bundesheeres unter UNO-Kontrolle vor. Damit sollte – in einer Zeit, die für Entspannung und Abrüstung ein günstiges politisches Klima bereithielt – das neutrale Österreich einen Anstoß für weltweite Abrüstung und Ächtung der Kriege geben. Eine historische Episode? Eine versäumte Gelegenheit? Ein Vorbild für die Gegenwart? Unabhängig davon, wie realisierbar der Vorschlag je war oder heute wäre (heute ist er es offensichtlich nicht), halte ich fest: Eine Debatte über diesen Vorschlag ist gerade für unsere Gegenwart ebenso nützlich wie notwendig, und zwar als diskursives Gegengewicht gegen die aktuelle Verengung des Blickwinkels auf eine rein militärisch verstandene Sicherheit. Also als Remedium gegen eine Sichtweise, nach der es auf alle Probleme nur eine Antwort gibt: Aufrüstung und militärische Gewalt. Friedensdenken erfordert hingegen ein Denken in Alternativen, es braucht kühne, utopische Vorschläge, die die Suche nach neuen Wegen stimulieren. Dass er genau das geboten hat, ist das historische Verdienst von Hans Thirring.

Hans Thirring – Wissenschaftler, Friedensdenker und Aktivist

Professor Hans Thirring (1888–1976), der Verfasser des Memorandums *Mehr Sicherheit ohne Waffen*, war eine anerkannte Koryphäe auf dem Gebiet der Theoretischen Physik, der u. a. einen wichtigen Beitrag zur allgemeinen Relativitätstheorie geleistet hatte und mit Albert Einstein befreundet war.

Militarismus und Krieg betrachtete Thirring seit seiner Jugend als »Schandfleck der Zivilisation« (vgl. z. B. Thirring 1960, S. 4). Bereits in den 1930er Jahren friedenspolitisch aktiv, begann er, der Physiker, sich mit Psychologie und Politik zu beschäftigen. In der NS-Zeit wegen seiner antifaschistischen Haltung und der Beschäftigung mit der »jüdischen« Relativitätstheorie von den Nazis 1938 in den Zwangsruhestand versetzt, verfasste er sein philosophisches Hauptwerk, *Homo Sapiens*, in dem er den Weg »vom Nationalismus zum Weltbürgertum« vorzeichnete. Als er 1946 seine Tätigkeit an der Universität Wien wieder aufnehmen durfte, publizierte er als erster Wissenschaftler weltweit eine *Geschichte der Atombombe*, ein Werk, das bald als Standardwerk angesehen wurde und in dem er bereits den Bau der Wasserstoffbombe voraussah. Seither engagierte er sich mit all seinen Kräften für Abrüstung und Frieden. Mit seinem Buch *Atomkrieg und Weltpolitik* (1948) profilierte er sich als Friedensaktivist, der es verstand, im Kalten Krieg von keiner Seite vereinnahmt zu werden. Er gehörte dem Vorstand der 1946 gegründeten Liga für Menschenrechte an, war Berater des Präsidiums der Österreichischen Friedensgesellschaft (ÖFG), in deren Rahmen er auch seinen *Konkrete[n] Vorschlag zur geistigen Abrüstung* (Thirring 1947) publizierte. Eine Zeit lang war er auch Mitglied des Österreichischen Friedensrats (vgl. Gütermann 1987, v. a. S. 92ff.). Als einziger deutschsprachiger Wissenschaftler wurde er zur ersten Pugwash-Konferenz 1957 der Naturwissenschaftler*innen gegen den Atomkrieg nach Kanada eingeladen. Er wurde zum Mitbegründer der gleichnamigen Vereinigung von Naturwissenschaftler*innen, die vor den Gefahren der atomaren Aufrüstung warnte. Zweimal brachte er die Pugwash-Konferenzen nach Österreich und sorgte damit für die Verbreitung der Friedensidee – jenseits der beiden ideologischen Lager im Kalten Krieg. Auf diese Weise bereitete er auch den Boden für die aktive Neutralitätspolitik Bruno Kreiskys, der Thirrings Pugwash-Initiative tatkräftig unterstützte (Fengler 2020).

Dabei musste Thirring in einem politisch heiklen Umfeld agieren. Angesichts des strikten Antikommunismus der beiden Koalitionsparteien ÖVP und SPÖ geriet in den 1950er Jahren jede Friedensaktivität und jede Warnung vor der Gefahr eines Atomkriegs in den Verdacht, von Moskau gesteuert zu werden (vgl. Fengler 2020, S. 221–222) Das änderte sich erst in der zweiten Hälfte des Jahrzehnts, als sich Gewerkschaften und Sozialdemokraten zu einer kritischen Position gegenüber Atomtests durchrangen. 1957 gewann der SPÖ-Kandidat Adolf Schärf, der sich zu Albert Schweitzers *Appell an die Menschheit* bekannte und Atomwaffen eindeutig ablehnte, die Präsidentschaftswahlen knapp gegen den gemeinsamen Kandidaten von ÖVP und FPÖ, Wolfgang Denk, der sich Atomwaffen auch in Österreich vorstellen konnte. (Fengler 2020, S. 246)[11]

Der Thirring-Plan

Als Mitglied des Bundesrats (seit 1957, von der SPÖ entsandt), der zweiten Kammer des österreichischen Parlaments, entwickelte Hans Thirring 1963 das Memorandum *Mehr Sicherheit ohne Waffen*, den *Thirring-Plan*. Dieser sah parallel zur Auflösung des Bundesheeres Verträge mit den sechs Nachbarstaaten vor, die erklären würden, keinerlei territoriale Ansprüche gegenüber der Republik zu haben. Als Gesten ihres guten Willens würden diese Staaten ihre Streitkräfte von den Grenzen zurückziehen. Österreich würde von der UNO als Modell eines abgerüsteten Staates und als Testobjekt der Möglichkeit friedlicher Koexistenz anerkannt. Unbewaffnete UNO-Soldaten würden Österreichs Grenzen überwachen. Die nationale Abrüstung Österreichs sollte also einen internationalen Effekt auslösen.

Thirrings Plan beruhte zum einen auf seinem langjährigen friedenspolitischen Engagement. Er konnte den Widerstand antimilitaristischer Gruppierungen gegen die Wiedereinführung der Wehrpflicht und des Bundesheeres genau verfolgen (Gütermann 1987, 88ff.). Er war auch einer der Unterzeichner der *Denkschrift an die österreichische Bundesregierung über die Wiederaufrüstung Österreichs* der ÖFG von 1947, in der schon manches Argument des Thirring-Plans anklingt:

> Einem Kleinstaat darf man den »Mut zur Wehrlosigkeit« mit Ruhe empfehlen. [...] Wer sein Vaterland liebt und seine Lage erkennt, der muß es davor bewahren, sich mit seiner eigenen Bewaffnung zu gefährden. (Zitiert nach Gütermann 1987, S. 91)

11 Dieser Appell des Friedensnobelpreisträgers wurde 1957 von Radio Oslo ausgestrahlt und löste ein weltweites Echo aus. Adolf Schärf, damals noch Vizekanzler, schlug Schweitzer im Mai 1957 vor, unter dessen Vorsitz eine internationale Konferenz über die Atomgefahr nach Wien einzuberufen. (https://www.aerzteblatt.de/archiv/55396/Albert-Schweitzer-und-der-Atomtest-Stopp-Appell-an-die-Menschheit)

In ähnlicher Weise hieß es in einer Resolution der Konferenz der österreichischen Friedensbewegung im März 1954, dass der Friede und Österreichs Unabhängigkeit am besten durch ein System kollektiver Sicherheit aller europäischer Staaten, eine neutrale Außenpolitik und eine offene Wirtschafts- und Kulturpolitik gesichert wären. (Vgl. Gütermann 1987, S. 95f.)

Zugleich beruhte sein Plan aber auch auf mehrjährigen spezifischen Vorarbeiten. Nach den Entspannungssignalen beim Treffen zwischen Nikita Chruschtschow und John F. Kennedy in Wien im Juni 1961 richtete der Physiker einen offenen Brief an die beiden Regierungschefs, der eine Reihe von Fragen bezüglich Kriegsgefahr, Rüstung und Abrüstung enthielt. Er erhielt tatsächlich ausführliche offizielle Antworten. Dadurch ermutigt, ging Thirring daran, seinen Plan auszuarbeiten. Die Kuba-Krise im Oktober 1962, als die Welt nahe an einem Atomkrieg war, bestärkte ihn erst recht in der Suche nach neuen Wegen der Entspannung. (Siehe Thirring 1962 und den Beitrag von Erik Gornik in diesem Buch)

Das strategische Ziel der einseitigen Abrüstung

Thirring ging davon aus, dass – angesichts der Atomkriegsgefahr – die allgemeine Abrüstung nicht nur dringend notwendig wäre, sondern dass auch eine politische Konstellation herrschte, in der diese Notwendigkeit allgemein begriffen wurde. Das hauptsächliche Hindernis dafür, dass der Einsicht auch Taten folgten, war seiner Auffassung nach das gegenseitige Misstrauen. Daher müssten vertrauensbildende Maßnahmen gesetzt und ein positiver Präzedenzfall geschaffen werden, um das Eis zu brechen. Österreich wäre seinem Plan nach dabei die Vorreiterrolle zugekommen.

Für seine Annahmen gab es durchaus gute Gründe. Zu Beginn der 1960er Jahre wurden, trotz Kubakrise, immer wieder Versuche der Deeskalation im Kalten Krieg unternommen. 1962 verständigten sich die Großmächte auf die multilaterale Genfer Abrüstungskonferenz, die unter Schirmherrschaft der UNO stattfand und zunächst 17 Staaten umfasste. Die Notwendigkeit und Dringlichkeit einer allgemeinen und vollständigen Abrüstung wurde von einer zunehmenden Anzahl führender Staatsmänner anerkannt. Das internationale Klima war günstig für Abrüstungsvorschläge.

Thirring führte für die Notwendigkeit und Möglichkeit der Abrüstung politische und ökonomische Argumente an. Entscheidend war für ihn der »radikale Umbruch der Weltsituation [...], der durch die Drohung des Atomtods und durch den Übergang von der Ära Stalins zu der Chruschtschows verursacht« (Thirring 1963, S. 13) wurde. Er erwähnte auch den »ungeheuren materiellen Nutzen, der aus der Einsparung der gegenwärtig bei dem Rüstungswettlauf vergeudeten mehr als 100 Dollarmilliarden jährlich resultieren würde« (ebd., S. 7). Zugleich brachte er aber auch ein grundsätzliches ethisches Argument ein, indem er dafür plädierte, dass »doch in erster Linie die moralische Seite der Angelegenheit mehr Beachtung finden müßte als bisher. Es ist eine Schande und Schmach für die sogenannte zivilisierte Menschheit, daß man heute, fast zwei Jahrtausende nach dem Kreuzestod des Erlösers und zu einer Zeit, da man tief in die Geheimnisse der Atomkerne eindringt und den Mond zu erobern gedenkt, noch immer an der primitiv barbarischen Methode der Austragung zwischenstaatlicher Konflikte durch organisierten Massenmord festhält und für das Weiterbestehen dieses tierischen Atavismus keinen triftigeren Grund angeben kann als das Schauermärchen, daß man ohne kriegerische Vorbereitungen von der Gegenseite umgebracht würde.« (ebd.)

Als Hindernis identifizierte er allerdings den Widerspruch zwischen dem allgemeinen Wunsch nach Abrüstung und der großen Skepsis »gegenüber der Frage ihrer Realisierbarkeit. Eine jahrtausendealte militaristische Tradition einerseits und dazu das durch unkluge Handlungen beider Seiten immer wieder genährte gegenseitige Mißtrauen andererseits sind schwere psychologische Hemmnisse. Und dazu kommt natürlich noch der nicht zu unterschätzende Widerstand jener Kreise, die an der Aufrechterhaltung des Rüstungswettlaufs finanziell interessiert sind und daher darauf bedacht sein müssen, das gegenseitige Mißtrauen weiter zu schüren.« (Ebd.) Und dieses Misstrauen war in der Tat ein starker Faktor.

Obwohl, wie Thirring ausführte, die »überwiegende Bevölkerungsmehrheit« aller Länder gegen den Militarismus sei, werde dieses Streben »dadurch unterdrückt, daß die Abrüstungsgegner ständig mit dem Finger auf die Rüstung der Gegenseite hinweisen und diese als eine Angriffsvorbereitung deuten, die eine Aufrüstung der eigenen Nation als eine selbständige Abwehrmaßnahme notwendig erscheinen läßt. Aus diesem Zirkel von gegenseitiger Drohung und Furcht werden wir nur dann herauskommen, wenn endlich einmal ein günstig gelegener Staat nach Prüfung der Lage den entscheidenden mutigen Schritt tut, von selbst mit der Abrüstung anzufangen und dadurch mit gutem Beispiel der Welt voranzugehen.« (Ebd., S. 23)

Daraus ergab sich, wie Thirring argumentierte, eine Situation für neutrale Länder, welche »die in der Geschichte vielleicht noch nie dagewesene Gelegenheit bietet, aus einem Dienst, den sie der ganzen Welt erweisen, gleichzeitig selbst auch erheblichen Gewinn zu erzielen.« (ebd., S. 5) Konkret: »Wenn nun ein in geeigneter Lage befindlicher neutraler Staat seine bedingte Bereitschaft zu einer einseitigen vollständigen Abrüstung zum Ausdruck bringt, so macht er sich dadurch automatisch zum Testobjekt für die Vertrauenswürdigkeit von Nichtangriffsgarantien. Würde irgendein Nachbar einen Angriff auf das wehrlose Land unternehmen, so würde die Möglichkeit zu einer allgemeinen Abrüstung auf Jahrzehnte hinaus hoffnungslos begraben sein.« (ebd.) Daher sei der Schutz des unbewaffneten Staates im Interesse aller anderen Staaten.

Die besondere Rolle Österreichs

In seiner Denkschrift untersuchte und verglich Thirring die Position verschiedener neutraler Staaten und kam zu dem Schluss, dass in Österreich am ehesten die Bedingungen für einen Testlauf zur Abrüstung gegeben seien. Das Land sei ausschließlich von Staaten umgeben, die keinerlei Gebietsansprüche gegenüber Österreich stellten, und es habe ohnehin ein nur schwaches Heer und nicht die ökonomische Kapazität, dieses substanziell zu vergrößern. Er präzisierte, wohl viel zu optimistisch, dass der früher vorherrschende »kollektive Aggressionswillen« im Atomzeitalter der »Abscheu vor einem neuen Krieg« und der Furcht vor der totalen Vernichtung gewichen sei. Diese Wahrnehmung bezog sich auf den Ost-West-Konflikt, während Thirring den Nord-Süd-Konflikten (gerade angesichts der Zeit der Entkolonialisierung) offenbar keine Beachtung schenkte.

Zugleich sah er die Möglichkeit, durch die Abrüstung mit den Ländern hinter dem Eisernen Vorhang engere Kontakte zu knüpfen und historische Gemeinsamkeiten wiederzubeleben: »Das Entscheidende an der Wirkung einer österreichischen Abrüstung wird darin bestehen, daß die

Verbundenheitsgefühle aus der Zeit der alten Monarchie durch den gemeinsamen Horror vor einem Atomkrieg und das vitale Interesse an einer Entspannung wieder neues Leben gewinnen können. [...] Darum wird meiner Überzeugung nach Österreich im abgerüsteten Zustand inmitten von wohlgesinnten und auf friedliche Koexistenz bedachten Nachbarn – und dazu als scharf beobachtetes Testobjekt des vordringlichsten Belanges der ganzen Welt – bedeutend sicherer leben als im bisherigen Zustand.« (Ebd., S. 18)

Thirring wollte also die Sicherheit der Republik ausschließlich durch internationale Verträge gesichert wissen. Die Möglichkeit einer alternativen, gewaltfreien Verteidigung hat er nicht in Betracht gezogen, obwohl es auch in seiner Zeit bereits etliche Beispiele gegeben hat, die von Pazifist*innen diskutiert wurden. (Siehe den Beitrag von Christine Schweitzer in diesem Buch.)

Über die Tragweite seines Plans war sich Thirring hingegen völlig klar:

> Österreich könnte als erster neutraler Staat den fatalen Teufelskreis von gegenseitigem Mißtrauen, Drohung und Furcht brechen und damit als Keimzelle für die allgemeine Abrüstung den Kern einer Gruppe von Staaten bilden, die ihre Verpflichtung gegenüber den Vereinten Nationen, auf Waffengewalt zu verzichten, nicht mehr mit der Ausrede verletzen können, man sei von der Gegenseite bedroht. (zitiert nach *Der Antimilitarist, Nr. 35/1964, S. 2).*

Widerstand und Ablehnung

Thirring schlug vor, den Plan von einer Kommission aus Fachleuten ernsthaft prüfen zu lassen. Dazu ist es allerdings nicht gekommen. Denn sein Plan wurde von der österreichischen Regierung eindeutig abgelehnt. Seine eigene Parteikolleg*innen von der SPÖ, damals in großer Koalition mit der konservativen Volkspartei regierend, die in internationalen Fragen Thirring durchaus vertrauten, konnten sich keine andere als eine bewaffnete Neutralität vorstellen. Aus dem Ausland gab es allerdings teilweise begeisterte Zustimmung, etwa durch Philip Noel-Baker, den ehemaligen Leichtathleten und Mitglied des britischen Parlaments, Friedensnobelpreisträger von 1959. In seinem Schreiben ging er noch weiter als Thirring selbst: »I agree entirely with your argument about the national defence of Austria, Switzerland, Sweden,

Ireland, Finland. I am quite sure they could all safely adopt your plan, with great benefit to themselves.« (Brief vom 25. August 1963 an Hans Thirring[12])

Anstoß für einen weltpolitischen Paradigmenwechsel

Wieweit Thirrings Plan real umsetzbar und ob dies überhaupt wünschenswert gewesen wäre, darüber gehen die Meinungen auch heute noch auseinander. Das zeigen etwa die skeptischen Beiträge von Heinz Gärtner und Günther Greindl in diesem Buch. Aber wie schon eingangs argumentiert, ist der wahre Wert von Thirrings Initiative ohnedies ein anderer. Sein mutiger Vorschlag hatte, trotz Ablehnung, einen gewissen Einfluss auf Österreichs Innen- und Außenpolitik. Ohne sein Wirken wäre vielleicht das Volksbegehren zur Abschaffung des Bundesheeres 1969 nicht initiiert worden. Schließlich heißt es, ganz im Geiste Thirrings, in dem Dokument, das den Anstoß zu dem Volksbegehren gegeben hat: »Wir können die großen Mächte nicht zur Abrüstung zwingen. Aber wir können tun, was wir tun sollten. Nicht daß wir dadurch das Vernichtungspotenzial herabsetzen könnten, sondern *als dramatische Geste des Friedenswillens*« (Daim 1969, zitiert nach Gütermann 1987, S. 89, meine Hervorhebung). Thirrings Initiative gab, als vielleicht sichtbarstes Resultat, den Kräften Aufschwung, die die Wehrdienstzeit in Österreich verkürzen wollten – ein Plan, der nach dem Regierungswechsel 1970 in die Tat umgesetzt wurde. Darüber hinaus ist wohl auch die Ansiedlung der UNO-Institutionen im Rahmen einer aktiven Neutralitätspolitik[13] Anstößen Thirrings zu verdanken. Und zur internationalen Wirkung meinen Thirrings Biographinnen: »Der Thirring-Plan mit dem Testfall Österreich war zweifellos zu seiner Zeit noch zu weitgehend. Aber mit den Gedanken und Vorschlägen Thirrings für atomwaffenfreie Zonen ist eine Politik der Abrüstung ins Rollen gekommen [...].« (Zimmel/Kerber 1992, S. 122) Anders gesagt: Thirring wollte mit einer unerwarteten und kühnen Aktion einen weltpolitischen Paradigmenwechsel einläuten. Das ist genau das, was wir heute dringend bräuchten.

12 Österreichische Zentralbibliothek für Physik, Wien: Nachlass Hans Thirring. B 35–1259/2. https://fedora.phaidra.univie.ac.at/fedora/objects/o:129250/methods/bdef:Book/view

13 Das zumindest ist die Ansicht des Physikers Univ.-Prof. Dr. Herbert Pietschmann: https://www.iqoqi-vienna.at/blogs/blog/hans-thirring-a-personal-recollection.

Die heutige Polykrise …

Denn inzwischen haben wir mit dem Angriff Russlands auf die Ukraine und dem Krieg in Gaza hochgefährliche Konfliktherde mit permanenter Eskalationsgefahr, bis hin zu einem Weltkrieg oder gar einem Einsatz von Atomwaffen. Neben diesen beiden Kriegen zählte das Friedensforschungsinstitut SIPRI 2023 weitere bewaffnete Konflikte in 50 Staaten. Dazu kommen die steigenden Spannungen zwischen China und den USA. 2023 hat Russland auch seine Teilnahme am New START Abkommen ausgesetzt, dem letzten bilateralen Vertrag über die Kontrolle von Atomwaffen. Zugleich stiegen die weltweiten Militärausgaben zum neunten Mal in der Folge, mit einem Gesamtbetrag von 2,4 Billionen US Dollar. Die Kriege und die permanente Aufrüstung haben auch dazu beigetragen, die Klimabilanz weiter zu verschlechtern, was ebenfalls eine große Bedrohung darstellt. Aus diesem Grund hat das *Bulletin of the Atomic Scientists* seine sogenannte »Doomsday Clock« (Weltuntergangsuhr) auf 90 Sekunden vor Mitternacht vorgerückt, den bedrohlichsten Wert seit ihrer Einführung 1947. (SIPRI Yearbook 2024)

Trotz dieser wahrhaften Polykrise und der unleugbaren globalen Gefährdungen ist die Reaktion der westlichen Eliten sehr einseitig und kurzsichtig. Sie besteht in einem Tunnelblick, der die Zusammenhänge ignoriert und so in die Falle von Rüstung und Gegenrüstung tappt, aus der Thirring herauskommen wollte: Sie sprechen von »Zeitenwende«, von der Notwendigkeit »kriegstüchtig« zu werden, eine Kriegswirtschaft vorzubereiten und entsprechend dieser Kriegslogik die »geistige Landesverteidigung« zu verstärken. Die Medien verstärken diese Stimmung: »Sind wir jetzt im Krieg?« fragt der Falter (Falter 13/24), »Kann Europa im Ernstfall Kriegswirtschaft?« sorgt sich die Presse (Die Presse, 26. Mai 2024). Und der bekannte Journalist Peter Michael Lingens schreibt im *Falter* ganz unverblümt: »Rüstung macht die EU sicherer & reicher« (Falter 13/2024, 8). Er möchte mit staatlicher Hilfe die Konjunktur ankurbeln und meint: »Waffenproduktion im Auftrag des Staates ist überall ein Weg, die Konjunktur zu stabilisieren. Zwar ist das mit staatlichen Investitionen in den Klimaschutz nicht minder möglich, […] aber sie finden vor allem in den USA nicht die gleiche Zustimmung. Die EU hingegen kann sowohl in ›Verteidigung‹ wie ›Klimaschutz‹ investieren.« Die Ignoranz, die in diesem lässig hingeworfenen Vergleich von Verteidigung und Klimaschutz steckt, ist erschreckend. Beunruhigenderweise setzt auch die Friedensforschung dieser Kriegsstimmung des Mainstreams kaum etwas entgegen. So bleibt die Position der Friedenswissenschaftler*innen, die das *Friedensgutachten 2024* erstellt haben, ziemlich ambivalent:

> Der weltweite Trend zur Aufrüstung setzt sich fort. Um Abrüstung und Rüstungskontrolle steht es schlecht, neue Militärtechnologien bringen zusätzliche Herausforderungen mit sich. Die Gefahr nuklearer Eskalation besteht weiterhin und steigt. Doch trotz dieser düsteren Ausgangslage gibt es Handlungsoptionen: Sie bestehen darin, die Verstärkung militärischer Fähigkeiten sozial und ökologisch nachhaltig zu gestalten sowie die Rüstungskontrolle und die konventionelle Verteidigung weiter zu entwickeln. Dagegen ist eine stärkere nukleare Abschreckung nicht erstrebenswert. (Friedensgutachten 2024, S. 95)

Das heißt im Klartext: Die Rüstung der anderen (»Aufrüstung«) ist schlecht, aber die eigene Rüstung (»Verstärkung militärischer Fähigkeiten«) bleibt unangetastet, nur nuklear darf sie bitte nicht sein. Und sie möge »sozial und ökologisch nachhaltig« erfolgen, was immer das heißen mag.

Um aus dieser verheerenden und äußerst bedrohlichen Situation herauszufinden, könnte das visionäre Denken im Geiste Thirrings eine Chance bieten. Auch wenn sein Vorschlag in einer völlig anderen geopolitischen Situation entstanden ist, hat er uns heute noch eine Menge zu sagen. Denn an Thirrings Plan lassen sich folgende Denkmuster identifizieren, die weit über den konkreten Vorschlag hinausreichen:

- Die Zurückweisung überkommener Feindbilder, damals vor allem ein fanatischer Antikommunismus, der eine objektive Analyse der Lage behinderte;
- Ein Sicherheitsverständnis, das man heute als »menschliche Sicherheit« bezeichnen würde, und das den ausschließlichen Fokus auf das Militärische verhindert;
- Die Erkenntnis, dass Rüstung keine Sicherheit bietet, wohl aber Abrüstung Sicherheit bieten könnte;

- Ein kosmopolitischer Blick, der die österreichische Situation im internationalen Kontext begreift und es auch als Aufgabe unseres Landes ansieht, einen Beitrag zur globalen Entwicklung zu leisten;
- Eine – trotz aller Probleme – optimistische Grundhaltung, die es erst erlaubt, an einer konkreten Utopie zu arbeiten;
- Eine mutige und riskante Initiative als Versuch, eine Pattsituation zu überwinden.

Es ist allerdings nicht zu übersehen, dass Thirring auch einige Aspekte negiert hat, die heute für Friedensinitiativen zum State of the Art gehören:

- Er hat zwar eine Zustimmung, nicht aber eine breitere Einbindung der Zivilgesellschaft in seine Initiative in Betracht gezogen.
- Er wollte die Sicherheit Österreichs ausschließlich durch internationale Verträge gesichert wissen, die Vorstellung einer Gewaltfreien Verteidigung, obwohl in den 1960er Jahren zweifelsohne kein Neuland, findet in seinem Plan keine Erwähnung.

Ungeachtet dessen ist Thirrings Mut zur Utopie etwas, was heute schmerzlich fehlt und was in Erinnerung an ihn hochgehalten werden sollte. Denn seine Vorgangsweise bietet wesentliche Impulse für einen weltpolitischen Paradigmenwechsel hin zu einer friedenskulturell inspirierten Weltinnenpolitik. Durchaus im Sinne Thirrings habe ich für eine »Friedensrepublik Österreich im Heimatland Erde« plädiert (Wintersteiner 2023). Was Hoffnung gibt, ist sicher, dass auch kritische Intellektuelle aus dem politischen Mainstream-Lager inzwischen zu ähnlichen Einsichten kommen: So hat etwa der ehemalige französischer Premierminister Dominique de Villepin in einem Essay mit dem Titel »Der Krieg ist nicht der kürzeste Weg zum Frieden« festgestellt: »Wir müssen eine andere Welt erfinden, einen Weg hin zu einer geteilten, ausgeglichenen und sicheren Welt zeichnen, die in der Lage ist, die angekündigte Katastrophe zu verhindern« (Villepin 2024).

Man wird, mit einigem Recht, einwenden, dass Abrüstung zu fordern naiv sei, solange unser Gesellschaftssystem so ist, wie es eben ist. Abrüstung könne erst das Ergebnis, nicht der Ausgangspunkt einer gewaltfreien Gesellschaftsordnung und eines friedlichen Weltsystems sein. Das mag stimmen, trifft aber nicht den Punkt. Die *Forderung* nach Abrüstung macht sich an einem der schlimmsten Phänomene des Kriegssystems, abgesehen vom Krieg selbst, nämlich dem Wahnsinn von Rüstung und Überrüstung, fest, und gewinnt daraus ihre mobilisierende Kraft. Rüstung verhindert soziale Entwicklung, zerstört die Umwelt und bringt Krieg, lautet vereinfacht das Argument. Daher ist die Forderung nach Abrüstung, selbst wenn sie nicht unmittelbar realisiert werden kann, immer ein Stich ins Wespennest. Sie trifft einen wunden Punkt, sie kann Gedanken stimulieren und Fragen auslösen wie: Warum wird denn so massiv gerüstet, wenn alle sagen, sie wollen Frieden? Mit ihrer Unbedingtheit verweigert sie sich der Kriegslogik und tritt unbeirrt für die alternative Logik der Gewaltfreiheit ein. Das empfinden manche als Illusion, andere als Provokation. Wir sollten es aber als eine Befreiung empfinden, eine Befreiung von falschen Denkzwängen und eine Öffnung des Möglichkeitssinns für eine menschlichere Organisation der (Welt-)Gesellschaft.

Dabei können uns wohl die Worte bestärken, die 1963 ein vorsichtiger Befürworter Thirrings geäußert hat:

> Man darf auch nicht übersehen, daß Utopien von heute schon morgen oder vielleicht auch erst übermorgen zur Realität werden können. Zweifellos waren die Forderungen, welche die Arbeiterbewegung vor einem Jahrhundert in Deutschland und in Österreich erhob, Utopien, die deshalb belächelt wurden. Viele dieser visionären Wünsche sind längst erfüllt. Realisiert wurden auch Maßnahmen, die vor hundert Jahren nicht einmal die größten Utopisten dachten oder sagten. Man sollte also den Wert von Ideen, die uns heute utopisch vorkommen, nicht unterschätzen. (Schranz 1964, S. 175f.)

Literatur

Fengler, Silke (2020): »Salonbolschewiken:« Pugwash in Austria, 1955–1965. In: Alison Craft/Carola Sachse (Eds.): *Science, (Anti-)Communism and Diplomacy: The Pugwash Conferences on Science and World Affairs in the Early Cold War.* Leiden: Brill, S. 221–258.

Friedensgutachten 2024. Welt ohne Kompass (2024). Hgg. von BICC Bonn International Centre for Conflict Studies/ IFSH Institut für Friedensforschung und Sicherheitspolitik an der Universität Hamburg/ INEF Institut für Entwicklung und Frieden/ PRIF Leibniz-Institut für Friedens- und Konfliktforschung. Bielefeld: transcript. https://www.transcript-verlag.de/978-3-8376-7421-7/friedensgutachten-2024/

Gütermann, Christoph (1987): Die Geschichte der österreichischen Friedensbewegung 1889–1985. In: Rauchensteiner, Manfried (Hg.): *Überlegungen zum Frieden.* Wien: Deuticke, S. 13–132.

Schranz, Edgar (1964): Abrüstung in Österreich? *Internationale Rundschau* 3, S. 175–176.

SIPRI Yearbook 2024: Armaments, Disarmament and International Security. www.sipriyearbook.org

Thirring, Hans (1947): Ein konkreter Vorschlag zur geistigen Abrüstung. In: Thirring, Hans: *Anti-Nietzsche, Anti-Spengler. Gesammelte Aufsätze und Reden zur demokratischen Erziehung.* Wien: Verlag der Ringbuchhandlung A. Sexl, S. 131–141.

Thirring, Hans (1962): Ein Physiker interviewt Staatsmänner. In: *Physikalische Blätter* 18 (9), S. 431–439.

Thirring, Hans (1963): *Mehr Sicherheit ohne Waffen. Denkschrift an das österreichische Volk und seine gewählten Vertreter.* Wien: Jugend und Volk.

Villepin, Dominique (2024): La guerre n'est pas le plus court chemin vers la paix. In: *Le Monde Diplomatique*, juin 2024, S. 1, 10, 11.

Wintersteiner, Werner (2023): Friedensrepublik Österreich im Heimatland Erde. In: *International* 1, 5–7.

Zimmel, Brigitte/Kerber, Gabriele (Hg.) (1992): *Hans Thirring. Ein Leben für Physik und Frieden.* Wien: Böhlau.

II. DER THIRRING-PLAN IM HISTORISCHEN KONTEXT

Heinz Gärtner

Hans Thirring: Brillante Analyse und eine ungeeignete Schlussfolgerung

Aufrüstung oder allgemeine Abrüstung?

Professor Hans Thirring nutzte als Wissenschaftler seine Freiheit, sich Gedanken über eine friedliche Zukunft zu machen, die über den damals aktuellen politischen Zustand der Welt und Europas hinausgingen. In der Zeit des Kalten Krieges mit zwei einander feindlich gegenüberstehenden Blöcken und mit ungebremster Aufrüstung ohne Rüstungskontrollverträge war Hans Thirrings Hauptanliegen die »allgemeine Abrüstung«. Der erste Satz seines Planes von 1963 (Thirring 1963; Wintersteiner 2023, S. 36–39) *Mehr Sicherheit ohne Waffen* lautet: »Die Notwendigkeit und Dringlichkeit einer allgemeinen und vollständigen Abrüstung ist in den letzten Jahren von einer zunehmenden Anzahl führender Staatsmänner voll anerkannt worden«. Hans Thirring identifiziert exakt, was unter dem Begriff des »Sicherheitsdilemmas« in die Politikwissenschaft Eingang gefunden hat, wonach die jeweiligen Verteidigungsanstrengungen zu Aufrüstungsprozessen führen. Thirring definiert diesen Prozess als das Streben, »dass die Abrüstungsgegner ständig mit dem Finger auf die Rüstung der Gegenseite hinweisen und diese als Angriffsvorbereitung deuten, die eine Aufrüstung der eigenen Nation als eine selbständige Abwehrmaßnahme notwendig erscheinen lässt« (Thirring 1963, S. 23). Daraus ergäbe sich dieser »Zirkel von gegenseitiger Drohung und Furcht« (ebda).

Besonders »unerträglich« empfand er »die drohende Gefahr einer völligen Vernichtung durch einen Atomkrieg«. »Abrüstung und friedliche Koexistenz« waren seine überlebensnotwendigen Ziele. Größte Triebkraft für die Aufrüstung sei das Prinzip der nuklearen Abschreckung. Da die nuklearen Großmächte daran festhalten wollten, wäre das Problem der Abrüstung »von einer ganz anderen Seite her aufzurollen«. (Ebda, S. 10) Diese sieht Thirring in regionalen Abkommen: »Eine andere Methode bestünde darin, zuerst gewisse hiefür geeignete Gebiete teilweise oder ganz zu entmilitarisieren.« (Ebda) Er nimmt Bezug auf den Rapacky-Plan von 1957 und den

Undén-Plan von 1961. Der erste sah ein Disengagement der Großmächte aus Mitteleuropa und eine nuklearwaffenfreie Zone vor. Der zweite das Verbot für Nichtnuklearwaffenstaaten, Nuklearwaffen zu produzieren und zu lagern. Dieser Plan wurde mit dem Atomwaffensperrvertrag von 1969 umgesetzt. Der Rapacki-Plan blieb unerfüllt. Für Thirring musste jemand mit der Abrüstung beginnen. Er sah die neutralen Staaten »in geeigneter Lage«, die »Bereitschaft zu einer einseitigen vollständigen Abrüstung zum Ausdruck« (ebda, S. 5) zu bringen. Österreich könnte ein »Testfall« (ebda, S. 17) sein.

Österreich als Modell für regionale Lösungen

Thirrings 32-seitiger Plan war logisch aufgebaut und fiel in einen Diskurs über eine Reihe von regionalen Plänen mit zum Teil unterschiedlichen Zielsetzungen, aber mit dem neutralen Österreich als Modell.

Neutralität war ein Konzept, das es ermöglichte, die Blöcke des Kalten Krieges auf Distanz zu halten. Sie garantierte in einem gewissen Umfang die politische Unabhängigkeit der neutralen Staaten. Diese traten keinem Militärbündnis bei, ihr Werte- und Wirtschaftssystem orientierte sich aber am Westen. In Mitteleuropa blieb eine neutrale Lösung nur Österreich nach 1955 vorbehalten. Dennoch wurden Ideen entwickelt, wie das österreichische Neutralitätsmodell zu Lösungen von anderen ungelösten Problemen dienen könnte.

So gab es eine Reihe von Vorschlägen hinsichtlich der Neutralität in Mitteleuropa. (Siehe dazu Gärtner 2017, S. 173–182) George F. Kennan, der nach 1947 als US-Botschafter in Moskau das Konzept der Eindämmungspolitik entwickelte, schlug 1956 und 1957 eine Neutralität Zentraleuropas sowie eines vereinigten Deutschlands vor, weil er insgesamt nicht an die Haltbarkeit der Teilung Europas und Berlins glaubte. (Kennan 1982, S. 21) Er machte folgende Ausführungen:

> Es war schon immer meine Ansicht, dass die Entlassung Osteuropas aus der unnatürlichen Fesselung, in der es in diesen letzten Jahren festgehalten wurde, erleichtert würde, wenn die den amerikanischen und den russischen Militärblock trennende Linie nicht zu stark betont würde, und wenn die dazwischenliegende neutrale Zone eher erweitert als verkleinert werden könnte. (Kennan, zitiert in Adenauer 1967, S. 146–148)

Kennan begrüßte, dass Schweden nicht dem Atlantikpakt NATO beigetreten war, dass die Schweiz ihre traditionelle Neutralität gewahrt hatte, Österreich neutral wurde, und dass sich Jugoslawien weder an den Westen noch an den Osten gebunden hatte. Von neutralen Staaten sollte man sich nicht wünschen,

> dass sie Versprechungen abgeben, uns im Kriegsfall zu verteidigen, sondern dass sie sich einen klaren Blick für ihre eigenen Interessen bewahren und jedem unbilligen Druck, von welcher Seite er auch erfolgt, im Krieg oder Frieden energischen Widerstand entgegensetzen. (Kennan, zitiert in Adenauer 1967, S. 146–148)

Deshalb hat Kennan auch daran gezweifelt, ob es klug war, Westdeutschland allein wieder zu bewaffnen und in den Atlantikpakt aufzunehmen. Deutschland hätte ein neutraler Faktor werden können, »der die scharfe Schneide der beiden militärischen Pole in Europa abstumpfen und schließlich hätte helfen können, die Heftigkeit des Konfliktes zwischen Ost und West zu verringern«. (Zitiert in Adenauer 1967, S. 474) Gegenüber US-Außenminister John Forster Dulles sagte der westdeutsche Bundeskanzler Konrad Adenauer 1959 hingegen, dass Kennans Vorschläge Deutschland und ganz Westeuropa »in die Hände der Sowjets treiben« würden und »für Amerika reiner Selbstmord« wäre. (Adenauer 1967, S. 146–148)

Die US-Senatoren Hubert H. Humphrey und William F. Knowland arbeiteten ebenfalls Vorschläge über eine neutrale Zone in Mitteleuropa aus. Senator Humphrey, der auch Vorsitzender des Unterausschusses für Abrüstung des Auswärtigen Ausschusses des amerikanischen Senats war, erklärte 1956 und 1957 mehrmals, dass sich die zehnjährigen Verhandlungen über die Vereinigung Deutschlands als fruchtlos erwiesen hätten und dass andere Mittel in Erwägung gezogen werden müssten, die vielleicht eher zum Ziel führen würden. Er regte die Schaffung einer Pufferzone bei gleichzeitigem Rückzug amerikanischer und sowjetischer Truppen aus West- beziehungsweise Ostdeutschland an. Senator Knowland, der Vorsitzende der republikanischen Fraktion im US-Senat, wollte ein vereinigtes Deutschland in die Reihe der anderen neutralen Staaten Österreich, Finnland, Schweden und die Schweiz eingliedern. Die sowjetischen Satellitenstaaten sollten aus dem

Warschauer Pakt austreten und ebenfalls neutral werden. Die Grenzen dieser Länder müssten von den Großmächten garantiert und allgemeine freie Wahlen abgehalten werden. Auch der Vorsitzende der britischen Labour-Party, Hugh Gaitskell, entwickelte ähnliche Ideen. (Hillgruber 1979, S. 146–148)

In der zweiten Hälfte der Fünfzigerjahre war neben der Neutralitätsdebatte eine Debatte über »Disengagement« im Rahmen mehrerer Vorschläge über kollektive Sicherheit in Gang gekommen, die Thirring wesentlich beeinflusste. Die Idee war, eine Region gemeinsamer Sicherheit zu schaffen und die Blockkonfrontation zu verringern. Diese Vorstellungen kollektiver Sicherheit wurden mit dem Vorschlag von einer »atomwaffenfreien Zone« ergänzt. Österreich wurde somit auch Modell für den Rapacki-Plan.

Österreichs Status als nicht-nuklearer neutraler Staat spielte nämlich eine Vorbildrolle für den Rapacki-Plan. Dieser Status Österreichs ist schon im Staatsvertrag von 1955 verbrieft:

> 1. Österreich soll weder besitzen noch herstellen noch zu Versuchen verwenden: a) irgendeine Atomwaffe, b) irgendeine andere schwere Waffe, die jetzt oder in der Zukunft als Mittel für Massenvernichtung verwendbar gemacht werden kann und als solche durch das zuständige Organ der Vereinten Nationen bezeichnet worden ist … (Bundesrecht 2019)

Im Gegensatz zu Österreich experimentierten Schweden und die Schweiz, ebenso wie Deutschland, bis in die sechziger Jahre mit Nuklearwaffen. Die US-Regierung von John F. Kennedy hatte große Sorgen, dass Deutschland seine Verpflichtung von 1954, nicht Nuklearwaffen zu produzieren, brechen würde. (National Security Archive) Obwohl die US-Nachrichtendienste keine Beweise für ein aktives Nuklearwaffenprogramm fanden, glaubten sie, dass Deutschland bald diese Schwelle erreichen würde. Ähnliches traf auf Schweden zu. Es war wohl der Druck der USA, dass Deutschland kein aktives Nuklearwaffenprogramm entwickelte.

1957 und 1958 machte der polnische Außenminister Adam Rapacki vor diesem Hintergrund Vorschläge über nuklearwaffenfreie Zonen, die Polen, die Tschechoslowakei, die Deutsche Demokratische Republik und die Bundesrepublik Deutschland umfassen sollten (Österreich war schon nuklearwaffenfrei). Auf diesem Territorium sollten Nuklearwaffen weder produziert noch gelagert werden. Zugleich wären auch die Stationierung von Einrichtungen, die für ihre Bedienung bestimmt waren, sowie der tatsächliche Einsatz von Nuklearwaffen in dieser Zone untersagt gewesen.

Der Rapacki-Plan war wiederum Modell für verschiedene Vorschläge von nuklearfreien Zonen in Europa. Zum Beispiel schlug die Palme-Kommission[14] 1982 eine nuklearwaffenfreie Zone auf dem »Gefechtsfeld« Zentraleuropa vor, die auf den Gürtel vom Baltikum bis zum Balkan ausgedehnt werden könnte. Das österreichische und schweizerische Außenministerium gaben eine Studie über eine potenzielle nuklearwaffenfreie Zone in Europa in Auftrag. Das Projekt wollte die schlafende Debatte über dieses Thema wiederbeleben und auch in die Nuklearwaffenstaaten hineintragen sowie das Momentum des Abrüstungsdiskurses aufrechterhalten. (Peace Research Institute Frankfurt PRIF 2015).

Thirrings Abrüstungs-Neutralitätsdilemma

Mit der Forderung Hans Thirrings, dass Österreich ein Modell oder Testfall für »einseitige und vollständige Abrüstung« hätte sein können, befand er sich in einem Dilemma. Österreichs Neutralität ist historisch als »bewaffnete Neutralität« entstanden. Zwar hat Thirring recht, dass mit der Bestimmung des Staatsvertrages, wonach Österreich verpflichtet ist, seine Neutralität »mit allen ihm zu Gebote stehenden Mittel« zu verteidigen, nicht notwendigerweise eine »Wehrmacht« gemeint sein muss, diese ist aber implizit gefordert.

Österreich hätte den Status der Neutralität nicht erreicht, wenn es auf Bewaffnung verzichtet hätte. 1954 und 1955 entwickelten die USA bereits ein sehr differenziertes Bild von Neutralität. (Gärtner 2017) Deren internationaler Stellenwert wurde nicht von vornherein abgelehnt, sondern auf Praktikabilität, Tauglichkeit, Haltbarkeit und Solidarität überprüft. Neutrale Staaten wurden dabei nicht als Untertanen einer dritten Macht, die unter kommunistisch-sowjetische Abhängigkeit geraten würden, betrachtet. Gleichwohl war man sich in Washington darüber im Klaren, dass Neutralität sowjetischen Sicherheitsbedürfnissen entgegenkommen würde. (Gehler 2015, S. 631)

14 Benannt nach dem schwedischen Premierminister Olof Palme.

US-Präsident Dwight Eisenhower bemerkte 1956:

> Heute gibt es einige Staaten, die sich als neutral bezeichnen. Das bedeutet keineswegs notwendigerweise, wie so oft gesagt wird, neutral zu sein zwischen richtig und falsch oder anständig oder unanständig. Diese Staaten beziehen den Begriff »neutral« auf ihr Verhältnis zu Militärbündnissen. Und ich möchte betonen, dass ich darin keinen Grund sehe, dass das immer zu unserem Nachteil sei. (Eisenhower in Plischke 1961, S. 556)

Diese Auffassung Eisenhowers ist im Zusammenhang mit seinem Versuch während der Fünfzigerjahre zu sehen, mehr amerikanische Truppen aus Europa abzuziehen und die Europäer dazu zu veranlassen, mehr zur eigenen Verteidigung beizutragen. Aus diesem Grund wurde von Seiten der US-Regierung immer wieder betont, dass neutrale Staaten bewaffnet sein müssten. Für Präsident Eisenhower war zudem wichtig, dass Österreichs Neutralität »bewaffnet« war, damit durch sie kein militärisches Vakuum entstehe. (Eisenhower, Pressekonferenz, 18. Mai, 1955 in Adenauer 1966, S. 442) Eisenhower äußerte sich im Mai 1955 zur Frage der Neutralisierung Österreichs auf folgende Weise:

> Und ich möchte folgendes sagen: Es scheint sich der Gedanke zu entwickeln, daß man eine Reihe von neutralisierten Staaten von Norden nach Süden durch Europa aufbauen könnte. Nun, erinnern Sie sich: In dem Vertrag über die Neutralisierung Österreichs heißt es nicht, daß Österreich entwaffnet werde. Es ist nicht eine Leere, keine militärische Leere, es ist nach dem Muster der Schweiz. Die Schweiz ist verpflichtet, ihre eigene Neutralität aufrechtzuerhalten, und ich glaube, sie würde bis zum Tode für sie kämpfen. Diese Art von Neutralität ist eine ganz andere als bloß ein militärisches Vakuum. (Eisenhower in Adenauer 1966, S. 442)

Der US-amerikanische Präsident Dwight Eisenhower stimmte der österreichischen Neutralität nur unter der Bedingung zu, dass Österreich seine Neutralität verteidigen könne. Zwischen 1955 und 1959 unterstützten die USA den Aufbau der österreichischen Streitkräfte daher mit 80 Millionen Dollar sowie im Anschluss mit verschiedenen Ausbildungsprogrammen.

(National Security Council 1960) Für die Sowjetunion stellte es offenbar kein Problem dar, wenn Österreichs Neutralität durch eine starke Armee gewährleistet würde.

Hätte Österreich seine Neutralität nicht glaubwürdig vertreten, inklusive des eigenen Verteidigungswillens, hätte sie die USA auch nicht respektiert. Österreich hätte damit seinen Modellcharakter eingebüßt, auf dem Thirring seinen Plan aufbaute.

Diese Versicherungen der USA wurden auch ernst genommen. Während der Ungarnkrise 1956 wurde Österreich, das den Flüchtlingen aus Ungarn großzügig Hilfe leistete, von der Sowjetunion beschuldigt, Ausbildungslager für die Aufständischen zu unterhalten und Waffen über die ungarische Grenze zu schmuggeln. Moskau, so wurde verkündet, würde diese Art von Neutralität nicht akzeptieren. Die USA wiederum schwangen sich zur Verteidigung der österreichischen Neutralität auf. Das US-Außenministerium der gerade wiedergewählten Administration Eisenhowers drohte, dass »ein Angriff der Sowjetunion auf Österreichs Neutralität den dritten Weltkrieg bedeuten« würde. (*Bild-Telegraph* 1956) Diese Garantieerklärung der USA wurde auch vom österreichischen Außenministerium wahrgenommen:

> Die Vereinigten Staaten haben den neutralen Charakter Österreichs geachtet und werden ihn auch weiterhin achten; sie sind der Ansicht, dass die Verletzung der territorialen Integrität oder der inneren Souveränität Österreichs natürlich eine ernste Bedrohung des Friedens bedeuten würde. (Bundeskanzleramt 1956)

Dies war ein eindeutiges Bekenntnis, das zudem vier Jahre später noch einmal untermauert wurde. Ein Dokument des Nationalen Sicherheitsrates von 1960, das am 18. Januar 1961 von Präsident Eisenhower (zwei Tage vor der Amtseinführung John F. Kennedys) gebilligt wurde, (National Security Council 1960, eigene Übersetzung) formulierte als Ziel,

> Österreich unabhängig und stabil zu erhalten und es zu ermuntern, seinen pro-westlichen Kurs fortzusetzen, sowie Druck und Erpressung des Kommunismus zu widerstehen.

Als ein politisches Hauptziel wurde genannt,

> jegliche Verletzung der Integrität von Österreichs Territorium oder seiner Neutralität als schwerwiegende Bedrohung des Friedens zu behandeln.

Neutralität muss glaubwürdig und nützlich sein

Damit die Neutralität von den Großmächten respektiert wird, muss ein neutraler Staat glaubwürdig und berechenbar sein. Glaubwürdigkeit bedeutet, dass ein neutraler Staat seine Neutralität auch in Friedenszeiten unmissverständlich kommunizieren muss. Er darf auch keine Bedrohung darstellen, d. h. er darf nicht einem Bündnis beitreten, das von einer Seite als feindlich empfunden wird, oder diese Absicht vermitteln. Die Glaubwürdigkeit wird auch durch die Tatsache unterstrichen, dass der neutrale Staat bewaffnet ist.

Glaubwürdigkeit ist eine unerlässliche Bedingung für Neutralität, Nützlichkeit die andere. Der neutrale Staat kann seinen Nutzen und seine Nützlichkeit unter Beweis stellen, indem er etwa gute Dienste anbietet und im weitesten Sinne als Vermittler auftritt. Thirring hat erkannt, dass Österreich als neutraler Staat im Abrüstungsbereich etwas Besonderes anbieten kann. Die Abrüstung eines neutralen Staates wird zwar kein Vorbild für Abrüstung von Nuklearwaffenstaaten sein. Dennoch können neutralen Staaten wichtige Aufgaben im Abrüstungsbereich übernehmen.

Österreichs Neutralität war die Basis, dass viele der internationalen Organisationen in Wien angesiedelt wurden. Dies geschah auf dem Höhepunkt des Kalten Krieges mit den gegenseitigen nuklearen Bedrohungen durch die USA und die Sowjetunion. Bundeskanzler Bruno Kreisky sah in der Anwesenheit internationaler Organisationen in Wien eine gewisse Garantie gegen einen nuklearen Angriff.

Österreich bot sich als »Platz der Begegnung« an. So fanden u. a. die Treffen von John F. Kennedy und Nikita Chruschtschow (1961) sowie von Jimmy Carter und Leonid Breschnew (1979) – zur Unterzeichnung des Rüstungskontrollabkommen SALT II – in Wien statt.

Österreich spielte als nicht-nuklearer neutraler Staat eine Initiativrolle für den Vertrag über das Verbot von Nuklearwaffen (TPNW). Der Vertrag trat im Jänner 2021 in Kraft. Der Vertrag verbietet Entwicklung, Testen,

Produktion, Lagerung, Stationierung, Transfer, Gebrauch von Nuklearwaffen und die Drohung mit ihnen. Der Vertrag besteht aus drei Säulen: die vollständige Zerstörung von Nuklearwaffen, deren humanitären Auswirkungen und die vollständige Umsetzung des Atomwaffensperrvertrages (NPT). Kein Nuklearwaffenstaat und kein mit Nuklearwaffenstaaten verbündeter Staat, also kein NATO-Mitglied, unterzeichnete den Vertrag. Eine derartige Initiative über das Verbot von Nuklearwaffen konnte nur von einem neutralen nuklearwaffenfreien Staat kommen.

Ein Wiener Kongress?

Hans Thirring hatte einen guten Instinkt dafür, dass zur Sicherung des Friedens in Mitteleuropa eine internationale Konferenz erforderlich wäre. Er schlug einen »Wiener Kongress« nach dem Vorbild des »Wiener Kongresses« von 1815 vor, eine Idee, die Henry Kissinger ebenfalls ausführlich behandelt hatte. (Kissinger 1980) Der Kongress sollte laut Thirring ein für Österreichs friedliches Umfeld schaffen.

Derartige Vorschläge für Sicherheitssysteme, die allerdings geographisch und konzeptionell breiter angelegt waren, gab es in dieser Zeit viele. Sie dürften Thirring aber angeregt haben. Schon bei den Ost-West-Konferenzen in den fünfziger Jahren gab es eine Reihe von Vorschlägen zur kollektiven Sicherheit in Europa. 1954 und 1955 ließ die Sowjetunion den Westmächten verschiedene Vorschläge für kollektive Sicherheit in Europa zugehen, deren Vertragspartner alle europäischen Staaten sein sollten. Der Grundgedanke war, dass sich die Lager des Westens und des Ostens nicht in antagonistischen Bündnissen organisieren, sondern im gemeinsamen Bemühen um Sicherheit zusammenfinden sollten. Die Westmächte wiesen die Vorschläge zurück, da sie auf die Auflösung der NATO abzielten und sie die USA zum Beobachter von außen gemacht hätten. Die regional militärisch überlegene Sowjetmacht hätte in Europa ein Übergewicht gehabt. Bei der Berliner Außenministerkonferenz der vier Siegermächte 1954 legte die sowjetische Delegation einen Vertragsentwurf über kollektive Sicherheit vor, der lediglich periodische und spezielle Konsultationen aller Mitgliedstaaten sowie die Schaffung eines ständigen politischen und eines militärischen Konsultativkomitees mit Empfehlungscharakter vorsah. Die ständigen

Mitglieder des Sicherheitsrates der Vereinten Nationen sollten Beobachter in diese Organe entsenden.

1955 legten die drei Westmächte ihrerseits der Sowjetunion einen »Zusicherungsvertrag« vor, nach dem sich jede Vertragspartei verpflichtet hätte, gegen einen bewaffneten Angriff eines NATO-Mitgliedes einzuschreiten. Damit sollte der Sowjetunion zugesichert werden, dass sich alle NATO-Mitglieder gegen Deutschland wenden würden, sollte dieses die Sowjetunion oder einen anderen Staat der »Warschauer Vertragsorganisation« angreifen.

Konzepte kollektiver Sicherheit waren oft verbunden mit spezifischen sicherheits- und verteidigungspolitischen Vorschlägen. Die Sowjetregierung sah 1956 eine gegenseitig kontrollierte 800 Kilometer breite Zone »beiderseits der Demarkationslinie« in Europa vor. In weiterer Folge sollten sämtliche Stützpunkte und Atomwaffen innerhalb von zwei Jahren abgebaut, die ausländischen Truppen in Deutschland vermindert und letztlich durch stufenweise Abrüstung eine vollständige Entmilitarisierung angestrebt werden. 1957 und 1958 machte der polnische Außenminister Adam Rapacki seine bereits erwähnten Vorschläge über nuklearwaffenfreie Zonen. Sie wurden von der deutschen Regierung abgelehnt, weil sie die Westintegration der Bundesrepublik gefährdet hätten.

Im Rahmen der Entspannungspolitik wurden dann die Vorschläge einer gesamteuropäischen Sicherheitskonferenz wiederbelebt. Die Idee der Konferenz über Sicherheit und Zusammenarbeit in Europa (KSZE) kam Thirrings Ideen am nächsten. Die KSZE-Schlussakte von Helsinki 1975 beabsichtigte, ein System gemeinsamer Sicherheit zu schaffen, in der Sicherheit als unteilbar angesehen wird. Drohungen sind in diesem Dokument nicht enthalten. Dieses System ist ein Gegenmodell zum Sicherheitsdilemma. Dieses Modell basiert auf der Idee, dass Frieden und Sicherheit durch die Reduktion von Bedrohung und nicht nur durch die Vergrößerung von militärischen Kapazitäten erreicht werden können. Die KSZE verband das Prinzip des Mächtegleichgewichtes mit gemeinsamen Normen des Gewaltverzichts.

Schlussfolgerung

Hans Thirring nahm sich die wissenschaftliche Freiheit, einen Plan zu entwerfen, der durchaus in den Diskurs der Zeit fiel, aber darüberhinausgehende

Vorschläge enthielt. Thirring sah klar die Gefahr der Aufrüstungsprozesse im Ost-West-Konflikt. Er erkannte auch, dass neutrale Staaten einen besonderen Beitrag zur Abrüstung leisten können, ja müssen. Das sei im regionalen Rahmen am ehesten möglich. Österreich müsste, so Thirring, diese Gelegenheit wahrnehmen. Hier befand sich Thirring durchaus in der Gesellschaft von Vorschlägen, die im neutralen und nuklearwaffenfreien Österreich ein Modell für Zentraleuropa sahen. Thirring übersah allerdings, dass seine Forderung nach vollständiger Abrüstung Österreichs nicht zur allgemeinen Abrüstung geführt, sondern der von ihm so geschätzten Neutralität die Basis internationaler Akzeptanz entzogen hätte.

Literatur

Adenauer, Konrad (1966): *Erinnerungen 1953–1955*. Stuttgart: Deutsche Verlagsanstalt.

Adenauer, Konrad (1967): *Erinnerungen 1955–1959*. Stuttgart: Deutsche Verlagsanstalt.

Bild-Telegraph (7. November 1956.)

Bundeskanzleramt (November 1956): *Auswärtige Angelegenheiten*, Geschäftszahl 520881, Wien.

Bundesrecht konsolidiert (Fassung vom 29.05.2019): *Gesamte Rechtsvorschrift für Wiederherstellung eines unabhängigen und demokratischen Österreich*. Online: (https://www.ris.bka.gv.at/GeltendeFassung.wxe?Abfrage=Bundesnormen&Gesetzesnummer=10000265)

Gärtner, Heinz (2017): *Der Kalte Krieg*. Wiesbaden: marixwissen.

Gehler, Michael (2015): *Modellfall für Deutschland?: Die Österreichlösung mit Staatsvertrag und Neutralität 1945–1955*. Innsbruck: Studien Verlag.

Hillgruber, Andreas (1979): *Europa in der Weltpolitik der Nachkriegszeit 1945–1963*. München/Wien: Oldenbourg Verlag.

Kennan, George F. (1982): *Im Schatten der Atombombe: Eine Analyse der amerikanisch-sowjetischen Beziehungen von 1947 bis heute*. Köln: Kiepenheuer & Witsch.

Kissinger, Henry (1980): *Grossmacht-Diplomatie: Von der Staatskunst Castlereaghs und Metternichs*. Düsseldorf-Wien: Econ.

National Security Archive: *Preoccupations with West Germany's Nuclear Weapons Potential Shaped Kennedy-Era Diplomacy*. Online: https://nsarchive.gwu.edu/briefing-book/nuclear-vault/2018-02-02/german-nuclear-questionnonproliferation-treaty#.XKdqGSJwfUI.mailto

National Security Council (1960): *Draft statement of U.S. Policy toward Austria*, 332. Paper Prepared by the NSC Planning Board, NSC 6020, Washington, December 9, approved by the President on January 18 1961.

National Security Council (1961): *Draft statement of U.S. Policy toward Austria*, 332. Paper Prepared by the NSC Planning Board, NSC 6020, Washington, December 9, 1960, approved by the President on January 18.

Peace Research Institute Frankfurt (PRIF) (May 2015): *A Nuclear Weapon-Free Zone in*

Europe, Concepts – Problems – Chances. Frankfurt. Online: (https://www.bmeia.gv.at/fileadmin/user_upload/Zentrale/Aussenpolitik/Abruestung/NWFZE_Finalversion.pdf)

Plischke, Elmer (Hg.) (1961): *Contemporary U. S. Foreign Policy: Documents and Commentary.* New York: (Greenwood Press:).

Thirring, Hans (1963): *Mehr Sicherheit ohne Waffen. Denkschrift an das österreichische Volk und seine gewählten Vertreter.* Wien Verlag für Jugend und Volk.

Wintersteiner, Werner (2023): Der Thirring Plan und seine aktuelle Bedeutung. In: *International* V, S. 36–39.

Erik Gornik

Ein »Testobjekt der Möglichkeit friedlicher Koexistenz«
Österreich und der Thirring-Plan[15]

Einleitung

»Kriege gehören ins Museum« ist der Leitspruch des Heeresgeschichtlichen Museums in Wien, und dieses Motto wäre wohl auch im Sinne des 1976 verstorbenen Physikers und Friedensaktivisten Hans Thirring gewesen. Im Jahr 1963 hat er mit seinem »Thirring-Plan« ein Konzept vorgestellt, dessen Grundidee der Friedensstiftung durch Gewaltlosigkeit auch mehr als 60 Jahre nach der erstmaligen Veröffentlichung nichts an Aktualität verloren hat. Dieses Konzept kann zudem auch in die Reihe der innerösterreichischen Debatten eingeordnet werden, die nach 1955 und speziell in den 1960er Jahren um die Frage geführt wurden, ob Österreich seine Neutralität auch militärisch verteidigen soll oder nicht (vgl. Senn 2023, S. 23). Hans Thirring war gegen militärische Strukturen und er schlug inmitten des Kalten Krieges, angesichts der weltweiten atomaren Rüstung, eine völlige Abrüstung Österreichs vor und damit die Auflösung des Österreichischen Bundesheeres bei gleichzeitiger Schaffung eines entmilitarisierten Österreichs, das unter die Schutzherrschaft der Vereinten Nationen gestellt hätte werden sollen. Für die Zeitgenossinnen und Zeitgenossen musste dieses Ansinnen wohl utopisch gewirkt haben, wenn in einem geopolitischen Umfeld, das kurz zuvor die Kubakrise erlebt hatte, die Behauptung in den Raum gestellt wurde, auf (atomare) militärische Bedrohung sei die einzig möglich sinnvolle Antwort: Abrüstung.

Dieser Beitrag will zuerst kursorisch jene Einflüsse ergründen, die Hans Thirrings pazifistische Grundhaltung geprägt haben mochten, und dann die Hauptthesen des Thirring-Plans sowie den Schriftverkehr darstellen, den Hans Thirring mit den Staatschefs der USA und der UdSSR geführt hat.

15 Dieser Beitrag ist eine aktualisierte Fassung von Gornik 2019.

Schließlich soll noch die Rezeption dieses Plans innerhalb des Österreichischen Bundesheeres anhand einer Debatte nachgezeichnet werden, die in der Österreichischen Militärischen Zeitschrift (ÖMZ) geführt wurde. Die ÖMZ ist die älteste militärische Fachzeitschrift der Welt und erscheint im Grunde durchgehend seit dem Jahr 1808, wenngleich auch mit Unterbrechungen und unter wechselnden Titeln. Sie fand und findet weite Verbreitung innerhalb des Österreichischen Bundesheeres und kann deshalb grundsätzlich durchaus als wirkungsmächtiges Medium innerhalb österreichischer Heereskreise angesehen werden.

Thirrings »Glaubensbekenntnis«

Im Ersten Weltkrieg noch als Kriegsfreiwilliger eingerückt, reflektierte Hans Thirring später, dass ihn die Erfahrungen dieser Zeit und vor allem seiner militärischen Ausbildungszeit zum überzeugten Antimilitaristen gemacht hätten, denn:

> Meine Abneigung gegen die Kasernenhofatmosphäre und persönliche Erfahrungen während meiner militärischen Abrichtungszeit von Jänner bis März 1915 führten dahin, daß ich aus innerem Antrieb [...] an der Front kaum je gegen den Feind, sondern am liebsten nur auf die sadistischen Feldwebel der eigenen Kompanie geschossen hätte. (Thirring, zit. in Kerber et al. 1989, S. 16).

Thirring wurde aber nicht an der Front, sondern im Technischen Militärkomitee (TMK) dienstverwendet, wo er an kriegstechnischen Entwicklungen forschte, wie etwa dem Einsatz von Selenzellen für die Lichttelefonie. Bereits in der Zwischenkriegszeit engagierte er sich dann in der Friedensbewegung. Ebenso hatte er nach dem Ersten Weltkrieg seine Tätigkeit an der Universität Wien wiederaufgenommen, wurde jedoch im April 1938 zwangsweise beurlaubt und später in den Ruhestand versetzt. Abgesehen davon konnte Thirring unter den NS-Machthabern relativ unbehelligt leben, doch scheint es, als sei im Zweiten Weltkrieg, inmitten des Umfeldes von Diktatur, Krieg, industriellem Massenmord, Kriegsverbrechen und der fortschreitenden Waffentechnik, seine pazifistische Grundhaltung zur endgültigen Form gereift und er formulierte sein Ziel:

> Ich betrachte die Beseitigung der Entartungserscheinungen unserer Kultur, die zwar in der Kriegsideologie des Faschismus einen Höhepunkt erreichten, aber keineswegs auf die faschistischen Staaten alleine beschränkt sind, sondern in anderer Form mehr oder minder überall auf der Welt auftreten, als die Kulturaufgabe Nummer eins der Menschheit und beabsichtige, meine ganze Arbeitskraft in den Dienst dieser Aufgabe zu stellen. (Thirring, zit. in Kerber et al. 1989, S. 40).

Mit den Ursachen für das Auftreten dieser »Entartungserscheinungen« beschäftigte sich Thirring in dem zweibändigen Werk *Homo Sapiens – Psychologie der menschlichen Beziehungen*, das er später selbst als sein Hauptwerk (abseits der Physik) bezeichnete (vgl. Thirring (1947 und 1949). Bereits 1942 hatte er (unter Lebensgefahr) am Manuskript dafür begonnen und das Werk erschien kurz nach dem Zweiten Weltkrieg. Thirring legte darin unter anderem dar, dass zwar auf technischem Gebiet große Fortschritte gemacht worden waren, in der Psychologie jedoch viel zu geringe, denn

> jedermann, der den Anspruch auf das Attribut »gebildet« erhebt, [müsse sich] die primitivsten Kenntnisse über den Mechanismus seiner eigenen Seelenregungen, über die sein Verhalten zu den Nebenmenschen bestimmenden psychischen Faktoren und über die Grundlehren der Charakterkunde aneignen. (Thirring 1947, S. 7).

Diese Dinge den Menschen näher zu bringen sah Hans Thirring als eine seiner Aufgaben im Namen des Friedens und nach 1945 nahm er diesen Dienst wahr. Seine Motivation und pazifistische Grundhaltung speiste sich, neben seinen Erfahrungen aus zwei Weltkriegen und seinem Fachwissen als Physiker, wohl auch aus einem »ethischen und philosophischen Glaubensbekenntnis« (Interview Thirring 1963b). Dieses beruhte einerseits auf christlicher Ethik, andererseits auf der Überzeugung, dass die vermeidbaren Phänomene menschlichen Verhaltens (u. a. Krieg, Gewalt, Streit) in Summe mehr Leid brächten als die unvermeidbaren wie etwa Naturkatastrophen. »Gegen große Erdbeben oder gegen Mißernten [...] können wir uns nur unvollkommen schützen. Daß wir aber an den grundsätzlich vermeidbaren Übeln unvergleichlich schwerer zu leiden haben, ist eine verhängnisvolle

Rückständigkeit […]« (Thirring 1963b, S. 17). Der Thirring-Plan zielte auf die Beseitigung einer der wohl massivsten (vermeidbaren) Ursachen menschlichen Leidens: des Krieges.

Der Thirring-Plan

Im Mai 1963 veröffentliche Thirring eine von ihm ausgearbeitete und nach ihm benannte Denkschrift, den Thirring-Plan zur völligen Abrüstung Österreichs mit dem programmatischen Titel *Mehr Sicherheit ohne Waffen.* Vorerst verteilte er Exemplare dieser Denkschrift an Regierungsmitglieder und Abgeordnete des Nationalrates sowie des Bundesrates. Etwas später wurde die Schrift im Verlag Jugend und Volk aufgelegt und gelangte so an ein breiteres Publikum. Darüber hinaus fand im Dezember 1963 eine Pressekonferenz statt und einige Zeitungen berichteten darüber wie beispielsweise *Neues Österreich* am 13. Dezember 1963, *Der Rundblick* am 19. Dezember 1963 oder die *Salzburger Nachrichten* am 1. April 1964. Eine offizielle Stellungnahme österreichischer politischer Vertreter erfolgte jedoch nicht und eine breite öffentliche Debatte konnte nicht entfaltet werden (vgl. Wintersteiner 2023, S. 38). Die Veröffentlichung fällt zusammen mit Thirrings Funktionsperiode als Bundesrat der SPÖ, jedoch nahm er Abstand zu seiner politischen Funktion und in einem Rundschreiben betonte Thirring, das Konzept verfasst zu haben, »als ein die Möglichkeiten nuklearer Waffen überblickender Physiker und nicht in meiner Eigenschaft als Bundesrat.« (Thirring 1963c, o. Zähl.). Im Thirring-Plan wies er zudem einleitend darauf hin, dass sein Plan reiflich zu erwägen sei, denn:

> In der vorliegenden Denkschrift wird ein Plan zur Beschreitung neuer Wege der Abrüstung entwickelt, der Folgen von welthistorischer Tragweite nach sich ziehen kann. Es sei daher ausdrücklich von einer übereilten Stellungnahme dazu gewarnt. Erst denken, dann handeln, sei das Leitprinzip. Man sollte erst jene Leute befragen und anhören, die gründliche Kenner der Weltsituation sind, und sodann ihre Urteile entsprechend bekanntmachen, damit nicht voreilige Beschlüsse durch einflußreiche Gruppen von Menschen gefaßt werden, die gar nicht in der Lage sind, sich ein Bild über die zu erwartenden Folgen zu machen (Thirring 1963a, S. 3).

Das neutrale Österreich, eine militärisch vernachlässigbare Größe, jedoch im Zentrum Europas gelegen, sah Hans Thirring als ideales »Testobjekt der Möglichkeit friedlicher Koexistenz« (ebd., S. 22), das gute Grundvoraussetzungen für eine Abrüstung biete. Eine der wesentlichsten dieser Voraussetzungen sah Thirring in der historischen Entwicklung des Landes, denn aus dem Umstand einer gemeinsamen Vergangenheit großer Teile Mitteleuropas im Habsburgerreich würden sich interkulturelle Gemeinsamkeiten, wie Sprache, Religion, aber auch wirtschaftliche und teilweise sogar verwandtschaftliche Beziehungen ergeben und so seien »alle Vorbedingungen für ein gutnachbarliches, ja freundschaftliches Verhältnis [...] gegeben« (ebd., S. 17).

Eine weitere Voraussetzung sah Thirring in den Staatsgrenzen der Zweiten Republik. Keine Gebiete seien gewaltsam von einem Nachbarstaat annektiert worden, es könne also nicht zu strittigen Grenzfragen kommen. Thirring ging dabei auch explizit auf einzelne Gebiete ein, wie etwa mögliche Territorialansprüche Jugoslawiens in Südkärnten und hielt fest, dass »jeder Kenner Jugoslawiens [...] bestätigen [wird], daß ein Überfall von dieser Seite her zur Rückgliederung der einst umstrittenen slowenischen Gebiete heute und in Zukunft nicht mehr in Frage kommt, und zwar insbesondere dann nicht, wenn Österreich einmal abgerüstet ist« (ebd., S. 15).

Österreich hätte somit die idealen Vorbedingungen besessen, um als Vorbild für eine internationale Abrüstung voranzuschreiten. Zudem hätte dieser Schritt den Effekt gehabt, dass in der unmittelbaren östlichen Nachbarschaft Österreichs die Erinnerung an die gemeinsame habsburgisch/österreichisch(-ungarische) Vergangenheit wiederbelebt worden wäre, was ebenfalls verstärkt zur Vertrauensbildung beigetragen hätte. Das östliche Misstrauen dem Westen gegenüber wäre dadurch zerstreut worden, »indem wir durch eine Tat [die Abrüstung, E. G.] das Märchen vom aggressiven Militarismus der kapitalistischen Staaten widerlegen« (ebd., S. 29).

Die Hauptthesen

Thirring gründete die Argumentation seines Konzepts auf eine wesentliche Grundannahme: »Es wird bei uns entweder keinen Krieg geben (was mehr als 99 % wahrscheinlich ist), oder die letzte Auseinandersetzung zwischen

Ost und West, die mit der totalen Vernichtung Europas enden würde« (ebd., S. 21). Aufbauend darauf argumentierte Thirring entlang zweier Hauptthesen, nämlich den Atomwaffenarsenalen und dem Misstrauen zwischen Ost und West. Die erste Annahme stützte sich auf die Existenz von auf interkontinentale Fernwaffensysteme gestützte Atomwaffen, die durch ihr global einsetzbares Vernichtungspotenzial jegliche Form der konventionellen Kriegsführung sinnlos erscheinen ließen, denn, »das Auftauchen der Atombombe 1945, der thermonuklearen Bomben seit 1952, der Weltraumraketen 1957 hat alle Theorien der älteren Kriegstechnik völlig über den Haufen geworfen« (ebd., S. 15). Thirring folgerte daraus, dass Streitkräfte mit rein konventionellen Waffen in ihren Arsenalen (damit auch das österreichische Bundesheer) nutzlos seien und illustrierte dies anhand eines anschaulichen historischen Vergleichs: Gerade so wie man angesichts moderner Waffenentwicklung und der Fortschritte auf dem Gebiet der Kriegstechnik um die Mitte des 19. Jahrhunderts in Wien die Festungswälle geschliffen hatte, wäre angesichts der Atomwaffen auch die Abschaffung des Bundesheeres ein logisch zu folgernder Schritt, der »das Weglegen eines kostspieligen Werkzeuges [bedeutet hätte], das schon heute nutzlos geworden ist« (ebd., S. 19). Thirrings Beurteilung nach hätte bei einem atomar geführten Krieg – selbst dann, wenn von den kriegsführenden Mächten die Neutralität Österreichs respektiert geblieben wäre – die radioaktive Verseuchung mit Strontium 90 und Cäsium 137 alle Landstriche Europas verseucht. Angesichts dessen sah Thirring in einer Abrüstung Österreichs einen ungleich größeren Nutzen als in dem Unterhalten eines (als völlig wirkungslos erachteten) Militärs. Demgegenüber stehe das ungleich gewaltigere politische Signal eines Bekenntnisses zum Frieden, und konsequent fortgedacht hieße das, dass eine unbewaffnete Neutralität Österreich mehr Garantie auf Frieden gebracht hätte als eine bewaffnete.

Die Grundlage für Thirrings zweite These bildete das Misstrauen, mit dem sich Ost und West gegenüberständen und dessen Narrative er als »Weißes Märchen« (des Westens) und »Rotes Märchen« (des Ostens) bezeichnete:

> Auf die kürzeste Form gebracht, lautet das weiße Märchen so: Dauernde Koexistenz zwischen Kapitalismus und Kommunismus ist gemäß dem Wesen des Marxismus-Leninismus ausgeschlossen […]. Ferner: Da die Russen eine

> Abrüstung ohne Kontrolle verlangen, sind ihre Vorschläge nur ein Trick, der teils dazu dient, die Sympathie der Neutralen zu erringen, teils dazu, um im Falle des tatsächlichen Gelingens eines Vertragsabschlusses den Gegner zunächst wehrlos zu machen und dann durch Blitzkrieg zu vernichten. Dagegen erzählt das rote Märchen: Der imperialistische Kapitalismus ist unvermeidbar aggressiv, so daß eine dauernde Befriedigung der Welt nur nach seiner Liquidierung eintreten könnte. Insbesondere ist Berlin ein Brückenkopf der Nato zum Zwecke der Rückeroberung der nach dem Zweiten Weltkrieg verlorengegangenen deutschen Gebiete. Beiden Märchen ist das magische Denken mit Vorstellungen von Engeln und Teufeln gemeinsam: Während die eigene Seite über allen Zweifel erhaben engelsrein sei, könne man dem Gegner jede Tücke zutrauen, gegen die man mit entsprechend überlegener Stärke gerüstet sein muß (Thirring 1962, S. 438).

Aus diesem Misstrauen speiste sich laut Thirring die Rüstungsspirale, denn ein potenzieller Gegner zwinge einen permanent zur Nachrüstung und es sei

> eine Schande und Schmach für die sogenannte zivilisierte Menschheit, daß man heute [...] noch immer an der primitiv barbarischen Methode der Austragung zwischenstaatlicher Konflikte durch organisierten Massenmord festhält. Und für das Weiterbestehen dieses tierischen Atavismus keinen triftigeren Grund angeben kann als das Schauermärchen, daß man ohne kriegerische Vorbereitungen von der Gegenseite umgebracht würde (ebd., S. 7).

Österreich könnte mit seiner öffentlich erklärten Abrüstung Sand in das Getriebe dieser Rüstungsspirale streuen, denn »aus diesem Zirkel von gegenseitiger Drohung und Furcht werden wir nur dann herauskommen, wenn endlich einmal ein günstig gelegener Staat nach Prüfung der Lage den entscheidenden mutigen Schritt tut, von selbst mit der Abrüstung anzufangen und dadurch mit gutem Beispiel der Welt« (ebd., S. 23f.) voranginge.

Ein Physiker interviewt Staatsmänner

Thirring war sich wohl bewusst, dass ohne öffentlichkeitswirksame Erklärungen der beiden Supermächte eine wesentliche Grundlage zur Entkräftung der beiden »Märchen« fehlte. So führte er mit den Staatschefs der USA und der Sowjetunion einen Briefwechsel, der heute als Teil des Nachlasses Hans Thirrings in der Zentralbibliothek für Physik der Universität Wien aufbewahrt wird und zum UNESCO Weltdokumentenerbe zählt (vgl. Möller 2016). Thirring veröffentlichte diesen Briefwechsel in der Zeitschrift *Physikalische Blätter* (vgl. Thirring 1962, S. 431–439). Im Brief an Chruschtschow heißt es:

> Frage 1 [Thirring]: Ist die Voraussage des endgültigen Sieges des Kommunismus in der ganzen Welt [...] einfach Ausdruck des festen Glaubens an die Überlegenheit dieses Systems oder ist die Verbreitung des Kommunismus in der ganzen Welt einfach ein Endziel, das verfolgt werden muss?
> Antwort [Chruschtschow]: [...] Ja, wir sind vom vollen und endgültigen Triumph des Kommunismus fest überzeugt. Diese Überzeugung beruht auf der Kenntnis der Entwicklungsgesetze der menschlichen Gesellschaft [...]. Der Kapitalismus, der sich auf die Ausbeutung des Menschen durch den Menschen, auf die Unterdrückung der Mehrheit durch die Minderheit gründet, kann den historischen Wettbewerb mit einer Ordnung nicht durchhalten, die die Erlösung aller Menschen von sozialer Ungleichheit, von allen Formen der Unterdrückung und Ausbeutung, von den Schrecken des Krieges auf ihr Banner geschrieben hat, die der Welt Frieden, Arbeit, Freiheit, Gleichheit, Brüderlichkeit und Glück aller Völker gibt.

Ein Bekenntnis zur friedlichen Koexistenz war ebenso in einem Antwortschreiben des von Thirring an Kennedy gerichteten Briefs, das dessen Berater Arthur M. Schlesinger im Auftrag des Präsidenten verfasst hatte, zu finden:

> Frage 1 [Thirring]: Stimmen Sie mit der Grundidee überein, daß friedliche Koexistenz die einzige gesunde Alternative zu nuklearer Vernichtung ist, und würden Sie als eine Basis der Koexistenz zwischen den beiden sich gegenwärtig bekämpfenden Systemen die gegenseitige Verständigung darüber anerkennen, daß jedes dieser Systeme das Recht hat, in einem Land ohne militärische und andere Eingriffe von außen zu bestehen und weiter zu bestehen?
> Antwort [Kennedy/Schlesinger]: The United States has always been prepared to live at peace and work out mutual problems peacefully with the Soviet Union. Our wholehearted wartime cooperation with the Soviet Union and

> our readiness to collaborate with the Soviet Government on the problems of post-war reconstruction reflected this determination on our part. [...] It was for this reason that we undertook the extraordinary demobilization of our armed forces in the years after the war. Many of our hopes of 1945 have been disappointed; but we continue to hope that the democratic and the Communist states will live in peace.

Wenngleich also beide Staatschefs den Willen zum Frieden betonten, erinnern ihre Antworten doch an rhetorische Gemeinplätze politischer Veteranen und standen in Kontrast zur zeitgenössischen sicherheitspolitischen Lage der an brisanten Krisen nicht armen 1960er Jahre.

Die Debatte in der Österreichischen Militärischen Zeitschrift (ÖMZ)

Der Thirring-Plan fand in einigen österreichischen Zeitungen und Zeitschriften Erwähnung, jedoch lässt sich wie erwähnt eine breite öffentliche Debatte in Österreich nicht nachweisen. Von der Politik blieb der Plan weitgehend unbeachtet und wurde im Grunde abgelehnt, wenngleich man Hans Thirring vermutlich aufgrund seiner Stellung und seines Bekanntheitsgrades nicht offen kritisierte (vgl. Wintersteiner 2023, S. 38). Innerhalb des Österreichischen Bundesheeres wurde der Plan ebenfalls aufgegriffen und öffentlich in der ÖMZ im Jahr 1964 diskutiert. Gustav Stöckelle, der ÖMZ-Autor, griff Thirrings Grundannahme auf, dass es entweder keinen Krieg oder eine letzte (atomare) Konfrontation zwischen Ost und West geben würde, die mit der totalen Vernichtung Europas einhergehen würde (vgl. Stöckelle 1964, S. 149–153). Dieser These stellte Stöckelle mehrere Argumente gegenüber. Das war zum einen die in den westlichen Staaten ab den späten 1950er Jahren stattgefundene Neukonzeption der Verteidigungspläne, die tendenziell versuchten, die sogenannte Atomschwelle so hoch wie möglich zu halten, also auch während eines bewaffneten Konfliktes den Einsatz von Atomwaffen zu vermeiden oder zumindest so lange wie möglich hinauszuzögern. Hier bestand etwa auf Seiten der Nato eine Denkrichtung, die ein Heben der Atomschwelle mit einer Verstärkung der konventionellen Streitkräfte gleichsetzte (Engel 1958, S. 597). Dies basierte auch auf der von Militärs getragenen Erkenntnis, dass angesichts der Zerstörung und atomaren Verseuchung nach einem Atomwaffeneinsatz selbst ein militärischer Sieg sinnlos sein würde, den dieser Einsatz brächte. Natürlich wäre die Gefahr eines Atomwaffeneinsatzes weiterhin aufrecht, was laut Stöckelle »jedoch nicht zur Behauptung berechtigt, es gäbe nur die zwei Möglichkeiten: kein Krieg oder die Zerstörung der Welt durch den Atomkrieg« (Stöckelle 1964, S. 151). Darüber hinaus entwickle sich die Kriegstechnik ständig weiter und Atomwaffen könnten ihren taktischen Vorteil in Zukunft wieder verlieren.

Ein weiteres Gegenargument Stöckelles zielte auf die Gegenwartsgebundenheit von Thirrings Konzept, das von der politischen Realität einer Blockkonfrontation ausging, wie sie sich ab 1945 herauskristallisiert hatte. Stöckelle stellte die Frage: »Wer kann aber garantieren, daß in zehn Jahren die politische Konstellation Ost – West [...] in der heutigen Form noch bestehen wird?« (Ebd., S. 150). Demgegenüber stünden jedoch weitreichende Auswirkungen, würde eine Grundsatzentscheidung wie die Abschaffung des Bundesheeres getroffen.

Dem von Thirring beschriebenen gegenseitigen Misstrauen der Blöcke stimmte auch Stöckelle uneingeschränkt zu, bezweifelte aber, dass eine Abrüstung Österreichs genügend Vorbildfunktion entfaltet hätte, dieses Misstrauen zu beseitigen. Darüber hinaus lägen auch die Bewertungen in den von Thirring genannten anderen Ländern, die potenziell abrüsten könnten (u. a. Schweden, Finnland) so, dass ein Militär eher zum Erhalt des Friedens beitrage.

Schließlich legte Stöckelle in seinem Artikel militärstrategische und rechtliche Aspekte dar, die gegen eine Abrüstung Österreichs gesprochen hätten. In strategischer Hinsicht sei Thirring in seiner Annahme von Staatsgrenzen im rechtlichen Sinne ausgegangen. Für militärische Erwägungen zählten letztendlich jedoch nicht diese Grenzen eines Staates, sondern grundsätzlich sein geographischer Raum und dessen strategische, operative und taktische Möglichkeiten. In rechtlicher Hinsicht stünden vor allem die gemäß dem Moskauer Memorandum eingegangenen Verpflichtungen zur Neutralität und deren Verständnis, sie in Form einer bewaffneten Neutralität wahrzunehmen, einer einseitigen österreichischen Abrüstung im Wege (ebd., S. 152f).

Hans Thirrings Antwort

Auf Einladung der ÖMZ antwortete Hans Thirring in einem kurzen Beitrag auf Stöckelles Artikel und strich dabei zwei Einwände hervor, die nach der Veröffentlichung seines Konzepts wiederholt gegen eine Abrüstung Österreichs vorgebracht worden waren. Das wäre zum einen der Standpunkt, dass eine Abrüstung aufgrund der Verpflichtungen des Staatsvertrages und der Neutralität nicht möglich sei und zum anderen, dass ein abgerüstetes Österreich wehrlos würde und seine Unabhängigkeit verlieren könnte.

Thirring blieb bezüglich der rechtlichen Verpflichtungen aus dem Staatsvertrag und der Neutralität optimistisch, da gemäß der vorgeschlagenen Vorgehensweise bei der Umsetzung seines Konzepts die Signatarmächte des Staatsvertrages in den Prozess eingebunden gewesen wären und »auch keine der Signatarmächte irgendeinen Protest gegen meinen seit mehr als einem halben Jahr veröffentlichten Vorschlag erhoben« (Thirring 1964, S. 351) hatte. Den militärstrategischen Einwänden sowie dem Verweis zur Weiterentwicklung der Kriegstechnik, wodurch Atomwaffen ihren taktischen Vorteil wieder verlieren könnten, begegnete Thirring mit dem Verweis, dass sein Vorschlag vor der Umsetzung durch Experten zu prüfen wäre. Er betonte aber, trotz fehlender höherer militärischer Ausbildung (die Stöckelle in seinem Artikel auch kurz anspricht), seine Kompetenz als Physiker und legte nach seiner fachlichen Einschätzung im Hinblick auf Kernwaffen dar, dass »die erst in den allerletzten Jahren entstandene Kombination von Interkontinentalraketen mit thermonuklearen Sprengköpfen [...] für alle Zeiten eine Waffe von überragender Wirkung sein« (ebd., S. 352) würde.

Fazit

Hans Thirrings Plan zur völligen Abrüstung war für die österreichische Landesverteidigung ein weitreichender Vorschlag, der vor allem unter dem Eindruck der Blockkonfrontation und atomarer Rüstung der 1960er Jahre entstand und im weitesten Sinne ebenso in die Debatten um eine bewaffnete oder unbewaffnete Neutralität Österreichs eingeordnet werden kann. Thirring stützte sich im Wesentlichen auf zwei Thesen, nämlich das gegenseitige Misstrauen der Großmächte und ihrer Blöcke und die Wirkung von

Atomwaffen, die er hinsichtlich ihres Vernichtungspotenzials gleichsam als Höhe- und Endpunkt der kriegstechnischen Entwicklung betrachtete.

Doch es ist diese Gegenwartsbezogenheit, die eine Durchführung des Thirring-Plans und die mögliche Breitenwirkung auf den Weltfrieden schwierig zu beurteilen scheinen lässt. 1989/91 ist das eingetreten, was Stöckelle betont hat, nämlich, dass sich Bedrohungsbilder zwar verändern können, das Phänomen Krieg jedoch vermutlich existent bleibt (vgl. Stöckele 1964, S. 150). Der Ostblock brach zwar zusammen und damit endete auch der Kalte Krieg, mehr Sicherheit hat die Welt dadurch aber nicht gefunden. Bis vor kurzem hatten sich neben zwischenstaatlichen Kriegen weitere Konfliktszenarien ergeben, die vielfach von Bürgerkriegen, Sezessionskämpfen und global agierenden paramilitärischen Terrororganisationen und nach dem 11. September 2001 dem sogenannten »Krieg gegen den Terror« geprägt waren (vgl. u. a. Schätz 2002, S. 279). Seit dem im Februar 2022 ausgebrochenen Russland-Ukraine-Krieg erleben wir erneut einen Angriffskrieg in Europa und man spricht (schon wieder) von einer »Zeitenwende« (vgl. Hansen u. a. 2023). Gleichzeitig drängen sich beklemmende Parallelen zu den Entwicklungen in der ersten Hälfte des 20. Jahrhunderts auf, und es scheint sich bedauerlicherweise einmal mehr die Charakterisierung des Menschen von Gustav Stöckelle zu bestätigen, der zufolge »das entscheidende Element seines Wesens [...] im kleinen wie im großen Bereich immer der Kampf bleiben [wird], nur seine Formen werden wie bisher wechseln« (vgl. Stöckelle 1964, S. 150). Man könnte Stöckelle den Rückgriff auf Immanuel Kant unterstellen, denn dieser betrachtete den »Friedenszustand unter Menschen, die nebeneinander leben« nicht als »Naturzustand, der vielmehr ein Zustand des Krieges ist.« (Kant 1775, S. 18). Kant sah dies jedoch nicht als unvermeidlich, sondern folgerte, dass Frieden gestiftet werden müsse. Angesichts dessen soll dieser Beitrag mit einem positiven Bild kontrafaktischer Geschichte abgeschlossen werden.

Man könnte demnach die Ereignisse auch so denken: Der Thirring-Plan wäre umgesetzt worden und die Abrüstung Österreichs hätte eine entsprechende Vorbildwirkung entfaltet. Dadurch wäre eine breitere Abrüstungsbewegung in Gang gesetzt worden, wodurch heute etwa überhaupt kein Angriffskrieg in der Ukraine stattfände. Darüber hinaus hätte es keinen der sogenannten Stellvertreterkriege und keine Interventionen der Supermächte gegeben, die selbst wiederum als eine der Ursachen vieler heutiger Konflikte gesehen werden können. Schließlich hätte dies insgesamt eine Breitenwirkung entfaltet und eine verstärkte, globale Bildungsbewegung hätte die Menschen zu Hans Thirrings Idealbild geführt, »also kurz ausgedrückt: Die verklärungsfähige Seele, erhellt von einem klaren und einfühlungsbereiten Geist« (Thirring 1949, S. 370). Da dies aber bislang nicht absehbar ist, bleibt uns wohl nur zu hoffen, dass dieses Stadium der Entwicklung überhaupt jemals erreicht werden kann und künftige Generationen Kriege nur noch dort betrachten werden, wohin sie gehören, nämlich in Museen, die Kriege in all ihrer Destruktivität zeigen.

Literatur

Engel, Franz-Wilhelm (1957): *Handbuch der Nato*, Frankfurt/Main: Agenor.

Gornik, Erik (2019): Österreich als Testobjekt der Möglichkeit friedlicher Koexistenz: Der Thirring-Plan«. In: Heeresgeschichtliches Museum, *Viribus Unitis. Jahresbericht 2019.* Wien: BMLV, S. 30–72.

Hansen, Stefan/Husieva, Olha/Frankenthal, Kira (Hg.) (2023): *Russlands Angriffskrieg gegen die Ukraine, Zeitenwende für die deutsche Sicherheitspolitik.* Baden-Baden: Nomos.

Kant, Immanuel (1775): *Zum ewigen Frieden. Ein philosophischer Entwurf.* Königsberg: Nicolovius.

Kerber, Gabriele/Smola, Ulrike/Zimmel, Brigitte (1989): *Hans Thirring – ein Homo Sapiens. Zitate, Bilder und Dokumente anläßlich der 101. Wiederkehr seines Geburtstages.* Wien: Fassbaender.

Möller, Hanna (2016): *Hans Thirring-Nachlass ist Weltdokumentenerbe.* Online:

https://medienportal.univie.ac.at/uniview/wissenschaft-gesellschaft/detailansicht/artikel/hans-thirring-nachlass-ist-weltdokumentenerbe [Zugriff 07.04.2024]

Pleiner, Horst (2008): Die Österreichische Militärische Zeitschrift. Ein historischer Rückblick von den Anfängen bis zur Gegenwart. In: *Österreichische Militärische Zeitschrift. Festschrift anlässlich des 200-jährigen Jubiläums der Österreichischen Militärischen Zeitschrift*, Sonderheft, S. 39–63.

Schätz, Alfred (2002): Der transnationale Terrorismus nach dem 11. September, sicherheitspolitische und nachrichtendienstliche Konsequenzen. In: *Österreichische Militärische Zeitschrift*, H. 3, S. 279–288.

Senn, Martin (2023): Österreichs Neutralität. In: Martin Senn/Franz Eder/Markus Kornprobst (Hg.): *Handbuch Außenpolitik Österreichs*, Springer: Wiesbaden, S. 23–55.

Stöckelle, Gustav (1964): Mehr Sicherheit ohne Waffen? Der »Thirring-Plan« im Lichte einer wehrwissenschaftlichen Prüfung. In: *Österreichische Militärische Zeitschrift*, H. 3, S. 149–153.

Thirring, Hans (1947/1949): *Homo Sapiens. Psychologie der menschlichen Beziehungen* (2 Bände), Wien: Ullstein.

Thirring, Hans (1962): Ein Physiker interviewt Staatsmänner. In: *Physikalische Blätter*, H. 9, S. 431–439.
Thirring, Hans (1963a): *Mehr Sicherheit ohne Waffen. Denkschrift an das österreichische Volk und seine gewählten Vertreter.* Wien: Verlag für Jugend und Volk.
Thirring, Hans (1963b): *Rundfunkinterview mit dem ehemaligen Ordinarius für Theoretische Physik an der Universität Wien Hans Thirring vom 21. 01. 1963.* Online: https://www.mediathek.at/atom/01782B41-145-00D6F-00000BEC-01772EE2 [Zugriff 21. 04. 2024]
Thirring, Hans (1963c): Rundschreiben 1963. [Wien]. In: *Nachlass Thirring.* Online: https://phaidra.univie.ac.at/view/o:128617 [Zugriff, 21. 04. 2024]
Thirring, Hans (1964): Österreich und die Abrüstung. In: *Österreichische Militärische Zeitschrift*, H. 5, S. 351–353.
Wintersteiner, Werner (2023): Der Thirring Plan und seine aktuelle Bedeutung. In: *International. Die Zeitschrift für internationale Politik*, H. 5, S. 36–39.

Gerhard Oberkofler

Zur Vorgeschichte des Thirring-Plans
Humanistische Naturwissenschaftlerinnen und Naturwissenschaftler an der Seite des »Bundes demokratischer Frauen«

Die von einem Kernwaffenkrieg ausgehenden Gefahren für die ganze Menschheit waren nach den beiden Abwürfen von Atombomben auf Hiroshima (6. August 1945) und Nagasaki (9. August 1945) durch die USA vielen humanistisch denkenden Naturwissenschaftlerinnen und Naturwissenschaftlern präsent. Einer der herausragendsten Pazifisten in Österreich war der in der Nazizeit zwangsbeurlaubte Theoretische Physiker Hans Thirring. Am 10. Mai 1946 veröffentlichte Hans Thirring grundlegende Ideen »Über die Möglichkeit eines dauernden Weltfriedens«. (Thirring 1946, vgl. dazu Oberkofler/Rabofsky 1989) Zu seinem Buch *Atomkrieg und Weltpolitik* (1948a) schreibt ihm Albert Einstein (23. Oktober 1948): »Ich bin ganz entzückt von Ihrem letzten Büchlein: Atomenergie und Weltpolitik und glaube, dass es ganz besonders eine wichtige erzieherische Rolle in diesem Lande spielen könnte. Deshalb habe ich das Buch an den Verlag ›Chanticleer Press‹, New York, warm empfohlen, dessen Inhaber ausgesprochene Neigung zeigt, es hier herauszubringen …«. (Kerber/Smola/Zimmel 1989, S. 44) Hans Thirring war Albert Einstein, der durch seine Professur in Prag altösterreichische Traditionen etwas kannte, auch wegen seiner Zivilcourage sehr sympathisch. Thirrings *Stellungnahme zum Pariser Weltfriedens-Kongreß*, der unter dem Vorsitz des französischen Nobelpreisträger Frédéric Joliot-Curie vom 20. bis 25. April 1949 als »Congrès mondial des partisans de la paix« tagte, ist von der Österreichischen Friedensgesellschaft herausgegeben worden (Thirring 1949). Als Symbol wird die in Paris bekannt gewordene Lithographie der Friedenstaube von Pablo Picasso verwendet. (Pätzold 2012)

Eine Wegbereiterin der Atomforschung war die Wienerin Lise Meitner, die nach ihrer Vertreibung aus Berlin seit 1933 in Stockholm lebte. In Berlin hat sie fast dreißig Jahre lang an der Seite von Otto Hahn (1879–1968) gewirkt, zuerst mit lebhafter Unterstützung von Emil Fischer im Erdgeschoß des I. Chemischen Instituts der Universität. Dort hat Lise Meitner sich der Frauenbewegung angenähert und war an deren Fortschritten in Wien interessiert. (Vgl. Rennert/Traxler 2018, S. 190; Herneck 1983, S. 187–192.) Die Wiener Kernphysikerin Berta Karlik stellte sich 1948 als Mitglied des Vorstandes des 1946 in Wien gegründeten »Bundes demokratischer Frauen« zur Verfügung und unterschrieb dessen Appell an die Vollversammlung der Vereinten Nationen, »allgemeine Rüstungsbeschränkungen, das Verbot der Atomwaffe und anderer für den Massenmord bestimmter Kriegswaffen« zu beschließen. »Es gibt keine Frau und keine Mutter in irgendeinem Land«, so heißt es in diesem Appell, »die nicht voll und ganz diese Vorschläge gutheißen könnte«. (Stimme der Frau, 23.10.1948) Der »Bund demokratischer Frauen« veröffentlichte in seinem Organ *Stimme der Frau* immer wieder von NaturwissenschaftlerInnen bekannt gewordene Zeugnisse der internationalen Friedensbewegung, wie etwa des Ehepaares Joliot-Curie.

Das Ehepaar Frédéric Joliot-Curie und Irène Joliot-Curie hat für die Entdeckung der künstlichen Radioaktivität 1935 den Nobelpreis erhalten. Frédéric Joliot-Curie repräsentierte die Weltfriedensbewegung als deren Präsident. In seiner Eigenschaft als Vertreter der österreichischen Friedensbewegung hat Hans Thirring am 4. Mai 1949 einen Vortrag im Rahmen einer Feier zu Ehren des 60. Jahrestages der Publikation des Buches *Die Waffen nieder* der revolutionären Pazifistin Bertha von Suttner gehalten.[16] Bertha von Suttner hat sich lange um die Veröffentlichung dieser Wahrheit und Dichtung verbindenden Problemerzählung mit ihrer Analyse der Ideologie der herrschenden Klasse bemühen müssen, ehe diese vom Verleger Edgar Pierson (1849–1919) in Dresden 1889 angenommen wurde. Bertha von Suttner war eine Missionarin der österreichischen und deutschen Friedensbewegung. Brigitte Hamann hat der »roten« Bertha von Suttner, die noch in ihren letzten Tagen gegen die Parteinahme der Sozialisten in Österreich und Deutschland für den Weltkrieg um die Neuaufteilung der Welt auftrat, eine würdige Biografie mit einem eigenen Kapitel »Frau und Frieden« geschrieben (Hamann 1986).

16 Bericht über den Vortrag von Hans Thirring im Rahmen einer Bertha-Suttner-Feier der Österreichischen Friedensgesellschaft am 5. Mai 1949 in: *Volksstimme* vom 6. Mai 1949.

In den ersten Nachkriegsjahren hat Hans Thirring Gedanken für eine »europäische Volksbewegung gegen den Krieg« niedergeschrieben (Thirring 1948b). Thirring war ein idealistischer Kriegsgegner, sein zweibändiges Werk *Homo sapiens* (1948/1949) ist ohne Kenntnis der psychoanalytischen Erklärungen von Sigmund Freud über Triebkonflikte nicht zu verstehen. In der katholischen Wochenschrift *Die Furche* zielte Thirring mit seinem *Plan zur Verhütung des Atomkrieges* (Thirring 1948b) auf ein Verbot von Atomwaffen ab. Dazu ist es nicht gekommen.

In den Monaten und Jahren nach 1950 nahm die Kriegsgefahr schier täglich zu. Auf der 3. Tagung des Weltkomitees der Kämpferinnen und Kämpfer für den Frieden in Stockholm vom 15.-21. März 1950, das von Frédéric Joliot-Curie geleitet wurde, wurde das absolute Verbot der Atomwaffen »als einer Waffe des Schreckens und der Massenvernichtung der Bevölkerung« gefordert. (Wimmer/Wimmer 1987, S. 208) Albert Einstein hat mit Bertrand Russell am 9. Juli 1955 das *Russell-Einstein-Manifest* verfasst, das die Welt vor den Gefahren eines Krieges mit Nuklearwaffen warnt und die Regierungen auffordert, Wege für eine friedliche Lösung zu finden: »Wir sprechen hier nicht als Angehörige dieser oder jener Nation, dieses oder jenes Erdteils oder dieses oder jenes Glaubensbekenntnisses, sondern als menschliche Wesen, als Angehörige der Spezies Mensch, deren weitere Existenz zweifelhaft geworden ist.«[17] Mitunterzeichner sind Max Born, Percy Williams Bridgman, Hideki Yukawa, Leopold Infeld, Frédéric Joliot-Curie, Hermann Joseph Muller, Linus Pauling, Cecil F. Powell und Józef Rotblat. Im Gefolge dieses Appells lud der Geschäftsmann Cyrus Eaton (1883–1979) im Juli 1957 erstmals nach dem kanadischen Dorf Pugwash (Neuschottland, Kanada) zu *Pugwash Conferences on Science and World Affairs* ein, woran als einzige Wissenschaftler aus einem deutschsprachigen Land Hans Thirring aus Wien zur Teilnahme eingeladen wurde. In der Folge brachte Thirring die Pugwash-Konferenz zweimal nach Österreich (vgl. Wintersteiner in diesem Band).

Neben und mit Thirring waren in Österreich die Naturwissenschaftler Engelbert Broda und Thomas Schönfeld im Friedenskampf an vorderster Front. (Broda E. 1980; Broda P. u. a. 1985; Oberkofler 2010; Oberkofler/Goller 1993). Engelbert Broda und Thomas Schönfeld gehörten ebenfalls der

17 http://www.pugwash.de/rem.pdf [26.4.2024]

Pugwash-Bewegung an. Broda organisierte als Präsident der »Vereinigung österreichische Wissenschaftler« (wie die Bewegung in Österreich hieß) die 24. Pugwash-Konferenz in Baden bei Wien 1974. An der Seite von Thomas Schönfeld war seine Ehefrau Mia Schönfeld, geb. Förster. Beide haben sich als aus Wien Vertriebene in New York kennengelernt und sind 1947 nach Wien zurückgekehrt.

Der Erste Österreichische Friedenskongress am 10. Juni 1950 war mit einer großartigen Friedenskundgebung von etwa 500.000 Wienerinnen und Wienern vor dem Rathaus abgeschlossen worden und hat viel Hoffnung gegeben. In Paris hat Joliot-Curie der *Volksstimme am Sonntag* dazu ein Interview gegeben (11. Juni 1950): »Aus einem brennenden Haus kann man sich retten, aus der brennenden Welt aber nicht«. Thomas Schönfeld und Mia Schönfeld gehörten zu den Initiator*innen des ersten österreichischen Ostermarsches, der mit der Losung »Aktion für den Frieden und Abrüstung (Ostermarsch gegen Atomgefahr) am 21. April 1963 (Sonntag nach Ostern) mit einer Abschlusskundgebung mit ca. 2000 Personen am Wiener Josefsplatz stattfand. (Österreichische Aktion für Frieden und Abrüstung 1964; Oberkofler 2013)

Im selben Frühjahr 1963 machte Hans Thirring den Vorschlag, die Republik Österreich solle unter Kontrolle der UNO vollständig abrüsten und damit einen Modellfall schaffen – den Thirring-Plan. Das blieb zwar nicht mehr als ein Wunsch aus einem Wiener Laboratorium an eine nicht vorhandene Welt in Österreich, doch seine Idee inspiriert nachfolgende Generationen bis heute.

Literatur

Broda, Engelbert (1980): *Einstein und Österreich.* Wien: Verlag der ÖAdW.

Broda, Paul/Deutsch, Gitta/Markl, Peter/Schönfeld, Thomas/Springer-Lederer, Helmuth (Hg.) (1985): *Engelbert Broda. Wissenschaft. Verantwortung. Frieden. Ausgewählte Schriften.* Wien: Franz Deuticke Verlag.

Hamann, Brigitte (1986): *Bertha von Suttner. Ein Leben für den Frieden.* München: Piper.

Herneck, Friedrich (1983): *Die heilige Neugier. Erinnerungen, Bildnisse. Aufsätze zur Geschichte der Naturwissenschaften.* Berlin: Buchverlag Der Morgen.

Kerber, Gabriele/Smola, Ulrike/Zimmel, Brigitte (1989): *Hans Thirring – ein Homo Sapiens. Zitate, Bilder und Dokumente anläßlich der 101. Wiederkehr seines Geburtstages.* Wien: Verlag Fassbaender.

Oberkofler, Gerhard/Goller, Peter (1993): Engelbert Broda. Konturen aus seinem Leben (mit Dokumentenanhang und Faksimiles). In: Zentralbibliothek für Physik in

Wien (Hg.): *Engelbert Broda (1910–1983). Wissenschaft und Gesellschaft.* Innsbruck: Universitätsverlag, S. 7–76.

Oberkofler, Gerhard (2010): *Thomas Schönfeld. Österreichischer Naturwissenschaftler und Friedenskämpfer. Biographische Konturen mit ausgewählten gesellschaftspolitischen Texten.* Innsbruck/Wien/Bozen: StudienVerlag.

Oberkofler, Gerhard (2013): Der erste österreichische Ostermarsch vor dem Hintergrund der Enzyklika Pacem in terris (1963). Mit einem Unterstützungsschreiben von Albert Schweitzer aus Lambarene/Gabun an Günther Anders in Wien. In: Claudia Kuretsidis-Haider/Manfred Mugrauer (Hg.): *Geschichtsschreibung als herrschaftskritische Aufgabe.* Innsbruck/Wien/Bozen: StudienVerlag, S. 299–313.

Oberkofler, Gerhard (2024): Österreich benötigt mehr denn je ein »Gesetz zum Schutz des Friedens«. In: *Zeitung der Arbeit*, 28. März 2024. https://zeitungderarbeit.at/feuilleton/oesterreich-benoetigt-mehr-denn-je-ein-gesetz-zum-schutz-des-friedens/ [1.9.2024]

Oberkofler, Gerhard/Rabofsky Eduard (1989): *Wissenschaft in Österreich (1945–1960). Beiträge zu ihren Problemen.* Frankfurt a.M./Bern/New York/Paris: Peter Lang.

*Österr*eichische Aktion für Frieden und Abrüstung (Hg.) (1964): *Könnte Österreich überleben? Die Folgen eines totalen Atomkrieges.* Vorwort von Robert Jungk. Wien: Verlag Jugend & Volk.

Rennert, David/Traxler, Tanja (2018): *Lise Meitner. Pionierin des Atomzeitalters.* Salzburg: Residenz Verlag.

Österreichische Zentralbibliothek für Physik. Geschichte. Dokumente. Dienste (Hg.) (2004): *»Information Assistent«, Verein für Informationsmanagement.* Gewidmet dem langjährigen Bibliotheksdirektor Wolfgang Kerber. Wien.

Pätzold, Kurt (2012): *… fliege übers Land. Ein Taubenbuch. Nachrichtenbote, Kriegsteilnehmer, Sportkamerad und Friedenssymbol.* Berlin: Verlag Das Neue Berlin.

Thirring, Hans (1946): Über die Möglichkeit eines dauernden Weltfriedens. In: *Wissenschaft und Kunst.* Im Auftrag des Kuratoriums des »Institutes für Wissenschaft und Kunst« hg. von Dr. Leopold Zechner. Wien: Verlag für Jugend und Volk, 1946, S. 21–26.

Thirring, Hans (1948a): *Atomkrieg und Weltpolitik.* Wien: Danubia-Verlag.

Thirring, Hans (1948b): Ein Plan zur Verhütung des Atomkrieges. in: *Die Furche*, Wien. Jg. 4), Nr. 20 v. 15. Mai, S. 3.

Thirring, Hans (1948/1949): *Homo Sapiens.* Erster Band: Grundlagen einer Psychologie der kulturellen Entartungserscheinen. Zweiter Band: Vom Nationalismus zum Weltbürgertum. Wien: Ullstein.

Thirring, Hans (1949*): Stellungnahme zum Pariser Weltfriedens-Kongreß.* Herausgegeben von der Österreichischen Friedensgesellschaft. Wien: Österreichische Friedensgesellschaft.

Wimmer, Ruth/ Wimmer, Walter (1987): *Friedenszeugnisse aus vier Jahrhunderten.* Leipzig/Jena/Berlin: Urania Verlag.

Erwin Bader

Das Kreuz des Pazifismus – von Bertha von Suttner bis heute
Hans Thirring im Kontext der österreichischen Friedensbewegungen

Hans Thirrings Friedensarbeit steht nicht isoliert da, sondern ist im Kontext einer österreichischen Tradition des Pazifismus zu sehen. Darauf möchte der folgende Beitrag aufmerksam machen – mit einem kritischen Blick eines Pazifisten auf den Pazifismus.

Mit dem Buch *Die Waffen nieder* (1889) von Bertha von Suttner erhielt der Pazifismus seinen *schriftstellerischen* Durchbruch und Bertha von Suttner wurde bald auch als *Rednerin* der pazifistischen Bewegung international erfolgreich. Aber es gab davor bereits andere Arten des Friedenseinsatzes. Als der Schweizer Henri Dunant zufällig während einer Geschäftsreise im Juni 1859 auf das Schlachtfeld von Solferino (Oberitalien) stieß, erschütterten ihn die Tausenden und Abertausenden Leichen und Verwundeten, die man einfach achtlos liegen gelassen hatte. Motiviert durch seine christliche Überzeugung, warb er in allen Nachbardörfern Personen an, um die Leichen zu bestatten und den Überlebenden zu helfen. Dafür erhielt er von Italien eine hohe Auszeichnung und schrieb das Buch *Un Souvenir de Solférino* (Genf 1862). Daraufhin gründete er das Rote Kreuz und erhielt Jahre später, inzwischen verarmt, 1901 den ersten vergebenen Friedensnobelpreis.

Was Suttner beitrug, dass es überhaupt zum *Friedensnobelpreis* kam, ist kaum bekannt. Die damals noch unverheiratete Bertha von Kinsky lernte den Schweden Alfred Nobel kennen, als sie kurz seine Sekretärin war und blieb mit ihm zeitlebens in Kontakt. Als Nobel im Sommer 1892 zufällig mit dem Ehepaar Suttner in Bern zusammentraf, wo eben ein Friedenskongress tagte, erklärte ihm Bertha die Mittel und Ziele der Friedensbewegung und Nobel sagte darauf: »Wenn ich die Überzeugung gewänne, dass durch die Liga deren Ziel näher gerückt werden könnte, so würde ich einen großen Betrag bestimmen – doch muss ich zuvor über die Sache erst genau unterrichtet werden. Bekehren

Sie mich dazu!« Seitdem hielt Frau Suttner Alfred Nobel auf dem Laufenden – und die Bekehrung scheint gelungen zu sein. Aber der Weg zum Frieden war damit noch keineswegs geöffnet, wie Baronin Suttner es erhofft hatte.

Alfred Nobel

Alfred Nobel ist bekannt als Erfinder des Dynamits und (nicht minder wichtig) des »rauchschwachen Pulvers«, das die Kriegsführung wesentlich »effektiver« machte. Denn das davor übliche Schwarzpulver entwickelte eine große Rauchwolke, die für die Kriegsführung zweifach hinderlich war: Erstens sah der »Feind«, wo der Schuss abgefeuert wurde und konnte dorthin zielen. Zweitens war die Sicht des Schützen selbst längere Zeit nach dem Schuss durch die Rauchwolke getrübt und er musste bis zum nächsten Schuss lange Zeit warten. Nobels Erfindung machte den Weltkrieg deutlich effektiver, also tragischer. Freilich lag diese Erfindung damals in der Luft, denn auch andere arbeiteten bereits daran.

Nobel hatte schon von seinem Vater, einem reichen Waffenfabrikanten, ein finanziell solides Erbe erhalten und hatte das Bedürfnis, durch neue Erfindungen dem Fortschritt, nicht nur dem der Waffentechnik, zu dienen. Zwar war das von ihm erfundene Dynamit als Waffe nur bedingt brauchbar, aber Nobel hatte kein schlechtes Gewissen, mit Waffen Geld zu verdienen. Bertha von Suttner blickte zurück: »An der Vervollkommnung der Geschütze und der Geschosse arbeitete Nobel auch rastlos weiter. Die steigende Fürchterlichkeit der Kriegsmittel musste seiner Ansicht nach die Absurdität und die Unmöglichkeit künftiger Kriege immer auffallender machen und deren Abschaffung herbeiführen. Dies war anfänglich auch der einzige, etwas gar indirekte Weg, den er sich zur Erlangung des Friedenszustandes der Völker vorstellte.« Er sprach wörtlich von einer »Ad-absurdum-Führung des Krieges durch seine eigene höllische Entfaltung.« Er hoffte, die Menschen wären so intelligent, derart grausame Waffen nicht mehr anzuwenden, aber andernfalls wären die Kriegsfolgen derart schrecklich, dass die Menschheit nie mehr den Fehler machen würde, jemals einen Krieg zu beginnen. Doch leider hat sich seine Hoffnung nicht erfüllt, nicht einmal seit der Entwicklung der Atomwaffen, denn heute wüten weltweit so viele und grausame Kriege wie vielleicht noch nie seit dem

Ende des Zweiten Weltkriegs. Suttner bearbeitete ihren Gesprächspartner Alfred Nobel, den sie für lernfähig hielt und hoffte, dass er auch friedliche Wege fördern werde, um einen Frieden herzustellen und sich nicht nur auf die Abschreckung verlassen werde. Sie appellierte an Nobels Herz, er möge doch von seinem großen Vermögen wenigstens einen Teil dazu verwenden, den Frieden auf friedlichem Weg zu fördern. Wenige Tage vor seinem Tode erhielt Bertha von Suttner einen Brief von Nobel, worin er schrieb: »Habe ich im figürlichen Sinne ein Herz? ... Das weiß ich nicht; so viel ist aber sicher, im physiologischen Sinne ist das obbenannte Organ sehr bedenklich krank bei mir.«

Am 10. Dezember 1896 starb Alfred Nobel. Nach seinem Tod stritten die Verwandten um Alfred Nobels Erbe und es war noch länger unsicher, ob und wie sein letzter Wille, sein Erbe für Preise zugunsten von Wissenschaft und Literatur sowie letztlich auch zugunsten von Werken, die den Frieden fördern, erfüllt werden könnte. Die Unsicherheit zog sich Jahre dahin.

Der erste Friedensnobelpreis

Der erste Friedensnobelpreis wurde im Jahr 1901, ein halbes Jahrzehnt nach Nobels Tod, je zur Hälfte an Henry Dunant und an den Pazifisten Frédéric Passy verliehen. Suttner hätte gerne gesehen, wenn auch ihr Werk mit jenem Preis ausgezeichnet worden wäre, nachdem sie zweifellos viel geleistet hatte. Die österreichische Friedensbewegung war nämlich in schwere Geldnöte geraten, da Nobels sporadische Unterstützungen seit seinem Tod ausblieben und kaum durch andere Geldquellen ersetzt werden konnten. Übrigens wandte Suttner gegen die Verleihung des Preises an Dunant ein, dass durch die *staatlich* anerkannten Hilfsaktionen des Roten Kreuzes in Zukunft die Kriege aus der Sicht der Militaristen wieder als »führbar« gelten würden, weil die Schreckensereignisse durch die Hilfsmaßnahmen gemildert würden. Die Kriege wären jetzt zwar formell eher mit dem Anspruch der Humanität vereinbar, sie würden aber in Wirklichkeit noch brutaler geführt werden. Sie wusste, dass in der Schlacht bei Königgrätz (1866) zwar bereits das Rote Kreuz aktiv war, aber die Schlacht nicht geringer brutal war als die berüchtigte Schlacht von Solferino, da die Preußen nun erstmals Zündnadelgewehre verwendeten, welche auch Schüsse aus der Deckung heraus ermöglichten.

Suttners Friedensarbeit

Suttners Friedensarbeit ging laufend weiter. Als sie im Jahre 1904 zu einem Friedenskongress nach Boston, USA, eingeladen wurde, unterstützte sie ein Bruder von Alfred Nobel, wodurch ihre Teilnahme überhaupt erst ermöglicht wurde. Es folgte eine Reise durch mehrere Staaten der USA mit Vorträgen in den wichtigsten Städten und auch einigen Besichtigungen, wobei sie auch einer Einladung beim Präsidenten Theodore Roosevelt in Washington folgen konnte. Suttner, die bisher vor allem auf eine Friedensbereitschaft des russischen Zaren Nikolaus II.[18] gesetzt hatte, bestürmte den Präsidenten Roosevelt, für den Frieden einzutreten. Der Präsident versprach darauf: »Ich werde tun, was in meiner Macht liegt, um die Friedenssache zu fördern, [...] Ich verspreche [...] erstens, allen europäischen Staaten Schiedsgerichtsverträge anzutragen – zweitens, eine Vermittlung einzulenken, um dem abscheulichen russisch-japanischen Krieg ein Ende zu machen – drittens, die Einberufung der zweiten Haager Konferenz zu veranlassen.«[19] Nachdem der Präsident tatsächlich diese drei Versprechen erfüllt hatte, wurde er (ein Jahr nach Suttners Nobelpreis) im Jahr 1906 mit demselben ausgezeichnet.

Es ist Bertha von Suttner erspart geblieben, selbst noch den Ausbruch des Weltkrieges zu erleben. Schon General Helmuth Graf von Moltke,[20] der in vielen Schlachten aktiv war, warnte als weiser fast 90-Jähriger Mann in seiner letzten Reichstagsrede: »Meine Herren, wenn der Krieg, der jetzt ... wie ein Damoklesschwert über unseren Häuptern schwebt, ... zum Ausbruch kommt, so ist seine Dauer und ist sein Ende nicht abzusehen ... es kann ein ... dreißigjähriger Krieg werden – und wehe dem, der zuerst die Lunte in das Pulverfass schleudert!«[21]

18 Dieser russische Zar dankte nach der demokratischen »Februarrevolution« (1917) ab; 1918 wurde er und die gesamte Familie von Lenin interniert und nachts ermordet; im Jahr 2000 wurde er von der Russisch-Orthodoxen Kirche heiliggesprochen.

19 https://homepage.univie.ac.at/Erwin.Bader/Bertha%20von%20Suttner%20und%20Alfred%20Nobel.htm

20 Moltkes Enkel Helmuth James Graf von Moltke (1907–1945) war als Christ strenger Pazifist und wurde wegen seines dezidiert *friedlichen* Widerstandes gegen Hitler umgebracht.

21 Reichstag, 6. Sitzung, 14. Mai 1890. Reichstagsprotokolle 1890/92, 1, S. 76. https://www.reichstagsprotokolle.de/Blatt3_k8_bsb00018664_00182.html [7.9.2024]

Stefan Zweig

Stefan Zweig berichtete einmal, dass er Bertha von Suttner im Jahr 1913 in Wien auf der Straße traf. Es war die Zeit, als Oberst Redl als Spion entlarvt wurde, der sämtliche Aufmarschpläne Österreichs im Fall eines Krieges mit Russland an den Zaren verraten hatte. Denkende Menschen erkannten sehr genau, dass nicht nur in Ostasien und in anderen Teilen der Welt Kriege herrschten, sondern dass unter der friedlichen Oberfläche alle Staaten Europas jeweils für den Krieg gegen die anderen rüsteten. Der Bericht über die Begegnung lautet so:

> Zufällig traf ich … Bertha von Suttner, die großartige und großmütige Kassandra unserer Zeit. … Sie schrieb einen Roman »Die Waffen nieder«, der einen Welterfolg hatte, sie organisierte unzählige pazifistische Versammlungen, und der Triumph ihres Lebens war, dass sie Alfred Nobel, dem Erfinder des Dynamits, das Gewissen erweckte, als Entgelt für das Unheil, das er mit seinem Dynamit angerichtet [hatte], den Nobelpreis für Frieden und internationale Verständigung zu stiften. Sie kam ganz erregt auf mich zu. »Die Menschen begreifen nicht, was vorgeht«, schrie sie ganz laut auf der Straße, so still … sie sonst sprach. »Das war schon der Krieg, und sie haben wieder einmal alles vor uns versteckt und geheim gehalten. Warum tut ihr nichts, ihr jungen Leute? Euch geht es vor allem an! Wehrt euch doch, schließt euch zusammen! Lasst nicht immer alles uns paar alte Frauen tun, auf die niemand hört! … Es steht schlimmer als je, die Maschine ist doch schon im Gang.« (Zweig 1963, S. 194)

Zweig schreibt weiter, er habe bald erkannt, wie prophetisch die alte Frau, die in Wien nicht ernst genommen worden sei, die Zukunft gesehen hatte. Immerhin bemühte sich Stefan Zweig dann während des Weltkriegs, in Vorträgen Bertha von Suttner als Begründerin des Pazifismus begeistert zu loben, ohne von den Militärbehörden beanstandet worden zu sein, und man darf annehmen, dass wohl auch andere, wenn sie wirklich gewollt hätten, gefahrlos für den allgemeinen Frieden reden hätten können, freilich wohl auch auf die Gefahr hin, dadurch Einbußen irgendwelcher Art zu erleiden, wie das auch heute in der Demokratie leider immer wieder der Fall ist.

Religion und Friede

Religion und Friede hängen zusammen, was am 9. September 1914, wenige Tage nach seiner Amtseinführung, Papst Benedikt XV. mit seiner ersten öffentlichen Erklärung *Ubi primum* bewies. Er rief die kriegsführenden Mächte dazu auf, »ihre Waffen niederzulegen und Friedensgespräche zu führen.« Doch nicht einmal der Papst, der Suttners Parole offenbar aufnahm, konnte bei den Mächtigen erfolgreich Gehör finden; wie hätte es die Aktivistin aus Harmannsdorf schaffen sollen?

Wenigstens formell scheint sich die Prognose Bertha von Suttners bewahrheitet zu haben: »Das 20. Jahrhundert wird nicht zu Ende gehen, ohne dass die menschliche Gesellschaft die größte Geißel, den Krieg als legale Institution abgeschafft haben wird.«[22] Sie sagte nicht, der Krieg werde überhaupt abgeschafft, sondern als *legale* Institution werde er abgeschafft. Das Völkerrecht verbietet heute tatsächlich Angriffskriege und solche sind also illegal. In den ersten Nachkriegsjahrzehnten boomten die christlichen Kirchen, es kam ein wirtschaftlicher Aufschwung und man bemühte sich um den Frieden. Die Regelung, dass Angriffskriege völkerrechtlich nicht erlaubt sind, hatte oft geholfen, den Frieden zumindest formal aufrecht zu erhalten oder wiederherzustellen. Doch seit dem Schwund der christlichen Religion, vor allem in Europa, wird diese gute Regel sogar zur Ausweitung der Kriege missbraucht: Sobald ein Krieg »völkerrechtlich« als *Angriffskrieg* einer Seite bezeichnet wird, wird erstens unterlassen, auch die innerhalb der Friedensforschung wichtige Suche nach *Kriegsursachen* zu beachten und zweitens zu Friedensverhandlungen aufzufordern – und die Feindbilder nehmen dementsprechend zu.

Sutter sagte: *Si vis pacem – para pacem!* Und Jesus sagte: »Die Herrscher unterdrücken ihre Völker und lassen sich Wohltäter nennen. Bei euch aber soll es anders sein: Der Größte sei wie der Kleinste und der Führende soll ein Dienender aller sein.«

22 Zitiert nach: https://friedenskultur-leben.de/index.php/gedanken-zum-frieden/friedens-history/1880-bertha-von-suttner-appell-an-das-20-jahrhundert-1897

Zum Tod Suttners 1914

Zum Tod Suttners 1914 fand ich (u. a.) in der prominenten ungarisch-deutschen Zeitung *Pester Lloyd* vom 24. Juni 1914 folgenden Bericht:

> Das Leichenbegräbnis der Baronin Berta Suttner hat heute Nachmittag … in aller Stille … stattgefunden. … Um 3 Uhr wurde der Sarg geschlossen … und auf den Franz-Josef-Bahnhof gebracht. In Vertretung der österreichischen Friedensgesellschaft begleitet Regierungsrat Schuster die Leiche nach Gotha, wo am 25. d. nachmittags die Einäscherung erfolgt …

Ein »Leichenbegräbnis« fand eigentlich nicht statt. Wie sollte man damals eine Verabschiedung von einer Verstorbenen vor der Einäscherung nennen, als dies etwas völlig Neues war? Suttner hatte sich als *posthumen Protest* gegen die unklare Haltung der *Kirche* dafür eingesetzt, dass die thüringische Stadt Gotha erstmals Leichenverbrennungen durchführen möge und sie bestimmte, dass ihre sterbliche Hülle nach Gotha gebracht und im Urnenfriedhof beigesetzt werde. Sie wollte damit gegen die damalige Kirche protestieren, die leider noch nicht hinreichend pazifistisch war. Papst Benedikt XV. ermahnte zwar die Staaten inständig zum Frieden, aber leider fühlten sich die *nationalen* Militärbischöfe den *Staaten* mehr verpflichtet als ihrem *kirchlichen Oberhaupt*. Doch Suttners Pazifismus hat seitdem kaum anderswo so viel Zustimmung gefunden wie gerade in den Kirchen.

Dieselbe Ausgabe des *Pester Lloyd* vom 24. Juni 1914 berichtet auch: »Erzherzog Franz Ferdinand hat heute … die Reise nach Bosnien angetreten. … Am 28. … wird der Erzherzog … nach Sarajevo fahren …« Wie wir wissen, wurden an diesem 28. Juni 1914 der Thronfolger Franz Ferdinand und seine Gemahlin Sophie Chotek[23] ermordet. Erst einen Monat später erließ Kaiser Franz Josef das Manifest *An meine Völker*, welches zwar als formelle Kriegserklärung an Serbien gilt, aber keine Kriegshandlungen einleitete; der erste Kriegsakt innerhalb Europas war vielmehr der Überfall Deutschlands auf das neutrale Belgien, also einen Staat, dessen Bewohner sich traditionell *mit Österreich verbunden* fühlten. Damit holte Deutschland mit einer List zum

23 Sie war entfernt verwandt mit Bertha von Suttner.

Krieg gegen Frankreich aus, weil Frankreich nicht mit einer (auch damals völkerrechtswidrigen) Neutralitätsverletzung durch Deutschland rechnete; als der Krieg gegen Serbien begann, war faktisch der Weltkrieg bereits in Fahrt gekommen. Das lässt erkennen, wie sehr andere Staaten bereits auf einen Krieg gewartet hatten. Die Ermordung des österreichischen Thronfolgers war für manche europäischen Staaten (weit eher als für Österreich) ein willkommener Anlass, um bald einen Krieg zu beginnen. Jedoch verursachte der Angriff auf Serbien eine Eskalationsspirale aufgrund der Bündnispolitik, da sowohl Serbien als auch Österreich Verbündete hatten, die nun ihrer vertraglichen Verpflichtung zur Unterstützung je einer Kriegsseite nachkamen. Denkbar wäre wohl auch gewesen, dass die beiden gegnerischen Seiten die Zeit genützt hätten, um rechtzeitig Verhandlungen in die Wege zu leiten, wodurch bei gutem Willen ein größerer Krieg durchaus zu vermeiden gewesen wäre. Setzte etwa schon damals die Waffenindustrie ihre Interessen durch? Und setzte sie sich über das Schicksal der »Menschenmassen« hinweg? Jedenfalls zeigte sich, dass *militärische Bündnisse* nicht nur *kein* Mittel zur Friedenserhaltung, sondern dass sie beim Eintritt des Vertragsfalles eher ein Hebel zu *Ausweitung des Krieges* sind.

Thirring und Ude

Als nächstes österreichisches Beispiel des Pazifismus nenne ich Johannes Ude und Hans Thirring. DDr. Johannes Ude, der insgesamt *vier* Doktorate erworben hatte, hatte einen Weg der Läuterung hinter sich. Anfänglich hatte er Sympathie für Adolf Hitler, unter anderem da dieser ihm auf seine briefliche Aufforderung, den Vegetarismus öffentlich zu fördern, wenigstens freundlich geantwortet hatte; doch Ude bekehrte sich angesichts der damals sogenannten *Reichskristallnacht*, die ihm die Augen geöffnet hatte. Seither entwickelte er eine strenge und konsequente Gegnerschaft gegen alle Aspekte des Nationalsozialismus und wagte mit offenen Worten zu schreiben:

> Ich verurteile die banditenartigen, im gesamten Deutschen Reich, wie es scheint, wohlorganisierten, in einer einzigen Nacht verübten Überfälle auf die jüdischen Synagogen, auf die jüdischen Zeremonienhallen und auf die

jüdischen Geschäfte, die man in Brand gesteckt, zertrümmert und verunehrt hat.[24]

Den Mut, in dieser Form öffentlich gegen die Ereignisse der Kristallnacht zu protestieren, hatte er als *einzige* Person innerhalb des ganzen damaligen Großdeutschen Reiches. Ude wurde daraufhin verhaftet und ihm wurde die Todesstrafe zwar angedroht, aber aus organisatorischen Gründen aufgeschoben; nach Kriegsende 1945 wurde er aus der Haft entlassen. Im Jahr 1962 schrieb Johannes Ude die Broschüre über *»bewaffnete« oder »unbewaffnete« Neutralität*, worin er sich aus pazifistischen Gründen für eine *unbewaffnete* Neutralität aussprach.

Diese Thematik griff auch der Atomphysiker und Pazifist *Hans Thirring* auf. Er war ein Gründungsmitglied der Pugwash-Bewegung (1957) und untersuchte als Physiker und Pazifist die Gefahren der Kernenergie in Krieg und Frieden. Der hervorstechende Gründer der nach dem Gründungsort in Kanada benannten Pugwash-Bewegung war Joseph Rotblat, der dafür 1995 den Friedensnobelpreis erhielt. Als Kernphysiker war er anfänglich an der Entwicklung der ersten Atombombe beteiligt, verließ aber wegen ethischer Bedenken 1944 das Projekt und kämpfte danach ein Leben lang für die Abschaffung aller Atomwaffen. Seither befasste sich auch Hans Thirring mit der Überwachung der Kernwaffen und der damit verbundenen sozialen Verantwortung der Wissenschafter*innen. Mehr als ein Jahrzehnt lang war Thirring auch Mitglied der sozialistischen Fraktion des Bundesrates. In dieser Zeit formulierte er seinen *Thirring-Plan*, welcher die einseitige Abrüstung des neutralen Österreich *als Vorleistung* für eine kommende friedliche, waffenlose Welt forderte.

Thirrings Anliegen löste angeblich im Jahr 1963 einen Tumult im Parlament aus. Ich begrüßte sein Anliegen und dennoch zweifelte ich an der Durchsetzbarkeit. Persönlich erinnere mich an eine Demonstration im Jahr 1964, als der *Thirring-Plan* diskutiert wurde. Einige Studenten zogen durch Wien und skandierten: »Wozu brauchen wir ein Bundesheer – der Prader[25] soll zur Feuerwehr!« Ein andermal aber riefen sie: »Für den Sieg des

24 https://theol.uni-graz.at/de/neuigkeiten/ude/
25 Georg Prader (ÖVP) war Verteidigungsminister von April 1964 bis April 1970.

Vietcong!«. Wolf Biermann dichtete und sang über den Bürgerkriegshelden Che Guevara: »Der rote Stern an der Jacke, im schwarzen Bart die Zigarre, Jesus Christus mit der Knarre, so führt dein Bild uns zur Attacke!« Ich vermute, dass solche Widersprüche innerhalb der damaligen Sozialdemokratie zum Scheitern von Thirrings Vorhaben führten. Der *Thirring-Plan* hatte seinen Reiz, da die damalige Weltsituation dessen Realisierung durchaus realisierbar erscheinen ließ, aber die lokalen Politiker, die darüber entschieden, besaßen wohl zu wenig Mut und Weitblick. Nie wäre die Realisierungschance eines solchen Plans so groß gewesen wie damals; die moralische Autorität des neutralen Österreich wäre gefördert und die Neutralität ideell aufgewertet worden. Das damalige Gegenargument war die Formel im Neutralitätsgesetz »nach Schweizer Muster«, also die Notwendigkeit der selbstständigen Landesverteidigung. Heute wird das Neutralitätsgesetz (samt seinem Passus »in aller Zukunft«) eher im Sinne einer Nato-Annäherung in Frage gestellt.

Ich möchte jedoch nicht verschweigen, dass mich ein Satz in Hans Thirrings Buch *Atomkrieg und Weltpolitik*, das ich mit Interesse und Dankbarkeit las, schockierte:

> Eine nicht allzu kleine Anzahl der Leser dieses Buches würde heute gar nicht mehr am Leben sein, wenn die beiden Bomben auf Hiroshima und Nagasaki nicht abgeworfen worden wären. Denn bei Andauer des japanischen Krieges über den Winter 1945/46 hinaus hätte die sich daraus ergebende Hungersnot in Europa zu einem solchen Chaos geführt, dass Millionen von Mitteleuropäern daran zugrunde gegangen wären. (Thirring 1948, S. 30)

Ein Bonmot lautet: *Voraussagen sind immer schwierig, vor allem wenn sie die Zukunft betreffen.* Übrigens sagt man heute, dass die Kapitulation Japans bereits *vor* dem Abwurf der beiden Bomben knapp bevorstand.

Hat der Pazifismus (k)eine Chance?

Abschließend bringe ich noch einen Mann ins Gespräch, der sich zwar auch als Pazifist verstanden haben wollte, aber konträr dazu die Führbarkeit eines Atomkrieges für denkbar hielt: Der Amerikaner Hermann Kahn meinte, man könne auch einen Atomkrieg gewinnen, habe aber bereits verloren, wenn man jeden Krieg a priori ausschließe. Dieser Mann wurde kürzlich in der Neuen Zürcher Zeitung (22. Mai 2024) auf der Titelseite groß vorgestellt, da er nun in der Politik der USA posthum wieder Aufmerksamkeit findet. Er war einst Berater der US-Politik im Kalten Krieg. Zwar beteuerte er immer wieder, eigentlich ein Pazifist zu sein, empfahl aber Reagan und Kissinger u. a., »das Undenkbare [des Atomkriegs] zu denken«.

Der Titel meines hier vorgelegten Beitrags »Das Kreuz des Pazifismus« ist bewusst zweideutig. Es ist schon »ein Kreuz« mit machen Exponenten, die sich als Pazifisten ausgeben oder verstehen. Bertha von Suttner schreibt, dass Alfred Nobel einmal bei einer pazifistischen Versammlung unter den Anwesenden war und erkannt wurde. Man fragte: »Was macht denn dieser *Waffenfabrikant* bei uns?«

Ja, der Pazifismus ist ein Kreuz, aber dieses Kreuz zu tragen ist möglich, denn Jesu Wort: *»Beati sunt pacificandi«* (glückselig sind/werden die Friedensstifter) verschafft Zuversicht im Bemühen, sich an Jesu Gebot zu halten »Ihr sollt auch *eure Feinde* lieben.« Pazifismus kann nicht erzwungen werden, sondern ist ein »Herzensanliegen«, das zu fördern man speziell von den Religionen erwartet. Zwar ist nicht jeder Mensch zum Pazifismus gleich fähig, aber dass dieser vernünftig ist, sagen auch Politiker und Philosophen. Z. B. sagte Desmond Tutu sehr deutlich: »Der einzige Weg, um Konflikte endgültig zu lösen, ist, Feinde zu Freunden zu machen.« (Das gelang Suttner wohl mit Nobel!) – Spinoza: »Die Herzen werden aber nicht durch Waffen, sondern durch Liebe und Edelmut gewonnen.« Und über die Neutralität hob Karl Jaspers hervor: »Die Verantwortung der Neutralität [ist]: der Menschheit zu dienen durch Bewahrung eines Ortes, an dem […] die Kämpfenden sich noch treffen können zum Gespräch; das gewaltlos Menschliche sichtbar und rein zu erhalten …« (Jaspers 1982, S. 192) Wäre letzteres nicht eine gute Aufgabe Österreichs?

Im Atomzeitalter sind die Staaten eigentlich zum Frieden gezwungen – und die Religionen sollten den Auftrag wahrnehmen, endlich alle Feindbilder im gemeinsamen Dialog abzubauen, um beizutragen, dass die Menschen die Liebe zu allen leben, wie man z. B. gemäß Dunants Idealismus in Solferino sagte; »fratelli tutti« (alle sind Geschwister); je mehr den Frieden gemeinsam fördern, desto leichter ist das »Kreuz« des Pazifismus zu ertragen.

Literatur

Jaspers, Karl (19827): *Die Atombombe und die Zukunft der Menschheit*, München: Piper.
Suttner, Bertha von (oJ.): *Die Waffen nieder. Einführung von Friedrich Heer*, Wien: Javorsky-Vlg. EA.: 1889.
dies. (2015): *Memoiren*. Berlin: Hofenberg.
Thirring, Hans (1948): *Atomkrieg und Weltpolitik*. Wien: Danubia.
Ude, Johannes (1962): *»Bewaffnete« oder »unbewaffnete« Neutralität*. Grundlsee: Selbstverlag.
ders. (1948): *»Du sollst nicht töten«*. Dornbirn: H. Mayer.
Zweig, Stefan (1963): *Die Welt von Gestern. Erinnerungen eines Europäers*, Frankfurt a. M.: Fischer.

III. FRIEDEN, NEUTRALITÄT UND ABRÜSTUNG HEUTE

Christoph Matznetter

Hat der Thirring-Plan 60 Jahre später noch eine Bedeutung?

Wie kommt man auf die Idee der Abrüstung?

Während die Welt im Oktober 1962 in der Kuba-Krise unmittelbar vor einem mit Nuklearwaffen geführten Dritten Weltkrieg stand, veröffentlichte der berühmte Physiker und SPÖ-Bundesrat Hans Thirring 1963 seinen als *Thirring-Plan* bekannten, als utopisch bezeichneten Vorschlag einer völligen Abrüstung Österreichs als neutrales Land, direkt am »Eisernen Vorhang« zwischen den USA und ihren westlichen Verbündeten und der UdSSR mit ihren im »Warschauer Pakt« vereinigten Alliierten gelegen.

Vielleicht hilft bei so einer Ideenfindung der naturwissenschaftliche Zugang. Noch heutzutage singt die österreichische Sozialdemokratie das »Lied der Arbeit« (Zapf 1867), darin heißt es in der letzten Strophe:

> Und wie einst Galilei rief,
> Als rings die Welt im Irrtum schlief:
> Und sie bewegt sich doch!

Damit wird auf eine der fundamentalsten Erkenntnisse der Naturwissenschaft, im Besonderen der Physik, Bezug genommen, die entgegen jeder scheinbar intuitiven Annahme den wahren Charakter und die Ursache der Bewegung der Himmelskörper am Firmament erklären konnte. Die reine Annahme, »ich sehe doch, dass die Sonne im Osten aufsteigt und im Westen hinter dem Horizont verschwindet, daher muss sich die Sonne um mich bzw. um die Erde, auf der ich stehe, bewegen«, stellte sich im Ergebnis der Forschung als falsch heraus.

Betrachtet man die Grundsätze der Naturwissenschaft, so gilt eine Theorie nur so lange, als diese nicht falsifiziert wird; jede/r Wissenschaftler/in muss daher bereits beim Aufstellen einer Hypothese eine Antithese im Kopf haben, da deren Aussage Basis für den Gegenbeweis darstellen kann.

Gefährdet ist ein Ideengebäude somit durch widersprechende Beobachtungen oder Beweise – die Grundlage für evidenzbasierende Wissenschaft. Vielleicht erleichterte diese naturwissenschaftliche Denkweise es auch, auf den ersten Blick abwegige Alternativen zu entwickeln, so zum Beispiel auch einen Vorschlag, der militärischen Bedrohung durch völlige Abrüstung zu begegnen.

Schutz vor Gewalt durch mehr Waffen

Bevor ich auf Einzelheiten des *Thirring-Plans* zur völligen Abrüstung Österreichs eingehe, möchte ich noch einige Gedanken zum Grundsätzlichen ausbreiten:

Der meistens intuitiv vorgetragenen Annahme, wenn ich ausreichend bewaffnet bin, schreckt dies einen potenziellen Aggressor so ab, dass er mir »gegenüber keine Gewalt ausüben wird«, liegt eine spieltheoretische Überlegung zugrunde: »Das klassische Spielverständnis beinhaltet stets den Gewinnwunsch, und zwar an erster Stelle und ohne Rücksicht auf Verluste.« (Wessler 2012, S. 19) Habe ich nach dieser Vorstellung genug Gewaltpotenzial durch meine Bewaffnung, muss der Aggressor vor Anwendung von Gewalt zurückschrecken, da er dann nicht gewinnen kann. Diese Funktionalität beschreibt von Krause so: »Die Abschreckungstheorie geht von der Prämisse aus, dass rational handelnde Akteure von aggressiven Handlungen, zu denen sie in der Lage wären, Abstand nehmen, weil sie die daraus resultierenden Konsequenzen fürchten.« (von Krause 2022, S. 27)

Um sich der möglichen Richtigkeit dieser These zu nähern, müssen wir uns die Beobachtungen dazu vor Augen führen. Wenn die Annahme stimmt, müsste die Anzahl von Angriffen gegen Leib und Leben in jenen Staaten niedriger sein, in denen mehr Bewohner/innen bewaffnet sind, womit potenzielle Gewalttäter/innen häufiger abgeschreckt sind und daher von einer solchen Straftat Abstand nehmen. Zur notwendigen Vereinfachung führen wir uns die Daten zu Schusswaffen je Einwohner in den USA und Österreich sowie die Tötungsraten vor Augen:

Schusswaffen je 100 Einwohner/innen USA: 101 und Österreich: 30 (Statista 2016), Tötungsrate USA: 6,4 und Österreich: 0,9 pro 100.000 Einwohner/innen (Wikipedia 2024b)

Ablesbar an diesem Vergleich ist jedenfalls, dass in den USA, obwohl im Durchschnitt jede/r Bewohner/in über eine Schusswaffe verfügt, während in Österreich dies nur für jede/n Dritte/n gilt, die Tötungsrate mehr als sieben Mal so hoch wie in Österreich ist.

Bereits an diesem trivialen Beispiel wird erkennbar, dass die Annahme, je mehr Waffen, umso mehr Sicherheit vor Gewalteinwirkung, jedenfalls zweifelhaft ist.

Schutz vor kriegerischer Invasion durch Aufrüstung

In Annäherung an die Prämissen des *Thirring-Plans* müssen wir uns auch Überlegungen zur Abschreckungswirkung militärischer Aufrüstung auf den aktuellen Kriegsschauplätzen widmen. Europa wird seit dem 24. Februar 2022 durch einen massiven Invasionskrieg der Russischen Föderation gegen die Ukraine erschüttert.

Sieht man sich das Ausmaß der Aufrüstung der Ukraine in den Jahren vor 2022 an, so ist erkennbar, dass die Ukraine in den zehn Jahren davor (2011–2021) deutliche Rüstungsanstrengungen unternommen hat:

	in % des BIP	in Millionen US-Dollar
2011	2,26%	3684,63
2012	2,35%	4136,91
2013	2,39%	4386,42
2014	2,97%	3961,55
2015	3,85%	3502,73
2016	3,67%	3423,29
2017	3,24%	3647,57
2018	3,64%	4750,22
2019	4,07%	6262,43
2020	4,40%	6838,77
2021	3,43%	6898,12

Quelle: (SIPRI milex 2024)

Im Vergleich dazu betrugen die gesamten Militärausgaben in Westeuropa, das fast zur Gänze aus NATO-Staaten besteht, im Jahr 2021 290,7 Mrd. US$, in Prozent des GDP abgesehen von Griechenland mit 3,87 % und Großbritannien mit 2,07 % durchgehend unter 2 %, die Mehrzahl unter 1 % (SIPRI milex 2024).

Mit Stand 2021 (vor der russischen Invasion) verfügte die Ukraine über folgendes Militärpotenzial: »Mit 200.000 aktiven Soldaten und mindestens 250.000 Reservisten unterhält die Ukraine [...] die zweitgrö*ß*te Armee Europas nach der russischen.« (Mijnssen 2022). Ausrüstung vor dem 24. Februar 2022: 29 Bodenkampfflugzeuge, 69 Jagdflugzeuge, 34 Kampfhelikopter, 2.596 Panzer, 12.303 gepanzerte Fahrzeuge und 3.107 Artilleriegeschütze (Mijnssen 2022). Dennoch hat im Fall der Ukraine die Methode der Friedenserhaltung durch Abschreckung des potenziellen und nunmehr faktischen Aggressors Russland komplett versagt.

Sehen wir uns in der Befundung ein weiteres Beispiel, den Irak unter Saddam Hussein, an: »Realistische Schätzungen gehen von einer Gesamttruppenstärke von ca. 424.000 Mann, von denen 375.000 eingesetzt werden können, 2.200 Kampfpanzern, 3.700 gepanzerten Fahrzeugen und 2.400 Artilleriegeschützen aus.« (Posch 2002, S. 68) So fasste die vom österreichischen Bundesheer publizierte Einschätzung das Potential der irakischen Armee zusammen. Dennoch wurde der Irak von US- und britischen Truppen im sogenannten Golf-Krieg III angegriffen und im Zeitraum 20. März bis 9. April 2003 überrannt.

Schon diese beiden Beispiele, Ukraine und Irak, bei diesen Kriegen völkerrechtswidrig von überlegenen Kriegsparteien angegriffen, lassen bedeutende Zweifel daran aufkommen, dass die Strategie des »deterrence theory« (Wikipedia 2024a), kurz: militärische Abschreckung, abseits vom Nuklearpotenzial, eine notwendige Sicherheit der Integrität des eigenen Staatsgebildes gewährleisten kann.

Der Thirring-Plan

Ausgehend von diesen grundsätzlichen Überlegungen möchte ich die dem *Thirring-Plan* zugrunde liegenden Prämissen und Annahmen eingehend beleuchten:

Grundthese A – thermonukleare Bomben und Interkontinentalraketen führen zu Abrüstung

Thirrings Grundthese A, dass mit dem Aufkommen der thermonuklearen Bomben in Verbindung mit Interkontinentalraketen eine »Revolution der Kriegstechnik« eingesetzt hat, mündet in die Feststellung, dass »bei den maßgebenden Staatsmännern der Welt das Streben nach Zustandekommen einer allgemeinen und totalen Abrüstung zu dominieren« (Thirring 1963, S. 2) beginnt.

Befundet man das für die seither abgelaufenen Jahrzehnte, so kann man Thirring auf der Habenseite eine Vielzahl von Abrüstungsabkommen, wie SALT 1, SALT 2 und eine Vielzahl weiterer Rüstungskontroll- und Abrüstungsabkommen zugutehalten – ein Überblick zu diesen Abkommen findet sich etwa in *Le Monde diplomatique* (1999).

Thirring schließt daraus, dass das Gelingen des Experiments eines abgerüsteten Österreich den damaligen kommunistischen Staaten »unvergleichlich wichtiger wäre als kleinere territoriale Gewinne oder selbst auch die Eingliederung des ganzen Landes Österreich als widerspenstiger Partner des Ostblocks.« (Thirring 1963, S. 2)

Da in den vergangenen Jahrzehnten der Abrüstungsplan für Österreich nicht umgesetzt wurde (wenn auch das österreichische Bundesheer durch sehr zurückhaltende budgetäre Bedeckung faktisch etwas abgerüstet wurde), der Warschauer Pakt zusammen mit der Sowjetunion implodiert ist und Österreich daher mittlerweile – abgesehen von Liechtenstein und der Schweiz – nur von EU- und NATO-Mitgliedsstaaten umgeben ist, kann die Richtigkeit dieser Grundthese A nicht faktisch belegt werden. Für die These spricht aber sicherlich, dass auch bei der Niederschlagung des *Prager Frühlings* 1968 durch die Truppen des Warschauer Pakts Österreichs Grenzen trotz eines sehr schwachen Bundesheers peinlich genau respektiert wurden.

Thirring verallgemeinert aber auch seine Aussage:

> Der Angreifer auf ein abgerüstetes Testobjekt friedlicher Koexistenz wäre nicht nur als frevlerischer Aggressor moralisch bloßgestellt, sondern auch automatisch viel stärker dadurch bestraft, daß durch sein Verhalten der Abrüstungsgedanke endgültig diskreditiert wäre. (Thirring 1963, S. 2)

Ob diese These stimmt, können wir nicht mit Sicherheit sagen, da uns Beispiele in der Geschichte seit dem *Thirring-Plan* fehlen, selbst beim Überfall der USA auf den Commonwealth-Staat Grenada im Oktober 1983 gab es mehrere Tage Gegenwehr von 1.200 Soldaten und einigen ausländischen militärischen Beratern. (Wikipedia 2024c)

Gegen diese These spricht, dass die Russische Föderation durch die Invasion der Ukraine ab Februar 2022 bedeutend »moralisch bloßgestellt« wurde und überdies die Diskreditierung eines Abrüstungsgedankens der russischen Führung offenbar ziemlich unwichtig erschienen ist.

Grundthese B – Fortschritte der Waffentechnik steigern Wirkung so, dass Kriege entfallen

Thirring geht in seiner Grundthese B davon aus, dass der Fortschritt in der Waffentechnik Offensivwaffen im Verhältnis zu den Abwehrmitteln dermaßen erstarken lässt, dass – abgesehen von in Europa nicht zu erwartenden Guerillakriegen – die Folgen ernsthafter Kriege so katastrophal wären, dass die Notwendigkeit und Dringlichkeit einer vollständigen Abrüstung andauern und wachsen wird.

Zwar traf in den seit 1963 vergangenen Jahrzehnten die Prognose eines enormen Fortschritts der Waffentechnik zu, allerdings haben gleichzeitig die Möglichkeiten der Abwehrmittel in stärkerem Maße zugenommen, als Thirring damals vermutet hatte. Beispiele hierfür sind die umfassende Luftverteidigung in Israel – »Iron Dome« (vgl. z. B. euronews 2023) – aber auch in der Ukraine, die den umfangreichen Luftangriffen Russlands (siehe Statista 2024) bis dato hohe Abschussquoten erbrachte. Der Angriff des Iran mit 300 Drohnen und Raketen am 13. April 2024 auf Israel konnte bis auf einen Treffer mit beschränktem Sachschaden auf einem Militärflugplatz zur Gänze abgewehrt werden, wobei Israel bei der Abwehr auch auf die Mithilfe der USA und anderer Länder zurückgreifen konnte. (Meier 2024)

Konventionelle Kriege können somit immer noch ohne »katastrophale Folgen« für den Aggressor geführt werden, womit diese Grundthese B des *Thirring-Plans* zumindest in Frage gestellt werden muss.

Könnte der Thirring-Plan heute umgesetzt werden?

Kommen wir somit zur Grundannahme des *Thirring-Plans*: Österreich wäre mit einem Abkommen mit all seinen Nachbarländern und der Zusage der vier Signatarstaaten des Staatsvertrages sich zu verpflichten, auf alle ihre Verbündeten einzuwirken, keinerlei militärische Aktionen gegen Österreich zu unternehmen, nach vollständiger Abrüstung sicherer als unter dem Schutz der für Österreich möglichen Sicherung durch das Bundesheer. Möge während des Kalten Krieges bis Anfang der 1990er Jahre diese Annahme als unrealistisch angesehen worden sein, so wäre dies heute im Lichte des Umstands, dass Österreich nur von der Schweiz, Liechtenstein und ansonsten ausschließlich EU- und Nato-Mitgliedsstaaten umgeben ist, sicherlich anders.

Österreich mit seinen bisherigen Rüstungsanstrengungen sei ein »Trittbrettfahrer« in der europäischen Sicherheitspolitik, diese Diskussionsbeiträge sind öfters zu hören (Schwaiger 2022). Entgegenzuhalten ist aber, selbst wenn Österreich die höchsten Anstrengungen in der Aufrüstung mit mehrjährigen Ausgaben in Höhe von z. B. 4 % des BIP, der höchste Wert in Westeuropa (Griechenland) 2022 (SIPRI milex 2024), unternähme, wäre das Bundesheer vielleicht fünf Mal stärker als heute, aber militärisch bei einem europaweiten Krieg auch weiterhin völlig unbedeutend. Überdies könnte Österreich trotz der in der Bundesverfassung verankerten Solidarität mit anderen EU-Mitgliedsstaaten (Art. 23j B-VG) im Rahmen der Mitwirkung an der Gemeinsamen Außen- und Sicherheitspolitik der Europäischen Union nicht militärisch eingreifen, weil Art. 23j Abs 1, letzter Satz B-VG für Beschlüsse des Europäischen Rates über eine gemeinsame Verteidigung dieselben verfassungsmäßigen Grenzen wie für die Neutralitätsaufhebung (Anwendung Art. 50 Abs 4 B-VG) vorsieht. Das aufgerüstete Bundesheer wäre daher für den Rest Europas keine militärische Hilfe.

Zusammengefasst lässt sich damit sagen, dass die Frage, ob Österreich »Trittbrettfahrer« in der europäischen Sicherheitspolitik ist oder nicht, für die anderen Staaten eigentlich militärisch irrelevant ist. Eine Diskussion darüber, ob Österreich mehr in die Rüstung investieren oder eher einen Abrüstungskurs fahren soll, könnte jedenfalls ernsthaft und sachlich geführt werden. Dabei könnte der Vorschlag Thirrings in seinem *Thirring-Plan* auch heute ein sinnvoller Fingerzeig sein.

Staaten ohne Militär

Sieht man sich die Liste jener Länder an, die über keinerlei Militär verfügen und scheidet man Kleinstaaten, die sich durch ein anderes Land verteidigen lassen, aus, so bleiben dabei nur folgende Länder übrig (www.laenderdaten.de 2024):

- Costa Rica
- Haiti
- Island
- Japan
- Panama

Von dieser Liste ist neben Japan (dessen Heer nennt sich einfach »Selbstverteidigungsstreitkräfte« und das Land zählt zu den bestbewaffneten Staaten in Fernostasien) auch Island (NATO-Mitgliedsstaat) zu streichen. Haiti versinkt gerade im Chaos der Bandenkriege, weshalb als ernsthafte Beispiele nur Costa Rica und Panama übrigbleiben. Bei Panama kann man argumentieren, dass die strategische Bedeutung des Panama-Kanals so wichtig ist, dass die USA wohl den Defacto-Schutz militärisch geben. Bleibt als einzig ernsthaftes Beispiel Costa Rica, welches seit 1949 ein Militär-Verbot in Friedenszeiten hat. Costa Rica hat in dieser Position seither keinerlei Probleme gehabt, die die Notwendigkeit eines Militärs indiziert hätten – eigentlich ein Musterfall für den *Thirring-Plan.*

Als leuchtendes Beispiel hat Costa Rica aber in all den Jahrzehnten nicht gewirkt, weil es – siehe oben – keine Nachahmer gefunden hat. (Vergleiche den Beitrag von Leo Gabriel in diesem Band)

Abrüstung als Instrument aktiver Außenpolitik

Welche Vorteile könnte eine Abrüstung als politisches Instrument für einen kleinen, neutralen Staat haben? Mit der durch den Ukrainekrieg verschärften geopolitischen Auseinandersetzung wäre es denkbar, Abrüstungsinitiativen als Symbol des Friedenswillens auch außenpolitisch »zu verkaufen«; ein Land, das offensichtlich zeigt, dass es keinerlei aggressive Ambitionen, auch nicht in Verbindung mit Verbündeten, hegt, hätte wahrscheinlich eine günstigere Ausgangsposition, um Friedensinitiativen auf globaler Ebene – auch zur Reduktion des Misstrauens des »globalen Südens« gegenüber hegemonialen Ansprüche westlicher Staaten – zu setzen.

Werther-Pietsch stellt richtigerweise fest, dass eine Mediationsrolle im Ukrainekonflikt für die EU wegen ihrer klaren Positionierung nicht in Frage kommt (Werther-Pietsch 2022, S. 51), umso mehr könnte es für die EU ein Vorteil sein, wenn einzelne Mitgliedsstaaten – Österreich etwa – eine andere Rolle einnehmen können, die eine partikuläre Beteiligungsakzeptanz aller Seiten für Österreich in mediativer Funktion realisieren lässt.

Ob dieser Vorteil die Nachteile, wie insbesondere den Wunsch der Mehrheit der österreichischen Bevölkerung nach einem stehenden Heer mit Wehrpflicht, was 2013 59,7 % der Wähler und Wählerinnen befürwortet haben (BMI 2013), überwiegt, muss noch ausführlich analysiert werden. Die SPÖ hat jedenfalls 2013 den Vorschlag auf Abschaffung der Wehrpflicht und Ersatz durch ein Berufsheer gemacht, und dabei in der Volksbefragung nur knapp 40 % Zuspruch erhalten.

Propagandamärchen

Erik Gornik erwähnt Hans Thirring in seiner Beurteilung der Narrative auf beiden Seiten der Kontrahenten des Kalten Krieges: Thirring bezeichnete diese als »rotes« und »weißes« Märchen wie folgt (Gornik 2021, S. 55):

> Auf die kürzeste Form gebracht, lautet das weiße Märchen so: Dauernde Koexistenz zwischen Kapitalismus und Kommunismus ist gemäß dem Wesen des Marxismus-Leninismus ausgeschlossen […]. Ferner: Da die Russen eine Abrüstung ohne Kontrolle verlangen, sind ihre Vorschläge nur ein Trick, der teils dazu dient, die Sympathie der Neutralen zu erringen, teils dazu, um im Falle des tatsächlichen Gelingens eines Vertragsabschlusses den Gegner zunächst wehrlos zu machen und dann durch Blitzkrieg zu vernichten. Dagegen erzählt das rote Märchen: Der imperialistische Kapitalismus ist unvermeidbar aggressiv, so daß eine dauernde Befriedigung der Welt nur nach seiner Liquidierung eintreten könnte. Insbesondere ist Berlin ein Brückenkopf der Nato zum Zwecke der Rückeroberung der nach dem Zweiten

> Weltkrieg verlorengegangenen deutschen Gebiete. Beiden Märchen ist das magische Denken mit der Vorstellung von Engeln und Teufeln gemeinsam: Während die eigene Seite über allen Zweifel erhaben engelsrein sei, könne man dem Gegner jede Tücke zutrauen, gegen die man mit entsprechend überlegener Stärke gerüstet sein muß.

Obwohl heute in Moskau kein Kommunismus mehr herrscht, ist diese damalige Bewertung Thirrings wohl auch heute für den überwiegenden Teil der wechselseitigen Beurteilung in West und Ost gültig. Da wir nunmehr einen heißen Krieg in der Ukraine und keinen kalten mehr haben, scheinen mir die »Märchen« auf unserer westlichen Seite und noch ärger in der russischen Propaganda noch stärker ausgeprägt als damals zu sein. Gerne würde ich dazu Hans Thirring in seiner Bewertung zur heutigen Lage hören.

Beste Wünsche für die Zukunft

Jedenfalls wünsche ich mir auch für diese Diskussionen weitsichtige Denker/innen in der Art eines Hans Thirring, um jeden »Tunnelblick« in der Frage Auf- oder Abrüstung vermeiden zu helfen.

Sicherheitspolitik kann nicht nur Verteidigungspolitik sein (Werther-Pietsch 2022, S. 55). Frieden und Abrüstung statt Krieg und Aufrüstung wünsche ich jedenfalls der gesamten Menschheit. Der Weg dorthin ist auch deshalb sehr schwierig, weil die weltweite Staatengemeinschaft sich nicht – wie in einem Rechtsstaat die Bewohner desselben – darauf einigen kann, alle Waffen abzulegen und ein gemeinsames, gerechtes Gewaltmonopol zur Verhinderung aller gewalttätigen Auseinandersetzungen zu schaffen. Eigentlich waren wir bei der Gründung der Vereinten Nationen vor rund 80 Jahren deutlich weiter.

Mir bleibt die Hoffnung, dass bei sich ändernder innenpolitischer Lage in Russland und China auf einem Weg der Demokratisierung sich eines Tages ein politisches Fenster öffnet, in dem der UN-Sicherheitsrat jener Aufgabe gerecht werden kann, für die er geschaffen wurde, nämlich als ein Instrument des Friedens und der Eindämmung von Kriegen. Wenn das eines Tages kommt, sollten wir in Österreich den *Thirring-Plan* auspacken und als Vorschlag für viele Länder dieser Erde verbreiten.

Literatur

BMI (2013): *Volksbefragung 2013.* 2013. https://www.bundeswahlen.gv.at/2013_2/ [Zugriff 30. Mai 2024].

euronews (2023): *Iron Dome: Wie funktioniert das israelische Raketenabwehrsystem?* 24. Oktober. euronews. https://de.euronews.com/next/2023/10/23/iron-dome-wie-funktioniert-das-israelische-raketenabwehrsystem [Zugriff 30. Mai 2024].

Gornik, Erik (2021): *Österreich als Testobjekt der Möglichkeit friedlicher Koexistenz.* 4. Jänner. HGM Wissensblog. https://blog.hgm.at/wp-content/uploads/2021/01/Testobjekt_Gornik.pdf [Zugriff 30. Mai 2024].

von Krause, Ulf (2022): Gescheiterte Abschreckung im Ukrainekrieg. In: *Politikum.* 8. Jahrgang (Sonderheft).

Le Monde diplomatique (1999): *Abrüstungsabkommen.* 17. 12. 1999. https://monde-diplomatique.de/artikel/!1257138 [Zugriff 30. Mai 2024].

Meier, Christian (2024): *Vergeltung sei erreicht: Iran äußert sich zu Angriff auf Israel.* 14. April. FAZ.NET. https://www.faz.net/aktuell/politik/ausland/vergeltung-sei-erreicht-iran-aeussert-sich-zu-angriff-auf-israel-19652244.html [Zugriff 30. Mai 2024].

Mijnssen, Ivo (2022): Armee Ukraine: stärker als 2014 und Russland klar unterlegen. *Neue Zürcher Zeitung.* 22. Februar. https://www.nzz.ch/international/armee-ukraine-staerker-als-2014-und-russland-klar-unterlegen-ld.1670917 [Zugriff 25. Mai 2024].

Posch, Walter (2002): *Irak unter Saddam Hussein.* https://www.bmlv.gv.at/pdf_pool/publikationen/09_ish_01_ish.pdf [Zugriff 30. Mai 2024].

Schwaiger, Rosemarie (2022): *Österreich ein Trittbrettfahrer? Ja, und das kann ruhig so bleiben. Die Presse*, 22. Mai. https://www.diepresse.com/6143116/oesterreich-ein-trittbrettfahrer-ja-und-das-kann-ruhig-so-bleiben [Zugriff 30. Mai 2024].

SIPRI milex (2024): *SIPRI Military Expenditure Database | SIPRI.* https://www.sipri.org/databases/milex [Zugriff 25. Mai 2024].

Statista (2024): *Luft-, Raketen- und Artillerieangriffe der Ukraine und Russlands 2024.*

Statista. https://de.statista.com/statistik/daten/studie/1338452/umfrage/luft-raketen-und-artillerieangriffe-der-ukraine-und-russlands/ [Zugriff 30. Mai 2024].

Statista (2016): *Schusswaffen in ausgewählten Ländern pro 100 Einwohner 2016.* https://de.statista.com/statistik/daten/studie/779895/umfrage/schusswaffen-in-ausgewaehlten-laendern-pro-100-einwohner/ [Zugriff 25. Mai 2024].

Thirring, Hans (1963): *Der Thirring-Plan.* [Online]. 1963. https://fedora.phaidra.univie.ac.at/fedora/objects/o:136469/methods/bdef:Book/view [Zugriff 25. Mai 2024].

Werther-Pietsch, Ursula (2022): Trotz alledem: Arbeiten an Europas sicherheitspolitischer Moderne. In: *Politikum.* 8. Jahrgang (Sonderheft 2022), S. 6.

Wessler, Markus (2012): *Entscheidungstheorie: Von der klassischen Spieltheorie zur Anwendung kooperativer Konzepte.* Wiesbaden: Gabler Verlag | Springer.

Wikipedia (2024a): *Deterrence theory.* https://en.wikipedia.org/w/index.php?title=Deterrence_theory&oldid=1226366274 [Zugriff 30. Mai 2024].

Wikipedia (2024b): *Tötungsrate nach Ländern.* https://de.wikipedia.org/w/index.php?title=T%C3%B6tungsrate_nach_L%C3%A4ndern&oldid=244676656 [Zugriff 25. Mai 2024].

Wikipedia (2024c): *US-Invasion in Grenada.* https://de.wikipedia.org/w/index.php?title=US-Invasion_in_Grenada&oldid=244627685 [Zugriff 30. Mai 2024].
www.laenderdaten.de (2024): *Liste von Staaten ohne Militär.* https://www.laenderdaten.de/militaer/kein_militaer.aspx [Zugriff 30. Mai 2024].
Zapf, Josef (1867): *Lied der Arbeit, Text.* https://www.dasrotewien.at/seite/lied-der-arbeit--2 [Zugriff 25. Mai 2024].

Günther Greindl

Neutralität darf nicht wehrlos sein

Als Hans Thirring seinen Plan in Jahr 1963 veröffentlichte, war ich gerade zwei Jahre lang Offizier. Als Leutnant der Pioniertruppe widmete ich mich mit Begeisterung der Ausbildung unserer jungen Soldaten. Der Thirring-Plan war für mich, als junger Offizier, schnell abgehandelt. Das Machwerk eines radikalen Pazifisten, der glaubte, Sicherheit wäre ohne Militär möglich. Es war nicht notwendig, sich näher damit zu beschäftigen, zumal der Plan auch in der Politik wenig Echo fand.

Thirring war jedoch kein radikaler Pazifist. Sein Vorschlag zur einseitigen vollständigen Abrüstung Österreichs verdeckte sein wahres Anliegen, nämlich die Gefahr eines nuklearen Schlagabtausches der beiden Supermächte zu verhindern. Thirring, der Physiker, wusste um die Zerstörungskraft der Atomwaffen. Wie real die Gefahr war, hatte sich 1962 in der Kubakrise gezeigt. Thirring verfolgte seine Idee mit wissenschaftlicher Aufrichtigkeit und bewundernswertem persönlichen Einsatz. Er selbst identifizierte in wissenschaftlicher Redlichkeit eine Reihe von Gründen als Hindernisse für seinen Plan. Die verblüffende Idee, die eigene Verteidigung aus der Hand zu geben und sie durch Verträge mit den Nachbarstaaten zu ersetzen, überragte alle anderen Überlegungen. Diese radikale Idee verschaffte dem Plan kurzfristig eine hohe Aufmerksamkeit. Sie war aber auch der Grund, warum sein Plan nie ernsthaft in Erwägung gezogen wurde.

Die Sicherheit eines Staates ruht nämlich auf drei Säulen, der *Demokratie*, der *Diplomatie* und der *Defension.* Während die Demokratie für die innere Stabilität einer Gesellschaft die besten Voraussetzungen schafft, sind Diplomatie und Defension (Verteidigung) für eine friedliche Umwelt und die äußere Sicherheit verantwortlich. Die drei Säulen ergänzen sich gegenseitig und gewährleisten im Zusammenwirken eine umfassende Sicherheit. Je stärker das Wirken jeder Säule zum Tragen kommt, desto stabiler ist die Sicherheit. Würde man jedoch eine Säule zur Gänze entfernen, würde die Struktur der Sicherheit zusammenbrechen, denn eine Struktur braucht drei Beine, um standfest zu sein. Hans Thirring glaubte, man könne als neutraler Staat, der niemanden bedroht, die Defension, die militärische Verteidigung, durch vertrauensbildende Verträge mit den Nachbarstaaten ersetzen. Das Risiko, die eigene Sicherheit in die Hände anderer zu legen, ist jedoch zu hoch. Auch die benachbarten Staaten würden einen wehrlosen Staat als Risiko einstufen. Es gäbe keine Sicherheit, dass die Wehrlosigkeit von anderen Staaten nicht zu ihrem Vorteil genutzt werden würde. Ein neutraler Staat darf keine Zone der Unsicherheit sein. Die Neutralität muss sich selber glaubwürdig schützen, wenn sie ihre Funktion im Dienste des internationalen Friedens erfüllen soll.

Die militärische Säule der Sicherheit

Der Zweck der militärischen Kräfte eines neutralen Staates ist es, das eigene Staatsgebiet zu Lande und in der Luft so zu schützen, dass es von anderen Staaten nicht zum eigenen Vorteil genutzt werden kann. Niemand wird dann behaupten können, dass andere Länder stillschweigend die neutralen Staaten verteidigen würden oder dass sie eine Zone der Unsicherheit seien. Im Gegenteil, der neutrale Staat leistet damit einen Beitrag für die Sicherheit in Europa und für die Aufrechterhaltung des internationalen Friedens. Er soll aber andererseits seine militärischen Kräfte so organisieren, dass sie niemanden bedrohen. Das Milizsystem, wie es in der Bundesverfassung vorgesehen ist, ist für den neutralen Staat das am besten geeignete Wehrsystem. Es erlaubt den Aufbau einer glaubwürdigen territorialen Verteidigung, die für einen Angriff gänzlich ungeeignet ist. Immanuel Kant hat in seinem philosophischen Entwurf *Zum ewigen Frieden* schon darauf verwiesen, dass es in einer friedlichen Welt keine stehenden Heere geben soll. Der Bürger in Uniform ist der Ausdruck des Wehrwillens einer Gesellschaft als auch Zeichen ihrer friedlichen Grundhaltung.

Ein gutes Beispiel für eine erfolgreiche Neutralität ist die Schweiz. Sie blickt auf mehr als 200 Jahre Frieden zurück und konnte sich aus zwei Weltkriegen heraushalten. Ihre Stärke besteht darin, dass sie in allen drei Säulen der Sicherheit im Spitzenfeld liegt. Österreich hat ebenfalls gute Bedingungen, seine Sicherheit selbstbestimmt zu gewährleisten. Die geostrategische Lage, die innere Stabilität und die internationale Vernetzung können sich mit der Schweiz durchaus vergleichen. Wo wir nicht mithalten können, ist auf dem Gebiet der militärischen Landesverteidigung.

Nach dem Zusammenbruch des Warschauer Paktes hat Österreich seine militärischen Fähigkeiten drastisch beschnitten. Besonders schwer wog die 2006 erfolgte Aussetzung der verpflichtenden Truppenübungen. Dieser Schritt besiegelte das Ende der Milizarmee und der von ihr getragenen Raumverteidigung, des Herzstücks der wehrhaften Neutralität. Die Raumverteidigung verkörperte die Strategie des hohen Eintrittspreises, die von der Bevölkerung als sinnvolle Strategie eines neutralen Staates verstanden wurde. Der Aufbauplan 2032 des Bundesheeres wird die gravierendsten Mängel in der Ausrüstung beseitigen. Aber was nützt die beste Ausrüstung, wenn die Soldaten fehlen? Ohne die Wiederaufnahme der Truppenübungen ist der Aufbau einer Milizarmee, die dem Gebot der Verfassung entspricht, unmöglich. Die Lösung für unsere Sicherheit liegt nämlich im Wiederaufbau einer starken Milizarmee und in der Wiederbelebung der umfassenden Landesverteidigung.

Eine besondere Herausforderung ist ohne Zweifel die Luftverteidigung, der in der modernen Kriegsführung die größte Bedeutung zukommt. Eine Verletzung unserer Neutralität in der Luft konnte Österreich mangels moderner Ausrüstung bisher kaum verhindern. Mit dem Beschluss, moderne Flugabwehrraketen anzukaufen, besitzt Österreich, neben den Eurofightern, ein wichtiges Mittel, seinen Luftraum gegen nicht genehmigte Überflüge zu verteidigen oder bedeutende Veranstaltungen gegen terroristische Angriffe mit Drohnen zu schützen. Die hohen Anforderungen zur Bedienung und Wartung dieser Geräte wird die Möglichkeiten der Milizarmee übersteigen. Das österreichische Verbundsystem von Berufs- und Milizsoldaten hat sich diesbezüglich bewährt.

Mit der Beteiligung am Sky Shield begibt sich Österreich jedoch in eine neutralitätspolitisch schwierige Situation. Sky Shield ist ein Schutzschirm der NATO, der auch die Abwehr strategischer Bedrohungen durch Raketen aus dem Weltraum umfasst. Aus neutralitätspolitischer Sicht ergeben sich viele offenen Fragen. In welcher Höhe endet die Souveränität Österreichs im Luftraum? Wie hoch ist die Bedrohung Österreichs durch strategische Raketen zu bewerten? Könnten verifizierbare Verträge zur Stationierung von Raketen in Europa das Risiko beseitigen? Wäre der Ankauf weitreichender Raketenabwehr-Systeme ohne operative Einbindung in das NATO-System überhaupt sinnvoll? Kann Sky Shield überhaupt ausreichend Schutz bieten oder ist das System nur der Beginn eines neuen Wettrüstens?

Die Kooperation mit der NATO ist seit 1995 in der Partnerschaft für Frieden (PfP) gewährleistet. Diese freiwillige Kooperation versetzt das Bundesheer in die Lage, mit den Armeen der NATO-Länder gemeinsam operieren zu können. Dadurch wird das Bundesheer zum vollwertigen Partner in internationalen Friedenseinsätzen und in der militärischen Kooperation innerhalb der EU. Der Austausch von Informationen im Bereich hybrider Bedrohungen ist ein wichtiger Beitrag für eine umfassende Sicherheitsvorsorge. Die hybriden Bedrohungen erweisen sich als neue reale Gefahren. Hybride Bedrohungen umfassen Cyberangriffe, Beeinflussung der Bevölkerung durch Falschmeldungen, Desinformation, aber auch Sabotage oder Terrorangriffe. Die Kooperation im Rahmen der Partnership for Peace ist mit dem Kernbestand der Neutralität vereinbar, da sich aus ihr keine Verpflichtungen zu militärischen Einsätzen ergeben.

Die diplomatische Säule der Sicherheit

Hans Thirring setzte in seinem Plan auf die diplomatische Säule der Sicherheit. Er war überzeugt, dass der Grundsatz des römischen Imperiums »Si vis pacem, para bellum« im Atomzeitalter nicht mehr gilt. Ein Krieg zwischen Atommächten würde das Ende der Menschheit bedeuten. Eine Atommacht darf man nicht in die Enge treiben. In der Kubakrise hat sich John F. Kennedy gegen den Krieg und für die Diplomatie entschieden. Seine Worte »Wir müssen dem Krieg ein Ende setzen, bevor er uns ein Ende setzt« sollten uns stets eine Mahnung sein. Die Atommächte, insbesondere die Veto-Mächte des Sicherheitsrates der Vereinten Nationen, tragen gemeinsam die Verantwortung, dass uns der Krieg kein Ende setzt. Diese Verantwortung verpflichtet die Atommächte, die diplomatische Säule der Sicherheit sorgsam zu pflegen. Die kooperative Sicherheit ist das Instrument, das im Atomzeitalter die Logik des Krieges ersetzen muss. Wir leben heute in einer Welt, die jede Perspektive der gemeinsamen Verantwortung für den Frieden verloren hat. Ohne eine Verständigung der Vetomächte im Sicherheitsrat kann die Diplomatie ihre Möglichkeiten zur Erhaltung des internationalen Friedens nicht entfalten.

Hans Thirring hatte den Mut, an John F. Kennedy und Nikita Sergejewitsch Chruschtschow zu schreiben und sie mit den grundsätzlichen Fragen des friedlichen Zusammenlebens der Völker zu konfrontieren. Diese Korrespondenz liest sich nach 60 Jahren so, als wäre sie heute geschrieben. Wenn Chruschtschow schreibt: »Die friedliche Koexistenz von Ländern mit verschiedener sozialer Ordnung ist eine objektive Notwendigkeit der Entwicklung der menschlichen Gesellschaft in unserer Epoche. Die Völker und Staaten haben nur eine Wahl: entweder friedliche Koexistenz und wirtschaftlicher Wettbewerb des Sozialismus und Kapitalismus, oder menschenvernichtender Kernwaffen- und Raketenkrieg«, so ist das heute wieder hoch aktuell. (Zitiert nach Gornik 2020, S. 44) Oder wenn Arthur Schlesinger im Namen Kennedys ausführt »Wir glauben an eine pluralistische Welt, an eine Welt, in der eine Vielfalt von Nationen ihre Probleme gemäß ihren eigenen Werten und Traditionen lösen wird«, so wäre das auch heute der richtige Ansatz, um für die Welt aus den Fugen wieder einen gemeinsamen Nenner zu finden. (Zitiert nach Gornik 2020, S. 54)

Die Fragen des Hans Thirring sind noch immer aktuell und harren neuer Antworten. Wäre das neutrale Österreich nicht berufen, so wie einst Hans Thirring, diese Fragen zu stellen? Österreichs Neutralität, so die offizielle Meinung, gelte im Rahmen der Gemeinsamen Außen-und Sicherheitspolitik (GASP) der EU nicht mehr. Als Österreich der EU beigetreten ist, hat das noch anders geklungen.

Neutralität in der EU

Außenminister Alois Mock hat beim Beitritt zur EU folgende Erklärung abgegeben: »Die Neutralität Österreichs ist sein spezifischer Beitrag zur Aufrechterhaltung von Frieden und Sicherheit in Europa«. (Mock 1989) Warum sollte heute nicht gelten, was damals erklärt wurde?

Die EU-Verträge erlauben einen ausreichenden Spielraum, den Kernbestand der Neutralität zu schützen. Nach Artikel 3 des EU-Vertrags ist es »das Ziel der Union, den Frieden, ihre Werte und das Wohlergehen ihrer Völker zu fördern«. Dieser Grundgedanke der EU fand beim Beitritt Österreichs die überwältigende Zustimmung unserer Bevölkerung. Die EU als Friedensprojekt war die Vision, die überzeugte. Diese Vision ist mit einer engagierten Neutralitätspolitik durchaus vereinbar. Das Ziel der EU soll gefördert und nicht mit Gewalt verwirklicht werden. Die neutrale Haltung

Österreichs könnte sogar nützlich sein, weil sie der einseitigen Beurteilung von Sachverhalten entgegen wirken könnte. Sie wäre jener spezifische Beitrag zur GASP, den Alois Mock in seiner Erklärung angesprochen hat.

Der Artikel 21 des EU-Vertrages (Vertrag 2012) beschreibt die allgemeinen Bestimmungen des auswärtigen Handelns der EU. Der Artikel eröffnet zwar ein weites Feld der Interpretation, das aber doch die Absicht erkennen lässt, Streitigkeiten mit friedlichen Mitteln und im Einklang mit den Prinzipien der Vereinten Nationen und des Völkerrechts zu lösen. Für diese Leitlinie innerhalb der EU zu kämpfen und Verbündete zu suchen, wäre eine lohnende Aufgabe engagierter Neutralitätspolitik.

Die Beistandspflicht nach Artikel 42/7 ist ebenfalls mit der Neutralität vereinbar. Sie lässt mit der sogenannten »irischen Klausel« den besonderen Charakter der Sicherheits- und Verteidigungspolitik bestimmter Mitgliedstaaten unberührt. Österreich kann daher selbst entscheiden, wie es seine Beistandsverpflichtung erfüllt. Auch die Änderung der österreichischen Bundesverfassung durch die Einfügung des Art. 23j, der die Mitwirkung an der GASP (Gemeinsame Außen- und Sicherheitspolitik der EU) regelt, sieht keine Verpflichtung zur Teilnahme an militärischen Einsätzen vor. Die Entsendung von Truppen in das Ausland bedarf nach wie vor der Zustimmung des Hauptausschusses des Nationalrates, die ohne Mandat des UN-Sicherheitsrates wohl kaum erfolgen wird.

Schließlich bliebe noch als letztes Mittel, Beschlüsse der GASP durch ein Veto zu verhindern. Für ein Veto bräuchte es jedoch triftige Gründe, die lebenswichtige nationale Interessen berühren und den Kernbestand der Neutralität betreffen. Ein Veto birgt die Gefahr der Isolation und würde zu politischen Problemen führen. Österreich kann sich der Stimme enthalten, wenn Beschlüsse der GASP mit der Neutralität unvereinbar sind. So steht man dem Vorgehen der EU nicht im Wege und kann das eigene Vorgehen selbst bestimmen. Veto und konstruktive Enthaltung der Stimme sollten jedoch nicht erforderlich sein. Solange sich die GASP im Geist des EU-Vertrags bewegt und die Grundsätze der Vereinten Nationen und des Völkerrechts achtet, kann Österreich allen Beschlüssen ohne Vorbehalt zustimmen.

Was bleibt vom Thirring-Plan?

Die größte Inspiration und das bleibende Vermächtnis seines Planes ist sein unerschütterlicher Glaube an die Vernunft, an den Willen der Völker zum Frieden. Hans Thirring war überzeugt, dass Frieden nur möglich ist, wenn es zu einem Ausgleich der Interessen zwischen den Atommächten kommt. Er wusste um die Wichtigkeit des Dialogs auf Augenhöhe. Er ergriff die Initiative, weil es oft eines Vermittlers bedarf, um zwischen verfeindeten Mächten den Dialog zu ermöglichen. Heute ist die Welt wieder aus den Fugen, weil das Misstrauen, das Missverständnis und die Verweigerung des Dialogs die Politik beherrschen. Wer spricht heute in Europa noch von Frieden? Warum wir wieder in Feindbildern denken, warum wir Kriege nicht vermeiden konnten, wird die historische Forschung noch lange beschäftigen. Der Krieg ist die Fortsetzung der Politik mit anderen Mitteln, so Clausewitz in seinem Werk *Vom Kriege*. Es ist die Kunst der Politik, den Zeitpunkt zu erkennen, an dem die »anderen Mittel« erschöpft sind. Wer wagt es in Europa, diesen Zeitpunkt zu benennen?

Das Friedensprojekt EU ist im Kielwasser der NATO-neu auf einem geopolitischen Irrweg, der Europa womöglich zum dritten Mal in etwas mehr als einem Jahrhundert in ein Schlachtfeld verwandelt. Der Krieg in der Ukraine ändert nichts daran, dass die EU und Russland Nachbarn sind, die auf demselben Kontinent leben. Diese geopolitische Konstante bleibt der Angelpunkt für eine europäische Sicherheitsarchitektur und einen dauerhaften Frieden in Europa. Die Aufgabe, die bewältigt werden muss, ist die Wiederherstellung einer kooperativen Sicherheitsordnung, so wie sie in der Organisation für Sicherheit und Zusammenarbeit in Europa (OSZE) bereits angelegt war. Das geht nicht ohne Dialog mit Russland, der in der Vergangenheit erfolgreich war und zu den »Helsinki-Schlussakten« sowie zur Gründung der OSZE geführt hat.

Es wird eine schwierige Aufgabe, in Europa neues Vertrauen aufzubauen. Die OSZE, in der 57 Staaten eine Stimme haben, ist die geeignete Organisation, eine Friedenskonferenz am Sitz der OSZE, in Wien, unter Einbeziehung Chinas, auf den Weg zu bringen. Wien war schon einmal Gastgeber einer europäischen Friedenskonferenz. Es war der Weitblick des österreichischen Außenministers Clemens Fürst von Metternich, der den Wiener

Kongress 1815 zum Erfolg führte. Seine Diplomatie war nicht auf den kurzfristigen Erfolg gerichtet, sondern hatte immer auch die Konsequenzen in der Zukunft im Auge. Sein Ziel war eine stabile Friedensordnung, die er nur im Ausgleich der Interessen und in der Machtbalance zwischen den Großmächten für erreichbar hielt. Das Ergebnis war eine multipolare europäische Ordnung, die Europa 100 Jahre Frieden brachte.

Diese diplomatische Idee, die den Gegensatz zwischen den Machtmonopolen auflöst und ihn in eine gemeinsame Verantwortung für die Sicherheit einbindet, hat nichts von ihrer Gültigkeit verloren. Wer könnte die Idee einer Friedenskonferenz der OSZE besser ins Spiel bringen als die neutralen Staaten, die sich alle der aktiven Friedenspolitik verschrieben haben? Malta als Vorsitz, Österreich als Sitzstaat, gemeinsam mit der Schweiz und Irland, wären eine unüberhörbare Stimme. Hans Thirring würde Österreich dazu drängen, diese Initiative zu ergreifen. Wahrscheinlich hätte er, unabhängig davon, schon längst begonnen Briefe zu schreiben.

Literatur

Bundes-Verfassungsgesetz (2024). Bundesrecht konsolidiert: Gesamte Rechtsvorschrift für Bundes-Verfassungsgesetz, Fassung vom 18.05.2024. https://www.ris.bka.gv.at/GeltendeFassung.wxe?Abfrage=Bundesnormen&Gesetzesnummer=10000138

Gornik, Erik (2020): Österreich als Testobjekt der Möglichkeit friedlicher Koexistenz: Der »Thirring-Plan«. In: *Viribus Unitis* 2019: Jahresbericht Heeresgeschichtliches Museum Wien, Wien, S. 30–72.

Mock, Alois (1989): *Erklärung von BMA Dr. Alois Mock anläßlich der Überreichung der österreichischen Beitrittsansuchen am 17.7.1989.* https://www.uibk.ac.at/zeitgeschichte/zis/library/oesterreich-und-die-europaische-integration-dokumente-teil-3.html [18.5.2024]

Vertrag über die Europäische Union (Konsolidierte Fassung) (2012). Amtsblatt der Europäischen Union C 326/13. https://eur-lex.europa.eu/resource.html?uri=cellar:2bf140bf-a3f8-4ab2-b506-fd71826e6da6.0020.02/DOC_1&format=PDF

Karin Liebhart

Ende der Diskussion? Ambivalenzen der österreichischen Neutralitätsdiskurse

Laut einer Umfrage des Österreichischen Gallup-Instituts vom Februar 2024 sind 74 % der Österreicher:innen der Meinung, die Bewahrung der Neutralität sei für die Sicherheit des Landes besser als ein NATO-Beitritt. Im Jahr 2022 waren es 71 %. Nur 14 % (im Vergleich zu 16 % 2022) sprechen sich gegenwärtig für einen Beitritt zu diesem Militärbündnis aus. Zwar ist die Neutralitätsbegeisterung aktuell mit 86 % unter FPÖ-Anhänger:innen am größten und generell eher bei über 30jährigen und noch stärker bei über 50jährigen verbreitet, prinzipiell gilt die Zustimmung zur Neutralität aber für alle Bevölkerungsgruppen (Das Österreichische Gallup-Institut GmbH 2024, Das Österreichische Gallup-Institut GmbH/Gallup Schweiz 2022).

Eine deutliche Mehrheit von 69 % unterstützte im Jahr 2022 zudem die im Rahmen des österreichischen Modells der bewaffneten Neutralität geforderte militärische Verteidigungsfähigkeit des Landes. Zugleich hielten 78 % der Befragten Österreich bzw. das österreichische Bundesheer im Fall eines militärischen Angriffs aber nicht für ausreichend gerüstet, die Neutralität schützen zu können. Für eine Erhöhung des Militärbudgets sprachen sich dennoch nur 49 % der Befragten aus, 35 % waren dagegen (ebd.). 2024 meinen 75 % der Befragten, Österreich könne sich nicht wirklich verteidigen, aber nur 42 % stimmen einer Erhöhung der Verteidigungsausgaben zu, 39 % lehnen diese ab. Die Zahlen aus den beiden Vergleichsjahren verweisen auf eine Ambivalenz, wenn nicht Widersprüchlichkeit des Meinungsbildes: Mehrheitlich die Neutralität notfalls mit Waffengewalt verteidigen zu wollen, das Land aber gleichzeitig als nicht verteidigungsfähig einzuschätzen, und dennoch keine deutlichere Präferenz für höhere Verteidigungsausgaben zu zeigen, ist logisch nicht ganz konsistent.

Erklären lässt sich dieses ambivalente Meinungsbild wohl auch damit, dass die in den Staatsvertragsverhandlungen von den Alliierten geforderte und vom Nationalrat daraufhin beschlossene österreichische Neutralität über die Jahrzehnte der Zweiten Republik hinweg im öffentlichen Diskurs meist nicht aus einer Perspektive völkerrechtlicher Verpflichtungen inklusive deren Vorleistungen betrachtet, sondern mit einer Reihe anderer Deutungen aufgeladen wurde.

So spielte die österreichische Neutralität von Beginn an eine wichtige Rolle im Prozess der Identitätskonstruktion der Zweiten Republik (vgl. Stourzh 1990). Seit dem Ende der Besatzungszeit 1955 gilt sie als endgültige Bekräftigung der 1945 erfolgten erfolgreichen Neugründung Österreichs und der zehn Jahre später wieder erlangten vollen Souveränität (vgl. Portisch/Riff 1993). Jahrzehntelang wurde die Neutralität dementsprechend als Symbol nationaler Eigenständigkeit und positiv konnotiertes Identifikationsangebot durch den politischen, medialen und pädagogischen Diskurs fest im kollektiven Gedächtnis Österreichs verankert und damit zum »unverzichtbare(n) Bestandteil der österreichischen Staatsidee« (Der Standard, 19.08.1999). Innenpolitisch entwickelte sich die Neutralität zu einem probaten Mittel der »Weckung staatstragenden Bewusstseins« (Prisching 1995, S. 72). Mit steigender Zustimmung zur österreichischen Nation und steigendem Österreichbewusstsein hat die Neutralität im Laufe der Zweiten Republik stetig an identitätsstiftender Bedeutung gewonnen.

1955 war die immerwährende Neutralität keineswegs ein unbezwingbares Bedürfnis der österreichischen Bevölkerung gewesen. Sie wurde jedoch im Laufe der Zeit zu des österreichischen Volkes liebstem Kind (Klenner 1992, S. 13).

Anfang der 1990er Jahre zählte sie – neben der österreichischen Landschaft – mit 87 % zu den bevorzugten Objekten des österreichischen Nationalstolzes (Bruckmüller 1994, vgl. auch SWS-Meinungsprofile 1991a und 1991b). Für die Mehrzahl der Österreicher:innen war die Neutralität nicht nur ein friedenserhaltendes Allheilmittel und eine Art Versicherung gegen die Zumutungen der internationalen Politik.

Die Bewährung der aktiven Neutralitätspolitik in der Phase des Kalten Krieges hat zu der Annahme verleitet, dass Neutralität auch für alle Zukunft Sicherheit gegenüber Unbilden von außen gewährleistet (Klenner 1992, S. 13). Sie wurde darüber hinaus zum generellen Erfolgsrezept stilisiert, als Synonym für »Österreichs way of life« (Angerer 1995, S. 125) bestimmte sie über Jahrzehnte wesentlich das nationale Selbstverständnis der Zweiten Republik:

> Nach der Besetzung durch den Nationalsozialismus, nach Ständestaat und Bürgerkrieg, nach dem Staat den keiner wollte, den Wirtschaftskrisen und dem Zusammenbruch war unter der Ägide der österreichischen Neutralität aus diesem Land alles das geworden, was der Österreicher schätzt: eine Demokratie, ein reiches Land, ein Land mit gerechter Sozialordnung, mit Freiheit, auf europäischem Standard (Khol 1990).

Zwar propagierte der sozialdemokratische Bundeskanzler Bruno Kreisky in den 1970er Jahren eine auch international wahrgenommene und geachtete »aktive Neutralitätspolitik« (vgl. Höll 1994, Kramer 1997) als außenpolitische Leitlinie (Hummer 1996). Die »aktive Neutralitätspolitik« wurde zur außenpolitischen Basis des von der Regierung Kreisky konzipierten »österreichischen Weges« und prägte das Image Österreichs als »Insel der Seligen«. Das offizielle nationale Selbstbild sah den österreichischen Staat in einer aktiven Rolle als diplomatischen Vermittler und idealen Gastgeber für internationale Verhandlungen (Bischof/Pelinka/Rathkolb 1994, Gallouët 2024).

Von der österreichischen Bevölkerung wurde die Neutralität dennoch weiterhin vor allem als permanente Unparteilichkeit verstanden (Pelinka 1994, S. 172). Manfred Rotter (1990, S. 10) beschrieb dies folgendermaßen:

> Der eigentliche Sinn der dauernden Neutralität Österreichs besteht darin, nicht in Konflikte oder gar Kriege anderer Staaten hineingezogen zu werden, mit denen wir nichts zu tun haben.

Diese Perspektive dominiert die Interpretation der nach dem Vorbild der Schweiz erklärten österreichischen Neutralität seit ihrem Inkrafttreten 1955 (vgl. Hummer 1996). Aus der Perspektive der österreichischen Bevölkerung und jener vieler Repräsentant:innen der Zweiten Republik wurde die Neutralität vorrangig eben nicht als ein Mittel aktiver österreichischer Außenpolitik gesehen, sondern als Garantie, dass man in Ruhe gelassen wird, wie der Journalist Hans Rauscher 1999 in der Tageszeitung *Der Standard* feststellte:

> Tatsächlich versteht ja die große Mehrheit »Neutralität« nur so, dass wir unsere Ruh' haben wollen, aber im Ernstfall vertrauen, dass uns schon wer helfen wird (…).

Andrea Fronaschütz, Leiterin des Österreichischen Gallup-Instituts, beschreibt dieses Phänomen ähnlich, wenn sie von der Wahrnehmung der Neutralität »als eine Art Schutzschild« spricht. Die Bürger:innen würden sehr wohl wissen, dass es mit der Verteidigungsfähigkeit im Ernstfall nicht weit her sei,

> (a)llerdings hofft man, dass es nicht zum Ernstfall kommen wird, solange Österreich neutral ist. Eine klare Positionierung in internationalen Konflikten oder die Teilnahme an Wirtschaftssanktionen werden als potenzielle Gefährdung der Neutralität und daher mehrheitlich kritisch beurteilt (Das Österreichische Gallup-Institut GmbH/Gallup Schweiz 2022).

War die Neutralität schon traditionell mehr mit dem Wunsch verbunden, sich aus internationalen Konflikten möglichst herauszuhalten bzw. von diesen unbehelligt zu bleiben, hat sich dieser Wunsch seit dem kriegerischen Angriff Russlands auf die Ukraine sogar noch verstärkt und bezieht sich nicht nur auf militärische Neutralität. Mit 46 % ist die österreichische Bevölkerung 2024 noch weniger als 2022 (54 %) damit einverstanden, dass sich Österreich als neutraler Staat an Wirtschaftssanktionen gegen kriegführende Staaten beteiligt (Das Österreichische Gallup-Institut GmbH/Gallup Schweiz 2022, Das Österreichische Gallup-Institut GmbH 2024). Bereits die Kriegssituation in den Nachfolgestaaten des ehemaligen Jugoslawien hatte dazu geführt, dass die Zustimmung der Österreicher:innen zur Neutralität – interpretiert als Garantie, sich nicht an internationalen Konflikten beteiligen zu müssen – angestiegen war. Waren laut Umfragedaten des Spectra-Instituts vor dem Kosovokrieg 57 % der Österreicher:innen der Meinung, die Neutralität sollte aufrechterhalten bleiben, stieg der Prozentsatz unter dem Eindruck des Krieges auf 68 % im Juni 1999. Im Einklang damit sank der Anteil der Befürworter:innen eines NATO-Beitritts: 56 % der Befragten lehnten diesen ab. Wenige Monate früher, unmittelbar vor Beginn der NATO-Bombardements auf Belgrad, hatten sich nur 39 % gegen einen NATO-Beitritt Österreichs ausgesprochen (Der Standard 11.06.1999). Die Neutralität als Versicherung gegen die Involvierung Österreichs in europa- und weltpolitische Konflikte und Kriege – diese Sichtweise scheint die Interpretation des neutralen Status mit wenigen Ausnahmen über Jahrzehnte hinweg und bis heute bestimmt zu haben.

Allerdings hat die Dynamisierung der politischen Landschaft Europas in der Folge der Systemwechsel des Jahres 1989, des Endes der Blockgrenzen und schließlich des Zerfalls des sowjetischen Imperiums das neutrale Österreich in eine außenpolitische Orientierungskrise geführt.[26] Der mit dem Fall des Eisernen Vorhangs einhergehende Verlust der Sonderrolle Österreichs als neutraler Staat zwischen den Blöcken (Reinprecht 1995, S. 341) erforderte eine Auseinandersetzung mit Optionen und Rahmenbedingungen für eine Neugestaltung der Rolle Österreichs im Rahmen einer neuen europäischen Sicherheitsarchitektur (vgl. Senn 2023). Die politische und mediale Diskussion darüber, inwiefern eine Teilnahme Österreichs in welcher Form an einer neuen EU-Sicherheitsarchitektur sinnvoll oder notwendig und wie dies mit dem neutralen Status des Landes vereinbar sei, wurde seit Beginn der 1990er Jahre mehrmals wiederaufgenommen und einmal mehr, einmal weniger intensiv geführt.

Was alle diese Debatten über die Notwendigkeit einer neutralitätspolitischen Neupositionierung im Rahmen eines geänderten europäischen Umfelds gemeinsam haben, ist, dass sie nur zu einem geringen Teil von rationalen Argumenten geprägt waren. Vielmehr bestimmten in den meisten Fällen Emotionen, Beschwichtigungsfloskeln und Rücksichtnahme auf die Sichtweise einer konstant deutlich neutralitätsfreundlichen Mehrheit der österreichischen Bevölkerung entsprechende politische Diskussionsbeiträge. Eine mögliche Aufgabe der österreichischen Neutralität stand wegen ihrer identitätsstiftenden Bedeutung bis in die 1990er Jahre keineswegs im Vordergrund der Debatte. Aufgrund ihrer hohen Akzeptanz in der Bevölkerung war die österreichische Neutralität in den Augen vieler Politiker:innen mit einem wirksamen Tabu belegt (Pelinka/Schaller/Luif 1994, S. 173). Dass die populäre Neutralität durch die Integration Österreichs in die Europäische Union keineswegs gefährdet sei, wurde gegenüber der österreichischen

26 Die Frage einer Neuinterpretation der österreichischen Neutralität stellte sich jedoch nicht erst mit dem Beitritt Österreichs zur Europäischen Union 1995. Bruno Kreisky (1996, S. 171) bemerkte, dass die Zweite Republik sehr bald eine österreichische Neutralitätsvariante »irgendwo zwischen der immerwährenden Neutralität der Schweiz und der Allianzfreiheit Schwedens« entwickelte. Diese Deutung der neutralen Rolle und der damit verknüpften Aufgabe manifestierte sich in der humanitären Hilfe Österreichs für die aufgrund der Niederschlagung der ungarischen Revolution von 1956 nach Österreich geflüchteten Ungar:innen oder 1968 nach dem durch die Invasion der Warschauer Pakt-Truppen gewaltsam herbeigeführten Ende des Prager Frühlings.

Öffentlichkeit daher immer wieder betont, etwa im Vorfeld der Wahlen zum EU-Parlament 1999. Obwohl die Neutralität Österreichs keine Frage darstellt, die im EU-Parlament behandelt wird, warb die Sozialdemokratische Partei mit dem Slogan »Neutralität sichern« um Wähler:innen (Profil, 31.05.1999, S. 27). Die Grünen inserierten »Neutralität braucht Verteidiger«. Beide Parteien setzten damit auf ein mehrheitsfähiges Thema.

Erstmals von einer österreichischen Bundesregierung offen zur Disposition gestellt wurde die Neutralität durch die ÖVP-FPÖ-Regierungskoalition im Jahr 2000, die diese durch das Konzept der Bündnisfreiheit im Fall von Konflikten und Kriegen außerhalb der EU ersetzen und einen »intensivierten Dialog« mit der NATO beginnen wollte (Der Standard, 23.08.2000 und 20.12.2000).[27] Der Verfassungsrechtler Manfried Welan charakterisierte diese Vorgehensweise mit den Worten: »Wir (…) praktizieren eine ›Natrolität‹« (Pelinka/Welan 2000, S. 117).

Damit ist in ironischer Weise so ziemlich das Gegenteil dessen angesprochen, was der Physiker und Friedensaktivist Hans Thirring in seinem visionären Konzept 1963 angesichts der atomaren Bedrohung vorgeschlagen hat. Der von ihm entworfene Plan war zur Zeit seiner Konzipierung so utopisch wie heute und seine Umsetzung aus »realpolitischer Perspektive« schon damals mehr als unwahrscheinlich, obwohl Thirring viele rationale Argumente anführte. Thirring schlug vor, Österreich solle in einer Hochphase des Kalten Krieges und eines drohenden Atomkriegs sein Bundesheer auflösen, um international ein deutliches friedenspolitisches Signal zu setzen (vgl. Wintersteiner 2023, S. 37). Im Vergleich mit einigen anderen neutralen Staaten schien Thirring Österreich besonders geeignet, einen solchen Schritt zu setzen. Er führte dafür die folgenden Argumente an: kein Nachbarstaat würde irgendwelche Gebietsansprüche auf österreichisches Territorium stellen, das österreichische Bundesheer sei schwach und aus Gründen fehlender Finanzmittel sei auch nicht zu erwarten, dass es eine wesentliche Stärkung erfahren würde (ebda, S. 38). Thirrings Idee, Österreich könnte durch die von ihm vorgeschlagene starke vertrauensbildende Maßnahme einen »entscheidenden mutigen Schritt tu(n) von

27 Auf den Unterschied zwischen Bündnisfreiheit und Neutralität verwies in diesem Zusammenhang Nationalratspräsident Heinz Fischer: die Neutralität sei völkerrechtlich verankert, die Bündnisfreiheit eine politische Absichtserklärung einer Regierung (Der Standard, 10./11. Februar 2001).

selbst mit der Abrüstung anzufangen« und so der Welt ein Beispiel geben, wie »der Zirkel von gegenseitiger Drohung und Furcht« zu durchbrechen sei (Thirring 1963, S. 23), stieß Mitte der 1960er Jahre nur auf wenig positive Resonanz. Die damalige Bundesregierung mit Außenminister Bruno Kreisky sowie Bundespräsident Adolf Schärf konnte Thirrings Vorschlag nichts abgewinnen und berief sich stattdessen auf die außenpolitische Leitlinie einer bewaffneten Neutralität (Wintersteiner 2023, S. 38). Vereinzelte Zustimmung gab es nur von Friedensbewegten, von der Gewerkschaftsjugend und von sehr wenigen Politikern der SPÖ und der ÖVP. Der Thirring-Plan inspirierte zwar noch das Volksbegehren zur Abschaffung des Bundesheeres 1969 (ebda), weiter wurde er jedoch in Österreich nicht verfolgt.

Genauso unwahrscheinlich ist es heute, dass Thirrings Idee der unbedingten Notwendigkeit einer allgemeinen Abrüstung und einer Avantgarde, die dafür ein Exempel setzt, realistische Umsetzungschancen hat. Das ändert aber nichts daran, dass seine Vision einer friedlicheren Welt und möglicher Wege dorthin auch in Zeiten einer neuen Konjunktur der »Securitization« sämtlicher Politikbereiche noch immer fasziniert. Die von Thirring erdachte Initiative hätte gerade vor dem Hintergrund einer akuten Kriegssituation in Europa, einer sich aufwärts bewegenden Spirale von Kriegsrhetorik und Aufrüstung und einer Verdichtung von Droh- und Bedrohungsszenarien eine starke Signalwirkung, die der europäischen und internationalen Debatte einen neuen Impuls geben könnte.

Noch unwahrscheinlicher ist es, dass Österreich eine Vorreiterrolle in dieser Hinsicht spielen könnte. Dazu wäre es zuallererst notwendig, dass an einer aktiven Friedens- und Außenpolitik Österreichs seitens der politischen Eliten überhaupt Interesse bestünde. Von einer solchen aktiven Rolle hat sich die Zweite Republik allerdings schon seit längerem tendenziell verabschiedet. Aktive friedensstiftende Neutralitätspolitik, wie etwa während der Ära Kreisky, steht derzeit nicht am Plan. Die politische und mediale Debatte in Österreich fokussiert mittlerweile nahezu ausschließlich auf nationale Sicherheitsbedürfnisse. Die Politologin Lauren Gallouët (2024, S. 6) verweist in diesem Zusammenhang auf das in den 2010er Jahren entstandene Konzept der »interessengeleiteten Neutralität«, das sie wie folgt charakterisiert:

> Dieser Begriff, den man durch das Motto »Austria first« zusammenfassen könnte, besteht darin, die nationalen Sicherheitsinteressen eindeutig hervorzuheben, was supranationale Interessen in den Hintergrund rückt.

Die österreichische Bundesregierung zeigt sich aktuell in Hinblick auf die Erfordernisse der Neutralität zudem wieder einmal wenig konsequent. Das hauptsächlich von NATO-Staaten initiierte Luftraumverteidigungssystem Sky Shield wurde von der Bundesregierung als Neutralitäts-kompatibel bewertet. In der europäischen Debatte um die Räumung von Minen in der Ukraine verweigerte die österreichische Regierung hingegen eine auch von Bundespräsident Alexander Van der Bellen unterstützte Zusammenarbeit und die Entsendung von österreichischen Spezialist:innen. Das Bundesministerium für Landesverteidigung argumentierte in Widerspruch zu mehreren Expert:innen, es sei nicht möglich, »zwischen einer humanitären und einer militärischen Entminung zu unterscheiden«. Bundeskanzler Karl Nehammer erklärte im Frühjahr 2023 generell ein Ende der Diskussion um etwaige neutralitätspolitische Problematiken:

> Österreich war neutral, ist neutral und bleibt neutral. Für mich ist die Diskussion damit beendet (vgl. Bayer 2023a und 2023b).

Eine differenzierte öffentliche Diskussion über die gegenwärtige Rolle und die friedens- und sicherheitspolitischen Potenziale, aber auch Begrenzungen der österreichischen Neutralität wäre jedoch wünschenswert (vgl. Galouët 2024, S. 7). Sie könnte die reflexartigen politischen Statements pro und contra Neutralität ersetzen, die entsprechende Debatten bislang meist bestimmen. Das wäre nicht das, was Thirring sich für Österreichs internationale Rolle vorgestellt hat, aber zumindest einmal ein erster Schritt auf dem langen Weg hin zu einer österreichischen Außenpolitik, die sich (wieder) als aktive Friedenspolitik versteht.[28]

28 Dafür gäbe es auch Zustimmung in der österreichischen Bevölkerung. Im Jahr 2022 waren 78 % der Österreicher:innen der Meinung, ein neutraler Staat sollte aktive Friedenspolitik betreiben und als Vermittler in internationalen Konflikten auftreten (Das Österreichische Gallup-Institut GmbH/Gallup Schweiz 2022).

Literatur

Angerer, Thomas (1996): Österreichische Souveränitätsvorstellungen und Europäische Integration: Mentalitätsgeschichtliche Grenzen der österreichischen Integrationspolitik. In: Ardelt, Rudolf G./ Gerbel, Christian (Hg.): *Österreichischer Zeitgeschichtetag 1995. Österreich – 50 Jahre Zweite Republik.* Innsbruck-Wien: StudienVerlag, S. 124–127.

Bayer, Florian (2023a): Note Mangelhaft für Österreichs Neutralitätspolitik. *Wiener Zeitung.* 01.07.2023. https://www.wienerzeitung.at/a/note-mangelhaft-fuer-oesterreichs-neutralitaetspolitik.

Bayer, Florian (2023b): Neutralität in Europa: Auslauf- oder Zukunftsmodell? *Wiener Zeitung.* 21.08.2023. https://www.wienerzeitung.at/a/neutralitaet-in-europa-auslauf-oder-zukunftsmodell.

Bischof, Günter/Pelinka, Anton/ Rathkolb, Oliver (ed.) (1994): *The Kreisky Era in Austria. Contemporary Austrian Studies Volume 2.* New Brunswick-London: Taylor & Francis.

Bruckmüller, Ernst (1994): *Österreichbewußtsein im Wandel. Identität und Selbstverständnis in den 90er Jahren.* Schriftenreihe des Zentrums für angewandte Politikforschung, Bd. 4. Wien.

Das Österreichische Gallup-Institut GmbH (2024): *Neutralität: Die Hoffnung, dass alles gut wird.* 14.03.2024. https://www.gallup.at/de/unternehmen/studien/2024/neutralitaet-die-hoffnung-dass-alles-gut-wird/ [abgerufen 08.08.2024]

Das Österreichische Gallup-Institut GmbH/Gallup Schweiz (2022): *Zwei-Länder-Umfrage zum Thema Neutralität: Österreich und Schweiz.* 02.06.2022. https://www.gallup.at/fileadmin/documents/PDF/marktstudien/2022/Gallup_PA_Umfrage_zum_Thema_Neutralitaet_Oesterreich_und_Schweiz_02062022.pdf [abgerufen 16.08.2024]

Der Standard (1999): Umfrage des Spectra-Instituts, N: 1000. 11.06.1999/

Der Standard, 19.08.1999

Der Standard 23.08.2000

Der Standard 20.12.2000

Gallouët, Laure (2024): Wie glaubwürdig ist die österreichische Neutralität? In: *Österreichische Zeitschrift für Politikwissenschaft,* Volume 53/Special Issue: Zustand und Zukunft der österreichischen Neutralität. Eine Auseinandersetzung, S. 1–8.

Höll, Otmar (1994): The Foreign Policy of the Kreisky Era. In: Bischof, Günter/ Pelinka, Anton/Rathkolb, Oliver (ed.): *The Kreisky Era in Austria. Contemporary Austrian Studies Volume 2.* New Brunswick-London: Taylor & Francis, S. 32–77.

http://www.news.at/format/ausgaben/199917/stories/0100.asp

Hummer, Waldemar (1996): Völkerrechtliche Aspekte des österreichischen Beitritts zur EU: Das vorläufige Ende von 50 Jahren Integrationspolitik. In: Rothacher, Albrecht/ Zemanek, Markus/Hargassner, Wolfgang (Hg.): *Österreichs europäische Zukunft. Analysen und Perspektiven.* Wien: Signum, S. 11–49.

Khol, Andreas (1990): Staatsvertrag und Neutralität. Wegweiser an neuen Kreuzungen. In: *Österreichische Monatshefte,* 46, Nr. 7, S. 33–36.

Klenner, Fritz (1992): Immerwährend neutral? In: *Zukunft* 10, S. 10–13.

Kramer, Helmut (1997): Strukturentwicklung der Außenpolitik (1945–1996). In: Dachs,

Herbert et al. (Hg.): *Handbuch des politischen Systems Österreichs. Die Zweite Republik.* Wien: Manz, S. 715–739.
Kreisky, Bruno (1996): *Der Mensch im Mittelpunkt. Der Memoiren dritter Teil.* Herausgegeben von Oliver Rathkolb, Johannes Kunz und Margit Schmidt. Wien.
Pelinka, Anton (1994): Introduction to »Forum. After the Central European Revolution of 1989: The Contemporary Meaning of Austrian Neutrality«. In: Bischof, Günter/Pelinka, Anton/Rathkolb, Oliver (Hg.): *The Kreisky Era in Austria. Contemporary Austrian Studies Volume 2.* New Brunswick-London: Taylor & Francis, S. 172–174.
Pelinka, Anton/Schaller, Christian/Luif, Paul (1994): *Ausweg EG? Innenpolitische Motive einer außenpolitischen Umorientierung.* Wien: Böhlau.
Pelinka, Anton/Welan, Manfried (2000): *Austria revisited: Demokratie und Verfassung in Österreich.* Wien: facultas.
Portisch, Hugo/Riff, Sepp (1993): *Österreich II. Band 4. Der lange Weg zur Freiheit.* Wien: Kremayr & Scheriau.
Prisching, Manfred (1995): Geschichten vom Erfolg und vom Versagen. In: Hochschülerschaft an der Technischen Universität Wien (Hg.): *VorSätze-NachSätze. Diskurs über die Republik.* Klagenfurt-Salzburg: Wieser, S. 67–90.
Profil, 31.05.1999.
Reinprecht, Christoph (1995): Österreich und der Umbruch in Osteuropa. In: Sieder, Reinhard/Steinert, Heinz/Tálos, Emmerich (Hg.): *Österreich 1945–1995. Gesellschaft-Politik-Kultur.* Wien: Verlag für Gesellschaftskritik, S. 341–353.
Rotter, Manfred (1990): Unter Wahrung der Neutralität. In: *Zukunft* 1, S. 5–11.
Senn, Martin (Hg.) (2023): *Handbuch Außenpolitik Österreichs.* Wiesbaden: Springer VS.
Stourzh, Gerald (1990): *Vom Reich zur Republik. Studien zum Österreichbewußtsein im 20. Jahrhundert.* Wien: Edition Atelier.
SWS-Meinungsprofile (1991a): Der Wert der Neutralität in der Meinung der Österreicher. In: *SWS-Rundschau* 31. Jg., 2, S. 231–238.
SWS-Meinungsprofile (1991b): Neutralität – ein österreichischer Mythos? In: *SWS-Rundschau,* 31. Jg., 4, S. 535–542.
Thirring, Hans (1963): *Mehr Sicherheit ohne Waffen. Denkschrift an das österreichische Volk und seine gewählten Vertreter.* Wien: Jugend und Volk.
Wintersteiner, Werner (2023): Vor 60 Jahren. Der Thirring Plan und seine aktuelle Bedeutung. In: *International* V, S. 35–39.

Ewa Ernst-Dziedzic

Frieden – nicht nur eine Frage der Sicherheit

> Wenn Krieg das Scheitern der Diplomatie ist, dann ist die Diplomatie, sowohl die bilaterale als auch die multilaterale, unsere erste Verteidigungslinie. Die Welt gibt heute Milliarden aus, um sich auf einen Krieg vorzubereiten; Sollten wir nicht ein oder zwei Milliarden ausgeben, um uns auf den Frieden vorzubereiten?
>
> Kofi Annan, ehemaliger UN-Generalsekretär[29]

Einleitung und Kontextualisierung

Die Weltlage ist mehr als besorgniserregend. Zahlreiche weitreichende Entwicklungen, multiple Krisen, die Erosion des Menschenrechtssystems und zuletzt der völkerrechtswidrige russische Angriffskrieg gegen die Ukraine haben die europäische und internationale Sicherheitsarchitektur sowie die geopolitischen Verhältnisse nachhaltig verändert. Spätestens seit dem vollumfänglichen Angriff Russlands auf die Ukraine im Februar 2022 unter dem Regime von Putin und dem nicht endenden Säbelrasseln autokratischer Diktatoren (bewusst wird hier nicht gegendert!) weltweit, erhöhen viele Staaten ihre Rüstungsausgaben. Sogar die Schweiz hat ihr ohnehin hohes Verteidigungsbudget von 2,2 Prozent im Jahr 2022 auf 3,4 Prozent oder 5,87 Mrd. Schweizer Franken erhöht.[30] In China kündigt Xi Jinping beim jährlichen Nationalen Volkskongress 2024 eine Erhöhung um über 7,2 Prozent des Staatshaushaltes an. Damit stehen 214 Mrd. Euro für das Militär zur Verfügung, wobei auch noch andere Budgetposten zusätzlich zum Verteidigungsbudget dazukommen. Schätzungen gehen somit von insgesamt rund 700 Mrd.

29 Statement im Rahmen des National Press Club in Washington D.C., 1997, https://www.kofiannanfoundation.org/kofi-annan/quotes/?search=&theme=

30 Zeit im Bild 2, vom 2. Februar 2024.

Euro für Verteidigung insgesamt und jährlich in China aus.[31] Es gibt aktuell zahlreiche Konfliktherde in allen Erdteilen dieser Welt, ob im Sudan oder in der Sahelzone, im Südchinesischen Meer, in Bergkarabach, die Gefahrenlage in Taiwan, der Krieg im Nahen Osten, während selbst gefestigte Demokratien, wo Frieden einen hohen Stellenwert hat, ins Wanken kommen. Die Kurswerte von Rüstungsunternehmen und deren Zulieferern schnellen in die Höhe. Doch Krieg hat seinen Preis.

Die im österreichischen Nationalrat debattierte Budgeterhöhung von 21 Prozent für 2024 überschreitet die Vier-Milliarden-Euro-Marke. Die Bemessungsgrundlage für die Mehrausgaben für Rüstung und militärische Innovationen ist das Bruttoinlandsprodukt (BIP) 2022. In Zahlen beträgt die Steigerung 697,1 Mio. auf nunmehr 4,92 Mrd. Euro. Das betrifft neben direkten Ausgaben für die Landesverteidigung auch den Sachaufwand, der um 8,8 Prozent angehoben wird, Munition (+30 Mio. EUR), Bekleidung und Ausrüstung (+19 Mio. EUR), Werkleistungen (+23 Mio. EUR) und Energie (+16,2 Mio. EUR).[32] Das verabsäumte Austauschen und Erneuern von marode gewordener Infrastruktur soll nun schleunigst nachgeholt werden. Zudem soll der Wehrdienst wieder attraktiver gemacht und die Wehrfähigkeit erhöht werden.

Subtile bis offene Kriegsrhetorik hat in den letzten Jahren wieder deutlich die Oberhand gewonnen, auch und vor allem in den Medien. Nicht zu unterschätzen ist in dem Zusammenhang, dass diese Rhetorik auch selbst wieder Gewalt fördert. Eine »Friedensrhetorik« fehlt hingegen im Moment ganz. Es stellt sich zu Recht bei vielen Menschen die Frage, ob Investitionen in die Landesverteidigung allein für ein kleines, neutrales Land wie Österreich eine ausreichende Strategie für mehr Sicherheit und Frieden bieten. Sind Investitionen für das Bundesheer tatsächlich die einzige Lösung? Wäre es nicht sinnvoller, sich (auch) Gedanken über die Etablierung von friedensfördernden Maßnahmen zu machen?

---

31 ARD Audiothek, Podcast Weltmacht China: Wie stark ist das Militär, Episode 31, 12. März 2024; nachzuhören unter: https://www.ardaudiothek.de/episode/welt-macht-china/chinas-aufruestung-wie-stark-ist-das-militaer-31/ard/13219457/

32 https://www.parlament.gv.at/aktuelles/pk/jahr_2023/pk1244

Mögliche Lösungsansätze für mehr Frieden und Sicherheit

Wertebasierte Außenpolitik

Eine wertebasierte Außenpolitik beruht auf der Achtung des Völkerrechts und dem unbeugsamen Einsatz für die Menschenrechte. Gerade in Zeiten, wo das Völkerrecht global gesehen mit Füßen getreten wird, die Regeln des Krieges ignoriert und Menschenrechte systematisch verletzt werden, ist es wichtig, dass wir uns unserer gemeinsamen Grundwerte besinnen. Dazu gehören das Völkerrecht und die UN-Charta als »Verfassung« der Vereinten Nationen, die ein Gewaltverbot vorsehen. Wird die regelbasierte Ordnung ignoriert, hat das Krieg und Chaos zur Folge. Das Jahr 2023 war aus menschenrechtlicher Sicht ein denkwürdiges Jahr voller Jubiläen: Im Juni begingen wir den 30. Jahrestag der Wiener Menschenrechtskonferenz und die Errichtung des Hochkommissariats für Menschenrechte der Vereinten Nationen. Im Dezember feierten wir 75 Jahre Allgemeine Erklärung der Menschenrechte.

Österreich steht für eine wertebasierte Außenpolitik unter Achtung des Völkerrechts und der Menschenrechte sowie für die Stärkung des Multilateralismus. Österreich unterstützt die globale Verantwortung und Gerechtigkeit, internationale Zusammenarbeit und Solidarität statt Abschottung und Nationalismus. Das Recht des Stärkeren darf sich nicht gegen das Völkerrecht durchsetzen. Die Waffen dürfen nicht die Oberhand über die Menschlichkeit gewinnen. Deshalb ist es wichtiger denn je, an präventiven und nachhaltigen Lösungen für die globalen Herausforderungen unserer Zeit wie Krieg, Klimawandel, soziale Ungleichheit und Armut zu arbeiten. Die Gefahr einer Aushöhlung des Menschenrechtssystems ist ebenso hoch wie viele Versuche machtbesessener Diktatoren, Demokratien zu schwächen. Das scheint oft angesichts horrender Menschenrechtsverletzungen wie etwa in Nordkorea, Belarus, Russland, Iran, China oder bei den derzeitigen Kriegen im Jemen, in der Ukraine oder im Sudan vergessen zu werden. In Afghanistan werden Frauen vom sozialen Leben ausgeschlossen und komplett ins Private und damit in die Unsichtbarkeit zurückgedrängt. Die Umsetzung der Strategie für Humanitäre Hilfe in Österreich erleichtert zumindest den Umgang mit multiplen Krisen, da die budgetären Ressourcen des Auslandskatastrophenfonds (AKF) mit einer Verfünffachung drastisch erhöht wurden. Denn Fakt ist: Menschenrechte gelten für alle und überall. Wir müssen tagtäglich für sie aufstehen und sie weiterentwickeln. Eine »Menschenrechtsbrille« ist angesichts der globalen multiplen Krisen als Lösungsansatz aktueller denn je und gleichzeitig fragiler als jemals zuvor.

In Frieden investieren

Von den seinerzeitigen großen Friedensbemühungen und den Abrüstungsbestrebungen ist nicht mehr viel übriggeblieben. Die Abrüstung scheitert – entgegen dem weitverbreiteten Glauben – nicht am ernsthaften Willen zur Abrüstung auf beiden Seiten, sondern am »Mangel an gegenseitigem Vertrauen« (Thirring 1963, S. 31). Friedensaktivist:innen werden noch immer als naive Romantiker:innen dargestellt und nicht selten belächelt. NGOs in diesem Bereich sind chronisch unterfinanziert, deren Budgetforderungen verhallen meist im Nichts. Dem kann und muss mit politischem Engagement für friedenspolitische Aktivitäten entgegengewirkt werden. Gerade Österreich kann als neutraler Staat im Herzen Europas einen wesentlichen Beitrag zu Frieden und Sicherheit leisten. Österreich ist Amtssitz internationaler Organisationen und hat daher eine gute Ausgangsposition dafür. Zudem könnte Österreich – wäre dies von einem breiten politischen Willen getragen – eine bedeutsame(re) Rolle in der Prävention von Konflikten und in der Förderung von Dialog wahrnehmen.

Einbindung der Zivilgesellschaft

Unter enger Zusammenarbeit mit der Zivilgesellschaft müssen aktive Friedenspolitik, die Demokratie und Rechtsstaatlichkeit sowie eine sozial gerechte Entwicklung ins Zentrum gerückt werden. Dazu gehört auch die Stärkung von Mädchen und Frauen, LGBTIQ-Personen, Minderheiten und vulnerablen Gruppen, die in Krisenzeiten und überall dort, wo Konflikte aufflammen, als Allererste ins Hintertreffen geraten. Das haben zahlreiche Konflikte der letzten Jahrzehnte deutlich gezeigt. Um die besonders Verwundbaren in der Welt besser zu schützen, braucht es viel effektivere Methoden des Menschenrechtsschutzes und zur Durchsetzung des Völkerrechts.

Das Völkerrecht wurde beispielsweise mit der Einrichtung des Internationalen Strafgerichtshofes (IStGH) gestärkt. Friedenserhaltende Operationen der Vereinten Nationen sollen ausgebaut, Sanktionen treffsicherer werden. Die Abrüstung ist zu intensivieren und Bedrohungen, die vom organisierten Verbrechen ausgehen, sind ebenfalls abzuwehren.

Das Konzept der menschlichen Sicherheit

Der Friedensbegriff als solcher muss wieder bewusst betont und in den Vordergrund gerückt werden. Überall auf der Welt wünschen sich die Menschen, in Frieden, Sicherheit und Würde zu leben. In der Friedensstrategie Österreich betonen die Autoren Thomas Roithner und Fabian Hämmerle: »Österreichs Leitsatz ist die menschliche Sicherheit. Diese versteht sich nicht primär als militärischer Ansatz für territoriale Sicherheit, sondern als Sicherheit des Menschen. Dabei bilden Sicherheit, Sicherheit der Umwelt, Sicherheit der Ernährung und Gesundheit, persönliche Sicherheit, Sicherheit der Gemeinschaft und politische Sicherheit das Zentrum (Roithner/Hämmerle 2023, S. 4). Die geopolitischen Verhältnisse und die europäische sowie globale Sicherheitsarchitektur haben sich tief greifend verändert. Daher muss, wenig überraschend, die bisherige Österreichische Sicherheitsstrategie (ÖSS) aus dem Jahr 2013[33] überarbeitet werden. Der Sicherheitsstrategie muss ein breites Sicherheitsverständnis zugrunde liegen, insbesondere die Wechselwirkungen zwischen verschiedenen Politikfeldern wie etwa Klima- und Energiepolitik oder Menschenrechtspolitik, Außen- und Friedenspolitik sowie Bildungspolitik im engeren Sinne. Eine moderne Sicherheitspolitik muss umfassend angelegt, aktiv gestaltet und unter Einbindung der Zivilgesellschaft umgesetzt werden. Als Unterbau dafür dienen heute wie damals die Freiheiten, die US-Präsident Franklin D. Roosevelt in seiner legendären Rede zur Lage der Nation am 6. Jänner 1941 skizziert hatte und welche die Basis für Demokratie, Freiheit und Menschenrechte sind. »Freedom of Want and Fear« sei hier besonders hervorgehoben.[34] Danach soll jeder Mensch das Recht haben, frei von Armut und wirtschaftlicher Not

33 https://www.bundeskanzleramt.gv.at/themen/sicherheitspolitik/sicherheitsstrategie.html
34 https://www.americanrhetoric.com/speeches/fdrthefourfreedoms.htm

zu leben und Zugang zu den grundlegenden Lebensbedürfnissen wie Nahrung, Unterkunft und medizinischer Versorgung zu haben. Weiters soll jeder Mensch das Recht haben, frei von Angst und Bedrohung zu leben, seien es kriegerische Konflikte, politische Repression, soziale Unruhen oder andere Formen von Gewalt. Dafür braucht es konkrete Schritte in Richtung Demokratisierung, Transparenz und (zivil-)gesellschaftlicher Teilhabe. (Roithner/Hämmerle 2023, S. 5)

Agenda 2030

Frieden ist aber nicht nur die bloße Abwesenheit von Krieg. Nicht umsonst lautet Ziel 16 der Agenda 2030 »Friedliche und inklusive Gesellschaften für eine nachhaltige Entwicklung fördern, allen Menschen Zugang zur Justiz ermöglichen und leistungsfähige, rechenschaftspflichtige und inklusive Institutionen auf allen Ebenen aufbauen.«[35] Die EU hat als Friedensprojekt in den vergangenen Jahrzehnten wachsenden Wohlstand und politische Stabilität gebracht. Seit dem russischen Angriffskrieg gegen die Ukraine stellt sich die Situation anders dar. In diesem Krieg wird mit unbeugsamer Härte und Brutalität und unter Missachtung des humanitären Völkerrechts gekämpft. Der ukrainische Ort Butscha führt uns vor Augen, wohin die Entmenschlichung, der eine Vernichtungsrhetorik zugrunde liegt, im Ergebnis führt. Das Wort Frieden scheint in heroischen Deklamationen vollkommen zu versinken. Im Gegenteil: Kriegsverbrecher werden als Helden gefeiert.

Die Auswirkungen von Kriegen

Um Frieden zu etablieren, muss erst die zerstörerische Wirkung von Krieg, die bis ins Weltall reicht, erfasst werden. Denn selbst über unseren Köpfen wird ein Datenkrieg geführt. Orbitale Antisatellitenwaffen und -raketen sichern den Weltraum, produzieren aber gleichzeitig große Mengen Weltraumschrott, der für andere Satelliten gefährlich wird. Hochleistungslaser und Funkstörsysteme zählen zu den effektivsten elektronischen

35 https://www.bundeskanzleramt.gv.at/themen/nachhaltige-entwicklung-agenda-2030/entwicklungsziele-agenda-2030.html

Kampfmitteln in der Cyberkriegsführung, deren Konsequenzen in den Kriegsgebieten immer verheerender werden. Tatsache ist: Angriffskriege bringen keinen Frieden, sondern immer nur neue Bürden auf den Schultern der Zivilbevölkerung, vor allem der Frauen und Kinder. »Es geht um die Verminderung von Gewalt.« (Lammers 2020, S. 36) Dabei ist nicht nur an die direkte Gewalt an der Front, bei Soldat:innen und Kämpfer:innen, zu denken, sondern auch an die Gewalt, die sich aus den Konsequenzen daraus ergibt, die meist Frauen und Kinder als erstes trifft. Daher gilt die Maxime: Bestehende Gewalt soll verringert, drohende verhindert werden. Würde die Opferperspektive bei der Betrachtung von Konflikten stärker einbezogen werden, würden politische Entscheidungen wohl anders getroffen.

Aktive Friedenspolitik

Neben der Erkenntnis der Universalität, Unteilbarkeit und Interdependenz der Menschenrechte (Wiener Erklärung 1993),[36] gibt es auch eine Interdependenz zwischen Menschenrechten und Frieden. In Frieden muss alleine schon deshalb investiert werden, weil dies nachhaltig und im ureigenen Interesse gegenwärtiger und nachfolgender Generationen ist. Eines der friedenspolitischen Instrumente ist die Etablierung des Zivilen Friedensdienstes (kurz »ZFD«).

Innen- und Außenpolitik sollten als eine Einheit betrachtet werden. (Wintersteiner 2023, S. 7) Es braucht in Österreich nicht nur eine Sicherheits-, sondern auch eine Friedensstrategie. Folgende Zielsetzungen gilt es bei einer umfassenden Friedensstrategie mitzudenken:

- Eine Außenpolitik des Dialogs, des Friedens, der Menschenrechte, der globalen Verantwortung und Gerechtigkeit.
- Internationale Zusammenarbeit und globale Solidarität statt Abschottung und Nationalismus.
- Friedliche und nachhaltige Lösungen für die globalen Herausforderungen unserer Zeit wie Klimawandel, Armut, Krisen und Konflikte oder Gefahren durch neue Technologien.

36 https://www.bmeia.gv.at/themen/menschenrechte/menschenrechte-in-den-vereinten-nationen

- Eine gerechtere und sichere Welt durch globale Abrüstung und eine atomwaffenfreie Welt.
- Zivile Gewaltprävention und Konfliktlösung sowie Etablierung des Zivilen Friedensdienstes.
- Aktive Förderung von Demokratie, Menschenrechten und sozial gerechter Entwicklung.
- Soziale Gerechtigkeit für innergesellschaftlichen Zusammenhalt.
- Stärkung von Frauen und Mädchen, LGBTIQ-Personen und Minderheiten.
- Klimagerechtigkeit für alle und eine Politik, bei der der Mensch und die Umwelt im Mittelpunkt stehen, nicht die Wirtschaftsinteressen alleine.

Bisherige friedenspolitische Aktivitäten Österreichs

Friedensfördernde Missionen

Zu unterstützen ist eine aktive Friedenspolitik, die auf Prävention setzt und alle sozialen, wirtschaftlichen und kulturellen Möglichkeiten der Konfliktvermeidung und -entschärfung ausschöpft. Die wichtigsten Parameter lassen sich in folgender Aussage zusammenfassen:

> Im Rahmen dieser umfassenden Friedensoperationen, die in der Regel auf einem Mandat des Sicherheitsrats gemäß Kapitel VII der SVN[37] beruhen, spielen der Aufbau menschenrechtlicher, rechtsstaatlicher und demokratischer Strukturen eine besonders wichtige Rolle. Dazu gehören demokratische, freie und faire Wahlen ebenso wie die Stärkung unabhängiger Medien, demokratischer Parteien, eines professionellen Justiz- und Polizeiapparats und die Schaffung spezieller menschenrechtlicher Organe wie Wahrheits- und Versöhnungskommissionen, nationale Menschenrechtskommissionen, Ombudsman-Einrichtungen oder Verfassungsgerichte. (Reinisch 2013, S. 333)

37 SVN: Satzung (Charta) der Vereinten Nationen.

Konfliktprävention und Mediation

Es hat sich in den letzten Jahren auch einiges in diese richtige Richtung bewegt. So hat Österreich beispielsweise seine Kapazitäten im Bereich Konfliktprävention und Mediation ausgebaut. In der politischen Sektion des Bundesministeriums für Europa und internationale Angelegenheiten (BMEIA) wurde eine Mediationsfazilität eingerichtet, die einen effektiven Beitrag zur Konfliktprävention leistet. Mit stiller Diplomatie und durch Zusammenarbeit mit zivilgesellschaftlichen Organisationen will man Konflikten vorbeugen. Konkrete Projekte setzte das BMEIA in Kooperation mit zivilgesellschaftlichen Partnern etwa im Nordirak und Sudan um. Die Stärkung bilateraler Beziehungen mit Konfliktländern zeugt nicht nur von Engagement von österreichischer Seite, sondern hat auch starke Signalwirkung an andere Staaten. In diesem Zusammenhang ist die Wiedereröffnung der österreichischen Botschaft in Bagdad/Irak nach drei Jahrzehnten im Jahr 2023 zu erwähnen.[38]

Vernetzung zur Förderung von Demokratiebewegungen

Der Solidaritätsgedanke wird mit der Unterstützung von Demokratiebemühungen weltweit gestärkt. Durch Bewusstseinsschaffung in Form von überparteilichen parlamentarischen Konferenzen und fraktionsübergreifenden parlamentarischen Tätigkeiten konnten Demokratisierungsbewegungen weltweit unterstützt werden. Als »best practice«-Beispiele seien hier wiederholte Aktivitäten genannt: Patenschaften durch Nationalratsabgeordnete für politische Gefangene in Iran, Belarus oder Russland bis hin zum Empfang von Delegationen der Demokratischen Selbstverwaltung in Nord- und Ostsyrien/Rojava (DAANES). Hervorzuheben sind auch Friedensbemühungen in Form von Konferenzen oder Vernetzungstreffen im österreichischen Parlament, etwa mit zivilgesellschaftlichen Vertreter:innen von Friedensinitiativen wie Women's International League for Peace & Freedom (WILPF), dem Internationalen Versöhnungsbund, dem Austrian Centre for Peace und dem International Institute for Peace, der Initiative Wandern für Frieden, der Friedensbewegung Solidarwerkstatt u. v. m. Als weiteres Beispiel hierfür

38 https://orf.at/stories/3330853/

sei die überparteiliche Konferenz »Rojava – quo vadis?« genannt, die auf meine Initiative hin im März 2023 im Parlament stattfand und sich mit der Frage einer europäischen Unterstützung für die autonome Demokratiebewegung auseinandersetzte.

Die Rolle der Frauen: Friedensakteurinnen an vorderster Front

Konfliktprävention ist ein wichtiger Teil von Sicherheitsstrategien in der Friedensdebatte. Ebenso wichtig ist aber auch die Umsetzung der Resolution 1325.[39] Die UN-Resolution 1325 zu Frauen, Frieden und Sicherheit, die auch in Österreich im Rahmen eines Nationalen Aktionsplanes umgesetzt wird, unterstreicht die Notwendigkeit, Frauen in allen Phasen von Friedens- und Versöhnungsprozessen einzubeziehen. Denn Frauen stehen bei den Bemühungen um Frieden und Demokratie ganz vorne. Das impliziert die Prävention von Konflikten, die Konfliktlösungen, den Wiederaufbau sowie die Teilnahme an politischen Entscheidungsprozessen. Einen gerechten, nachhaltigen Frieden zu gestalten, erfordert gleichberechtigte Partizipations- und Führungsmöglichkeiten von Frauen in allen Phasen und auf allen Ebenen von Friedensprozessen. All diese Bemühungen gilt es weiter zu stärken, denn Frauen spielen eine maßgebliche Rolle bei der Absicherung eines nachhaltigen Friedens, wie Studien belegen.[40] Zudem sei an dieser Stelle daran erinnert, dass Frauen die Hälfte der Weltbevölkerung stellen. In der feministischen Außenpolitik werden Gleichstellung und Teilhabe, Gerechtigkeit und Frieden in der Außenpolitik und Diplomatie verstärkt in den Fokus gerückt. Es braucht mehr Frauen in den militärischen Streitkräften, um etwa Kriegsverbrechen vorzubeugen. Es bedarf unserer solidarischen Unterstützung, denn die Demokratie kann nur unter gleichwertiger Beteiligung von Frauen vorangetrieben werden. Aufgrund diskriminierender Geschlechterstereotypen, mangelndem politischen Willen, allgemein geringen politischen Beteiligungsmöglichkeiten und unzureichenden Bildungsmöglichkeiten sind Frauen oft von Friedensprozessen ausgeschlossen. Eine gerechte, gleichberechtige Einbeziehung von Frauen kann zur Erhöhung

39 https://unwomen.de/die-resolution-1325-mit-der-agenda-frauen-frieden-und-sicherheit/

40 http://www3.gender-and-development.de/#:~:text=Studien%20zeigen%2C%20dass%20die%20Wahrscheinlichkeit,in%20den%20Friedensverhandlungen%20aktiv%20beteiligen.

der Legitimität von Friedensprozessen und zur Verbesserung der Resultate beitragen. Das forderte auch der Verein WILPF bei einem Friedensevent im Dezember 2023 im österreichischen Parlament:

> Sicherheit ist nicht nur ein militärisches Konzept, es braucht dazu eine aktive und gendergerechte multilaterale Friedenspolitik. Gesellschaftliche Voraussetzungen dazu sind die Gleichstellung von Frauen und Männern, Demokratie und ein funktionierender Rechtsstaat, soziale und wirtschaftliche Gerechtigkeit, Klimagerechtigkeit, Kultur und Bildung, nachhaltige Entwicklung sowie die Sicherung der Grund- und Menschenrechte für alle, einschließlich Migrant*innen und geflüchteter Menschen. (Logar 2023)

Es gilt also, die Frauenrechte und Gewaltprävention in der Friedenspolitik und in der Entwicklungszusammenarbeit (EZA) zu stärken. Im Rahmen der EZA wird Österreich weiterhin Projekte zur Stärkung von Frauenrechten fördern, die insbesondere eine verbesserte Reaktion auf und Prävention von Gewalt an Frauen gewährleisten. Zudem sollen entwicklungspolitische Maßnahmen die strafrechtliche Verfolgung von Gewalt gegen Frauen und Mädchen sicherstellen. Auf internationaler Ebene sind Bemühungen um die effektive Umsetzung entsprechender UN-Resolutionen begrüßenswert. Mit zahlreichen Entschließungsanträgen im österreichischen Parlament, wie etwa jenem zu Menschenrechtsverletzungen insbesondere gegenüber Frauen im Iran, wird Menschen- und Frauenrechten Rechnung getragen und der Außenminister mit einem Handlungsauftrag ausgestattet.[41] Mit einer hochkarätigen Iran-Konferenz zum einjährigen Jahrestag der »Women, Life, Freedom«-Bewegung, die nach dem Tod der Aktivistin Jina Mahsa Amini wieder aufgeflammt ist, habe ich versucht, ein breites Bewusstsein zu diesem Themenkomplex im österreichischen Parlament zu schaffen.

41 Entschließungsantrag betreffend die eklatanten Menschenrechtsverletzungen insbesondere gegenüber Frauen im Iran. https://www.parlament.gv.at/dokument/XXVII/A/2825/fnameorig_1470773.html

Ziviler Friedensdienst – ein eigenständiges Instrument der österreichischen Außenpolitik

Zum Vorzeigeprojekt soll sich der Zivile Friedensdienst[42] als eigenständiges Instrument der österreichischen Außenpolitik und als Gemeinschaftswerk von Staat und Zivilgesellschaft entwickeln. In einer im Juli 2020 angenommenen Entschließung des Nationalrates heißt es dazu: »Der Zivile Friedensdienst (ZFD) soll als eigenständiges Instrumentarium einer aktiven österreichischen Außenpolitik für zivile Gewalt- und Krisenprävention sowie aktive Friedensförderung in Konflikt- und Krisenregionen dienen.« In der Entschließung wird die Bundesregierung, vor allem der Bundesminister für europäische und internationale Angelegenheiten, aufgefordert, ehestmöglich mit der Planung der Einrichtung eines österreichischen Zivilen Friedensdienstes unter umfassender Einbindung der Zivilgesellschaft zu beginnen.[43] Ziel ist der Aufbau von Friedensfachkräften, die in Krisen- bzw. Konfliktgebieten zum Einsatz kommen. Aufgabe dieser Friedensfachkräfte ist es, sich in ihrem Einsatzgebiet für Gewaltprävention einzusetzen, zivile Konfliktbearbeitung und Friedensförderung auf Augenhöhe mit den lokalen Vertreter:innen zu betreuen. Die Friedenskräfte leben vor Ort und haben damit die Möglichkeit, stabile soziale Beziehungen auf- und auszubauen. Es besteht damit eine enge Verbindung der Friedenskräfte zu den Mitgliedern der lokalen Partnerorganisationen. Das hat den Vorteil, dass quasi von innen heraus gewaltfreie Konfliktprävention und Konflikttransformation praktiziert werden kann, nicht zuletzt durch die Unterstützung der Strukturen und des Personals vor Ort. Die Friedenskräfte unterstützen beim Aufbau des zivil(gesellschaftlich)en Dialogs ebenso wie bei Versöhnungsbemühungen. Sie leisten im Schulterschluss mit den lokalen Repräsentant:innen einen Beitrag zu menschlicher Sicherheit und einem inklusiven Frieden. Sie stärken die Menschenrechte, die soziale und kulturelle Teilhabe und die Inklusion marginalisierter, benachteiligter oder vulnerabler Personengruppen und Geschlechtergerechtigkeit im Allgemeinen. Wie

42 Regierungsdokumente – Bundeskanzleramt Österreich, S. 129. https://www.bundeskanzleramt.gv.at/bundeskanzleramt/die-bundesregierung/regierungsdokumente.html

43 Errichtung eines österreichischen zivilen Friedensdienstes als Instrument aktiver Friedenspolitik (569/A(E)) | Parlament Österreich. https://www.parlament.gv.at/gegenstand/XXVII/A/569?selectedStage=100

schon Pilotprojekte mit der Schaffung von geschützten Räumen in krisenhaften Regionen gezeigt haben, fördert die Zusammenarbeit vor Ort die Friedensarbeit und den Dialog.[44] Involvierte Akteur:innen einschließlich Regierungsmitglieder und ihre Vertreter:innen können durch Reisen in solche Zentren gemeinsame Lösungen für Konflikte diskutieren und die Maßnahmen medienwirksam sichtbar machen.

Gesetzliche Verankerung und Finanzierung des Zivilen Friedensdienstes

Ziel der Friedensbemühungen ist die gesetzliche Verankerung des Zivilen Friedensdienstes. Diese soll einen rechtlichen Rahmen und die nötige Rechtssicherheit schaffen. Integraler Bestandteil sollte auch eine solide Ausbildung und Professionalisierung der Zivilen Friedensfachkräfte, die im Ausland zum Einsatz kommen, sein. Das setzt Wissen und Bewusstsein über Menschenrechte voraus, erfordert einen versierten Umgang mit Behörden und eine breite Palette an »Softskills«, etwa im Bereich Mediation und interkulturelle Kompetenz. Eine fundierte Ausbildungsschiene – idealerweise mit Stipendien – ist eine gute Investition. Das Ziel ist ein Abschluss zur zertifizierten Friedensfachkraft. Das Gesamtkonzept des Zivilen Friedensdienstes hat jedenfalls das Potenzial, ein prestigeträchtiges, eigenständiges Instrument der österreichischen Außenpolitik zu werden und zeigt die aktiven Friedensbemühungen im Land.

Voraussetzung für eine erfolgreiche Verankerung des Zivilen Friedensdienstes als eigenständiges Instrument der österreichischen Außenpolitik sind ausreichende finanzielle Mittel und eine adäquate Vergütung der professionellen Friedensfachkräfte. Weiters muss konflikt-sensibel vorgegangen werden. Das Friedensvorhaben muss sich am lokalen Friedensbedarf orientieren. Das Konzept dazu ist der von der Wissenschaftlerin Mary B. Anderson definierte Do-No-Harm-Ansatz.[45] Ein weiterer Eckpfeiler des Zivilen Friedensdienstes ist die Bearbeitung von komplexen Konflikten – durch Komplementarität von klassischer Friedensdiplomatie, Mediationsfazilität und

44 https://www.versoehnungsbund.at/kolumbien/

45 https://www.fes.de/akademie-management-und-politik/themen-im-fokus/do-no-harm-in-der-projektarbeit-fuer-npos

Entwicklungszusammenarbeit. Das setzt das Zusammenwirken von lokalen, nationalen und internationalen Friedensakteur:innen voraus. Je stärker die Institutionen sind, desto anhaltender und gefestigter sind die Ergebnisse, denn Frieden und Stabilität sind die unabdingbare Voraussetzung und integraler Bestandteil nachhaltiger Entwicklung. Um Effizienz und Qualität des Zivilen Friedensdienstes zu steigern, muss es regelmäßige Evaluierungen und ein Monitoring geben.

Resümee – Plädoyer für eine Friedensstrategie

Frieden ist mehr als die Abwesenheit und Vermeidung von Gewalt und Krieg. Eine notwendige Friedensstrategie zielt darauf ab, bewaffnete Konflikte zu verhindern und gewaltfreie Formen der Konfliktbeilegung zu fördern, was im Ergebnis dazu beiträgt, menschliches Leid zu minimieren und Leben zu retten. Frieden schafft aber auch eine stabile und sichere Umgebung, die es den Menschen ermöglicht, ihr Leben zu verbessern, wirtschaftlich erfolgreich zu sein und ihr volles Potenzial zu entfalten. Sollte sich in Europa das Recht des Stärkeren gegen das Völkerrecht durchsetzen, wird es keinen nachhaltigen Frieden mehr in unseren Breiten geben. Soweit dürfen wir es nicht kommen lassen. »Es ist aus Gründen der Vernunft richtig, sich für den Frieden einzusetzen und sich gegen Krieg zu engagieren«, war Immanuel Kant schon in seinem Traktat *Zum Ewigen Frieden* überzeugt.[46] Daran hat sich nichts geändert.

Friedenspolitische Aktivitäten erfordern jedoch vor allem zweierlei: ein politisches Commitment und eine nachhaltige Finanzierung. Mit dem Instrument des Zivilen Friedensdienstes leistet Österreich als neutraler Staat einen Beitrag im Rahmen seiner Verantwortung für Frieden und Dialog. Doch das kann nicht alles sein.

Eine Friedensstrategie Österreichs trägt im Idealfall dazu bei, Menschenrechtsverletzungen zu verhindern und soziale Gerechtigkeit zu fördern, indem sie die Grundlagen für eine gerechtere und inklusive Gesellschaft schafft. Frieden ist ein wesentlicher Bestandteil nachhaltiger – auch ökologischer – Entwicklung auf allen Ebenen. Deshalb muss solch eine Strategie Querschnittsmaterie sein und alle relevanten Bereiche erfassen.

46 Zitiert nach Noll 2024, S. 55.

Nicht zu unterschätzen ist die Aufrechterhaltung der internationalen Sicherheit durch Friedensbemühungen. Sie tragen neben innerstaatlichen Demokratiebestrebungen zur Wahrung der internationalen Ordnung und Sicherheit sowie zu Stabilität bei. Eine Friedensstrategie kann und soll einen Beitrag dazu leisten, regionale und globale Spannungen zu analysieren und das Risiko von Konflikten zwischen Staaten und innerhalb eines Staates zu verringern. Friedenspolitische Aktivitäten können dabei Grundsteine für eine stabilere, sicherere, gerechtere und prosperierende Welt legen, in der alle Menschen möglichst friedlich miteinander leben und sich entwickeln können. Dazu braucht es ausreichend finanzielle Mittel und vielfältige friedenspolitische Aktivitäten seitens der Politik und der Zivilgesellschaft unter Zugrundelegung eines breiten Sicherheitsverständnisses, der Gleichstellung von allen Geschlechtern, ökonomischer und sozialer Gerechtigkeit, freier Bildung und eines Solidaritätsgedankens. Dies mit der erklärten Zielsetzung einer besseren und friedlicheren Zukunft für die gegenwärtigen und nachfolgenden Generationen. So sehr und je mehr eine derartige Friedensstrategie aktuell in weiter Ferne scheint, umso mehr sollten wir uns um diese bemühen.

Literatur

Lammers, Christiane (2020): Friedenslogik. In *Wissenschaft & Frieden*, 2020/2, S. 36–39.

Logar, Rosa (2023): *Statement Friedenskonferenz im Österreichischen Parlament*, 4.12.2023.

Noll, Alfred (2024): Ewiger Friede oder ewiger Krieg? In: *International. Die Zeitschrift für internationale Politik*, 1, S. 59.

Reinisch, August (Hg.) (20135): *Österreichisches Handbuch des Völkerrechts*, Bd. I. Wien: Manzsche Verlags- und Universitätsbuchhandlung.

Roithner, Thomas/Hämmerle, Fabian (2023): *Österreichische Friedensstrategie, Österreichs außen- und sicherheitspolitische Beiträge für Europa und die Welt zivil gestalten.* Wien: Internationaler Versöhnungsbund.

Thirring, Hans (1963): *Mehr Sicherheit ohne Waffen.* Wien: Jugend und Volk.

Wintersteiner, Werner (2023): Friedensrepublik Österreich im Heimatland Erde. In: *International. Die Zeitschrift für internationale Politik*, 1, S. 5–7.

Rosa Logar

Kriege abschaffen heißt das Patriarchat abschaffen
Ein Beitrag zur feministischen Friedenspolitik

Einleitung

Dieser Beitrag beschäftigt sich aus feministischer Perspektive mit den Themen Friedenssicherung und Abrüstung und nimmt auf die Denkschrift Thirrings *Mehr Sicherheit ohne Waffen* (Thirring 1963) Bezug. Die Ausführungen beziehen sich dabei auf die Arbeit der Frauenfriedensbewegung, vor allem auf die Tätigkeit von *Women's international League for Peace and Freedom*, kurz WILPF.[47] WILPF ist die älteste Frauenfriedensorganisation weltweit, sie wurde 1915 mitten im Ersten Weltkrieg in Den Haag gegründet und setzte sich für die sofortige Beendigung des Krieges ein. Der vorliegende Artikel steht im Kontext der Arbeit der Frauenfriedensbewegung in WILPF. Die Autorin ist selbst Mitbegründerin von WILPF Austria und der Beitrag basiert auf ihrer Arbeit als feministischer Expertin und Friedensaktivistin.

Der geopolitische Kontext, in dem der vorliegende Beitrag verfasst wurde, ist besorgniserregend: Fast zweieinhalb Jahren dauert der kriegerische Übergriff Putins und seiner Regierung gegen die Ukraine an. Die Regierung Netanjahu führt seit dem brutalen Überfall der Hamas am 7. Oktober 2023 auf die israelische Zivilbevölkerung einen Krieg in Gaza, der überwiegend die Zivilbevölkerung trifft. Im Jemen, in Syrien, im Sudan und anderen Regionen kosten bewaffnete Konflikte täglich zahlreiche Menschenleben und Millionen müssen vor Gewalt fliehen. Laut UNO wurde 2023 weltweit die höchste Anzahl gewalttätiger Konflikte seit dem Zweiten Weltkrieg verzeichnet.[48]

Es ist eine Zeit der enormen Aufrüstung, in der wieder einmal argumentiert wird, nur mit Waffen könne Frieden geschaffen werden. Dass wir

47 Siehe www.wilpf.org
48 Siehe https://press.un.org/en/2023/sc15184.doc.htm

trotz Hochrüstung einer Eskalation und einem dritten, womöglich atomaren Weltkrieg nahe sind, wie viele Fachleute meinen, widerlegt diese Theorie der Abschreckung. Und doch wird weiter aufgerüstet. Feministische Friedenspolitik, die der Schwerpunkt dieses Beitrages ist, setzt sich hingegen für die Stärkung multilateraler globaler Zusammenarbeit, Abrüstung, De-Militarisierung und die Abschaffung des Patriarchats ein.

WILPF nimmt eine pazifistische Haltung ein, gleichzeitig wird das in der UN-Charta[49] verbriefte Recht jedes Landes, sich im Fall eines militärischen Angriffes zu verteidigen, respektiert. WILPF tritt überdies in allen bewaffneten Konflikten dafür ein, militärische Kriegshandlungen rasch zu beenden, einen Waffenstillstand zu erreichen und unter Einbeziehung aller Parteien und der Zivilgesellschaft umfassende Friedensverhandlungen zu führen. Dass Friedensprozesse nicht immer gelingen, steht auf einem anderen Blatt und darf nicht den Friedensinitiativen zum Vorwurf gemacht werden, die sich für gewaltfreie Konfliktbewältigung einsetzen. Wenn Konflikte eskalieren und ein Krieg begonnen wird, ist es sehr schwierig, diesen zu stoppen, zeigt die Geschichte. Darum ist laufende, umfassende und präventive Friedensarbeit notwendig.

Seit dem völkerrechtswidrigen Angriff Putins auf die Ukraine wird pazifistischen Haltungen mitunter mit Hohn oder mit Aggression begegnet. FriedensaktivistInnen sind sogar mit der Diffamierung als »Putin Versteher« konfrontiert und es wird versucht, sie ins »rechte Eck« zu drängen, auch wenn sie sich ganz deutlich von Putins Überfall distanzieren. Starke Polarisierungen, die auch in anderen bewaffneten Konflikten, z. B. in Israel und Palästina, zu beobachten sind, verhindern, dass gemeinsam alternative Wege zum Frieden gesucht werden. Krieg erscheint als einziger »Ausweg« und damit werden Militarisierung und Erhöhung der Militärausgaben gerechtfertigt.

FriedensaktivistInnen werden auch angefeindet, weil sie sich für das Recht, den »Kriegsdienst« aus Gewissensgründen zu verweigern, einsetzen. Vieler PazifistInnen haben die Haltung, dass es aus ethischen Gründen keine »Erlaubnis zum Töten« geben kann und dass töten immer morden ist. »Eine kohärente Ethik läßt sich nur auf einer bedingungslosen Achtung vor dem Leben und auf einer bedingungslosen Ablehnung des Tötens aufbauen«

49 https://unric.org/de/charta/

(Konrád 1988, S. 26). Viele Frauen, zum Beispiel in der Bewegung »Women in Black«, haben für ihre Söhne, Ehemänner und Brüder gegen die Wehrpflicht protestiert, in Serbien, Nikaragua, den USA, Russland und vielen anderen Ländern (Enloe 2023, S. 43). Viele Friedensaktivistinnen bezeichnen sich als »Kriegsdienstverweigerinnen aus Gewissensgründen«, auch, aber nicht nur aus Solidarität mit Männern, die sich weigern Soldaten zu werden und zu töten, sondern als eigenständige Haltung gegen das Töten von Menschen und das Zerstören von Infrastruktur und Natur. Statt für »Frauen ins Heer«, setzen sie sich für De-Militarisierung von Heeren ein.

Das Recht auf Selbstverteidigung und das Recht den Kriegsdienst zu verweigern, schafft ein Spannungsfeld, das sich in jedem bewaffneten Konflikt und Krieg zeigt. FriedensaktivistInnen, die sich für das Recht auf Wehrdienstverweigerung einsetzen, werden kritisiert oder sogar verfolgt, weil sie »unpatriotisch« sind und »dem Feind in die Hände spielen.«[50] Auch innerhalb der Friedensbewegung gibt es Menschen, die in manchen Situationen militärisches Vorgehen befürworten.

Es entzieht sich der Kenntnis der Autorin, ob das visionäre Projekt von Thirring aus den 1960 er Jahren, das Bundesheer in Österreich abzuschaffen und einseitig abzurüsten, den Aktivistinnen von WILPF bekannt war. Da es zu diesem Zeitpunkt in Österreich keine WILPF Sektion gab,[51] ist nicht unbedingt davon auszugehen.[52] Doch ist es gut vorstellbar, dass es auf Interesse und Zustimmung gestoßen wäre. Der Schritt, mit gutem Beispiel voranzugehen und anderen mit einseitiger Abrüstung zu signalisieren »von uns geht keine Gefahr aus«, ist ein mutiger Schritt der Ent-Militarisierung. Die vollständige Abrüstung war und ist ein zentrales Ziel von WILPF (WILPF 2015). Abrüstungsverhandlungen sind oft langwierig und geprägt von der Befürchtung hochgerüsteter Staaten, gegenüber anderen hochgerüsteten Staaten ins Hintertreffen zu geraten. Daher können Beispiele einseitiger

50 Siehe z. B. die Arbeit der Menschenrechtsaktivistin und vielfachen Preisträgerin Olga Karach aus Belarus. Selbst vor der gewalttätigen Diktatur in ihrem Land nach Litauen geflüchtet, setzt sie sich für die Rechte von KriegsdienstverweigerInnen in Belarus und in der Ukraine ein, was sie zur »Feindin« beider Seiten macht und gefährlichen Diskriminierungen, die sie selbst als Geflüchtete erlebt, aussetzt.

51 Die österreichische Sektion von WILPF wurde im Faschismus zerstört; erst 2021 gelang es, diese wieder aufzubauen.

52 Immerhin findet sich im Nachlass Thirrings ein Flugblatt von WILPF. https://phaidra.univie.ac.at/detail/o:136343

Abrüstung wichtige Transformationsprozesse einleiten. Leider gibt es in Österreich derzeit einen eher gegenläufigen Trend, trotz Neutralität wird aufgerüstet. Thirring zu studieren, könnte eine wichtige Anregung sein.

Für nachhaltigen Frieden und die Verhinderung von bewaffneten Konflikten und Kriegen braucht es die Diplomatie und effektive Friedensinitiativen, vor allem in Friedenszeiten, denn die Verhinderung von Kriegen muss das erste Ziel sein. Dies erfordert, dass auf die sozialen, ökonomischen und ökologischen Ursachen von Konflikten eingegangen wird und diese beseitigt werden. Es darf auch nicht vergessen werden, dass in Europa häufig ein eurozentrischer Blick vorherrscht, während Kriege in anderen Regionen (Syrien, Jemen, Sudan und Äthiopien) marginalisiert werden und die Betroffenen kaum Hilfe erhalten. Solidarität, Unterstützung und Kooperation mit den Menschen, die in Zonen von bewaffneten Konflikten leben, ist daher ein weiterer wichtiger Grundsatz der Frauenfriedensbewegung.

In den nächsten Kapiteln wird auf das Friedenspotenzial der Vereinten Nationen und der Zivilgesellschaft eingegangen, wobei der feministische Blick auf Krieg und Militarismus sowie Abrüstung und Demilitarisierung den Ausgangspunkt bildet.

Feministische Perspektiven auf Militarismus und Krieg

Das Ziel der Frauenfriedensbewegung ist der Weltfrieden, der auf die Gleichstellung aller Geschlechter und die Anerkennung der Gleichberechtigung aller Völker abzielt, der Konkurrenz und Machtstreben sowie deren Durchsetzung durch Militarismus und Krieg ablehnt und stattdessen auf Kooperation und gegenseitige Hilfe baut.[53]

Von einer tatsächlichen Gleichstellung der Geschlechter sind auch die europäischen Länder noch weit entfernt. Eine groß angelegte Studie der EU-Grundrechtsagentur zeigt, dass durchschnittlich jede fünfte Frau von sexueller oder körperlicher Gewalt betroffen ist (FRA 2014, S. 10). Patriarchale Systeme sind universell: Es existiert auf dieser Welt kein Land, in dem es keine Diskriminierung, Ausbeutung und Gewalt an Frauen und Mädchen gibt, unabhängig davon, welches politische System in einem Land herrscht,

53 WILPF Manifesto 2015. https://www.wilpf.org/publications/wilpf-manifesto-2015/

welche Kultur oder Religion bestimmend sind und ob das Land arm oder reich ist. Gewalt an Frauen ist geschlechtsspezifische Gewalt, also »Gewalt, die gegen eine Frau gerichtet ist, weil sie eine Frau ist, oder die Frauen unverhältnismäßig stark betrifft«,[54] wie z. B. sexualisierte Gewalt oder häusliche Gewalt. Frauen erfahren Gewalt, wenn sie Geschlechternomen überschreiten, z. B. als lesbische oder Transgender-Frauen. Auch Männer, die sich den Geschlechternormen nicht anpassen, erleben Gewalt und Ausgrenzung.

Frauen und Mädchen erfahren Diskriminierungen und Gewalt in allen Bereichen der Gesellschaft, in der Familie, im öffentlichen Raum, im Arbeitsleben, in Institutionen, Parlamenten, Bildungseinrichtungen, Medien, Kunst und Kultur- und anderen Einrichtungen. Sie erleben Gewalt in allen Lebensphasen, von der Geschlechtsselektion bei Abtreibung über sexualisierte Gewalt im Kindesalter, Partnergewalt in der Familie, sexuelle Belästigung am Arbeitsplatz, weibliche Genitalverstümmelung, Zwang zur Abtreibung oder Bestrafung bei Abtreibung, Zwangsheirat, frühe Heirat, Vergewaltigung in und außerhalb der Ehe, Femizid, Gewalt im Alter und weitere wie zum Beispiel Frauenhass im Netz und Cyber-Gewalt.

Durch die Frauenbewegung, beginnend mit der Frauenwahlrechtsbewegung im 19. Jahrhundert, haben sich Frauen nach und nach Menschenrechte erkämpft, vor allem in demokratischen politischen Systemen, doch von einer tatsächlichen Gleichstellung sind Frauen noch weit entfernt.[55]

Für Frauen und Mädchen gibt es in patriarchalen Gesellschaften de facto keinen völlig sicheren Ort und keine Friedenszeit. In bewaffneten Konflikten und Kriegen nimmt die Gewalt zu, durch die Verrohung und die allgemeine Herabsetzung der Hemmschwelle für Gewalt, die Kriege mit sich bringen. Zum patriarchalen Heldentum gehört, dass Soldaten sich »nehmen« dürfen, was sie kriegen können, dass ihnen stillschweigend erlaubt wird zu plündern, zu brandschatzen und Frauen zu vergewaltigen. Vergewaltigung wird als »Kriegswaffe« eingesetzt, um »den Feind« zu treffen und zu demoralisieren (Enloe 2023, S. 39).

Patriarchale Systeme zielen auf die Unterdrückung und Unterordnung von Frauen und Mädchen ab und degradieren diese zum »anderen

54 Definition aus Übereinkommen des Europarats zur Verhütung und Bekämpfung von Gewalt gegen Frauen und häuslicher Gewalt. https://rm.coe.int/16806b076a

55 Siehe https://www.weforum.org/publications/global-gender-gap-report-2023/

Geschlecht« (Beauvoir 2000). Aber auch andere, vor allem nicht weiße Gruppen von Menschen, werden dominiert, wie indigene Gruppen und MigrantInnen. Patriarchale Systeme fußen auf Hierarchie, Ungleichheit und Ausbeutung. Sie basieren auf der Herrschaft des Kapitals und der Macht und tendieren dazu, die Klüfte zwischen »Nord« und »Süd«, zwischen »reich« und »arm« zu vergrößern. Sie haben nicht das Gemeinwohl aller, sondern den Profit und die Interessen des Kapitals und der eigenen Gruppe im Blick. Rassismus, Sexismus, kapitalistische und neoliberale Ausbeutung, Imperialismus und Kolonialismus gehören zu patriarchalen Systemen, ebenso wie die Ausbeutung und Zerstörung der Umwelt, denn es fehlt diesen Regimen an Respekt für die Würde jeder einzelnen Frau, jedes einzelnen Menschen und der Natur.

Militarisierte Männlichkeit

Militarismus und Krieg sind Mittel, mit denen in patriarchalen Systemen hegemoniale Machtkämpfe ausgefochten werden. Sie sind charakterisiert von einer bestimmten Art von Männlichkeit, die Waffen und Krieg mit Macht assoziiert. Dementsprechend gilt das Postulat, dass wer mehr Waffen besitzt, mehr Macht hat, und die Kontrolle über Besitz, Weiterverbreitung und Einsatz von Waffen – von Faustfeuerwaffen bis atomare Atomwaffen – wird zum zentralen Ziel. Das ist die sozialpsychologische Grundlage für Rüstungswettlauf, das stetige Ansteigen von Militärausgaben und die Vernachlässigung anderer gesellschaftlicher Ausgaben für Gesundheit, Bildung, Kultur, Gleichstellung oder Klimaschutz.

Militarisierte Männlichkeit behindert Abrüstung und Friedensinitiativen, da diese als »schwach« gelten. FriedensaktivistInnen werden als »UtopistInnen« diffamiert und diskreditiert. Es wird ihnen vorgeworfen, »emotional« und »naiv« zu sein, oder mit der Forderung nach Abrüstung den Frieden zu »gefährden«, denn Sicherheit gibt es in dieser männlich patriarchalen Denkweise nur mit Waffen.

Ein Beispiel dafür ist das Konzept der nuklearen Abschreckung. Es basiert auf der Theorie der »gegenseitig zugesicherte(n) Zerstörung« (englisch *mutal assured destruction* – MAD), die davon ausgeht, dass Atommächte dadurch vom Einsatz von Atomwaffen abgehalten werden, dass sie wissen, dass die andere Seite in der Lage ist, nach einem Erstschlag vernichtend zurückzuschlagen. Dies hat zur Folge, dass das atomare Aufrüsten immer weiter geht und Atomwaffen ständig »modernisiert« und in Einsatzbereitschaft gehalten werden.[56]

Es versteht sich von selbst, dass eine solche Doktrin der »gegenseitig zugesicherten Zerstörung« im völligen Widerspruch zu den Zielen von globaler Kooperation, Vertrauen und friedlicher Zusammenarbeit steht, wie sie die UNO-Charta vorsieht. Es ist ein zutiefst patriarchales und gefährliches Konzept, da niemand garantieren kann, dass Atomwaffen nicht eingesetzt werden. Doch ist die »Abschreckungsdoktrin« das derzeit vorherrschende Konzept für »Sicherheit«, basierend auf der Macht der Länder, die Atomwaffen besitzen und sich weigern Abrüstungsschritte, zu denen sie verpflichtet wären, zu setzen.

Dieser Doktrin wurde 2017 in den Vereinten Nationen eine wichtige Alternative entgegengesetzt: Durch großes Engagement von DiplomatInnen, Betroffenen von atomaren Testungen und AktivistInnen von zivilgesellschaftlichen Organisationen, darunter auch WILPF, wurde der Vertrag zum Verbot von Atomwaffen formuliert und von 122 Mitgliedern der Vereinten Nationen angenommen.[57] Ray Acheson (2022), Direktorin des WILPF Abrüstungsprogrammes Reaching Critical Will (RCW), beschreibt in ihrem Buch *Banning the Bomb Smashing Patriarchy*, wie viele Widerstände überwunden werden mussten, um den Vertrag zu verabschieden und welchen frauenfeindlichen Anfeindungen die vielen UnterstützerInnen des Vertrags ausgesetzt waren.

Auch wenn die neun Staaten, die Atomwaffen besitzen, und die NATO-Mitglieder den Vertrag bisher nicht unterzeichnet haben, so hat die große Mehrheit der Mitglieder der Vereinten Nationen, vor allem die Länder des globalen Südens, mit der Annahme des Vertrags ein deutliches Zeichen

56 Aktuelle Informationen zur atomaren Aufrüstung finden sich zum Beispiel im Bulletin of the Atomic Scientists, dem Newsletter von AtomwissenschaftlerInnen. https://thebulletin.org/premium/2024-05/united-states-nuclear-weapons-2024/

57 Der Atomwaffenverbotsvertrag wurde in den Vereinten Nationen 2017 durch Beschluss der Generalversammlung angenommen. Er ist seit 22. Jänner 2021 in Kraft und wurde bis dato (01.07.2024) von 93 Mitgliedstaaten unterzeichnet und von 70 ratifiziert (https://disarmament.unoda.org/wmd/nuclear/tpnw/). Die internationale Kampagne ICAN (International Campaign to Abolish Nuclear Weapons) erhielt 2017 für ihr Engagement zur Erreichung des Vertrages den Friedensnobelpreis. (icanw.org)

gesetzt: Atomwaffen sind nun in den Vereinten Nationen verboten, sie dürfen nicht erzeugt, getestet, gelagert, verbreitet, als Bedrohung verwendet oder eingesetzt werden. Der Prozess ist ein wichtiges Beispiel dafür, wie durch die Initiative kleiner Staaten in Kooperation mit DiplomatInnen und zivilgesellschaftlichen Organisationen Initiativen für Abrüstung realisiert werden können. In Österreich haben engagierte Diplomaten wesentlich zu diesem Erfolg beigetragen (Kmentt 2021) und Friedensorganisationen arbeiten engagiert an der Umsetzung des Atomwaffenverbotsvertrags in allen Ländern.

Feministische Analysen und Praxen zur Veränderung eingefahrener patriarchaler Machtdiskurse

Abrüstung als »unrealistische weibliche Illusion« zu verunglimpfen ist, wie dargestellt, eine patriarchale Strategie toxischen männlichen Herrschaftsstrebens. Feministische Analysen sind notwendig, um die Mechanismen patriarchaler Gewalt zu verstehen und Strategien und Werkzeuge zur Veränderung der Machtverhältnisse zu entwickeln. Sie helfen zu erkennen, wie traditionelle Geschlechtsrollen-Stereotypen von Männlichkeit und Weiblichkeit dazu benützt werden, Menschen zu manipulieren und ihnen weiszumachen, dass Bomben und Waffen Sicherheit erzeugen.

Feministisches Denken und Handeln hat zum Ziel, solche Narrative vom Krieg und seiner Unausweichlichkeit in Frage zu stellen, Dominanz- und Machtverhältnisse zu hinterfragen und zu verändern, sowie Gleichheit, Gerechtigkeit, Partizipation und Solidarität zu fördern. Feministisches Handeln basiert darauf, den Stimmen unterdrückter Gruppen Gehör zu verschaffen und Räume zu schaffen, in denen die Betroffenen sich äußern können und gehört werden. Feministische Friedensarbeit nimmt die Rechte und Interessen von Frauen und Mädchen, die in spezieller Weise von Gewalt, Waffensystemen und Kriegen betroffen sind, ernst und stärkt ihre Teilhabe an Abrüstungs- und Friedensprozessen.

Dies ist umso wichtiger, als in den letzten Jahren international eine besorgniserregende politische Entwicklung des Abbaus von Frauen-/Menschenrechten und demokratischen Strukturen zu verzeichnen ist. Radikale rechte Gruppen und Parteien werden stärker und ziehen in Parlamente und Regierungen ein, auch in Mitgliedstaaten der Europäischen Union. Der

Propaganda dieser Kräfte, dass Frauen-/Menschenrechte »westliche Werte« seien, wird von Seite der Frauenfriedensbewegung entschieden entgegengetreten und sie werden als universale Grundrechte aller Menschen verteidigt (WILPF Manifest 2015).

Förderung von umfassender und präventiver Friedenssicherung statt militärischer Aufrüstung

Die Welt befindet sich in einer Phase der Militarisierung. Ein untrügliches Zeichen dafür ist die Entwicklung bei den Militärausgaben. Diese steigen seit neun Jahren kontinuierlich an und erreichten 2023 einen neuen Höchststand von 2.443 Milliarden US-Dollar (SIPRI 2024: 1). Die Steigerung von 2022 auf 2023 betrug 6,8 Prozent, die höchste Steigerung, die SIPRI bisher erfasst hat.[58] Dies hat tiefgreifende negative Folgen, da nicht genügend Mittel für Ernährung, Gesundheit und nachhaltige Entwicklung zur Verfügung stehen (ebd. S. 22).

Auch in Österreich wurde – mit Hinweis auf die Bedrohung durch den russischen Angriff auf die Ukraine – das Budget des Bundesheeres massiv erhöht. Dies erfolgte ohne gesellschaftspolitische Diskussion, in welcher Form und mit welchen Mitteln die Landesverteidigung erfolgen soll. Das Bundesfinanzierungsrahmengesetz sieht vor, dass das Militärbudget bis 2026 auf 4,7 Milliarden ansteigt, das ist eine Erhöhung gegenüber 2022 von 73,3 %.[59] Für Maßnahmen der umfassenden sozialen Sicherheit und Friedenssicherung sind hingegen keine Mittel vorgesehen. WILPF Austria fordert daher die Bereitstellung von zumindest 500 Millionen Euro[60] für Friedensarbeit sowie die Einrichtung eines Friedensministeriums,[61] da derzeit nicht einmal eine Zuständigkeit für die friedenspolitischen Belange besteht.[62] Ein von Abgeordneten der Sozialdemokratischen Partei im November 2023 eingebrachter

58 Die Ausgaben stiegen in allen Militärregionen, vor allem aber in Europa (Folge des Krieges der Putin-Regierung gegen die Ukraine), im Nahen Osten, Asien und Ozeanien.

59 https://www.parlament.gv.at/aktuelles/pk/jahr_2022/pk1271

60 540 Millionen Euro kostete im Jahr 2023 in Österreich die Erneuerung der Panzerflotte und WILPF Austria ist der Ansicht, dass ebenso viel für Friedensarbeit aufgebracht werden soll.

61 Entschließungsantrag: Es braucht eine umfassende, nachhaltige und geschlechtergerechte Friedensarbeit, Parlament: https://www.parlament.gv.at/dokument/XXVII/A/3756/imfname_1596661.pdf

62 WILPF-Austria_Stellungnahme-Sicherheitsstrategie_Sept2023_n.pdf (abfang.org)

parlamentarischer Entschließungsantrag zum Thema »Es braucht eine umfassende, nachhaltige und geschlechtergerechte Friedensarbeit« griff die Initiative auf und forderte die Bereitstellung von 500 Millionen Euro für Friedensarbeit. Der Antrag wurde im Plenum abgelehnt und den Ausschüssen zur Behandlung zugewiesen. Es ist der Friedensbewegung aber zumindest gelungen, das Thema auf die Tagesordnung des Parlamentes zu bringen. Es braucht auch in Österreich noch vieler gesellschaftlicher Diskussionen und Initiativen, um zu einem Sicherheitsbegriff zu kommen, der Friedenssicherung als umfassende und permanente Aufgabe umfasst.

Sicherheit, so betonen auch die Vereinten Nationen in der *Agenda for Peace*, muss mehr sein als bewaffnete Sicherheit, es geht um soziale und ökonomische Aspekte, um Entwicklung und die Sicherung der Grund- und Menschenrechte aller Menschen (United Nations 2023, S. 22). Soziale, ökonomische und ökologische Probleme, die zu gesellschaftlichen Konflikten und Spannungen führen können, müssen in ihren Ursachen angegangen werden statt sie als »Sicherheitsproblem« zu definieren und damit eine Ausweitung militärischer Mittel zu rechtfertigen.

Feministische Kritik an Militärbündnissen

Die Vereinten Nationen verfolgen das Ziel kollektiver Sicherheit unter Einbeziehung aller Staaten. Frauenfriedensorganisationen unterstützen diesen Ansatz. Militärische Bündnisse werden hingegen als problematisch gesehen, da sie sich vor allem militärischer Strategien bedienen und Staaten ausschließen. Sie stellen die Sicherheit der eigenen Mitglieder in den Mittelpunkt, aber nicht die universelle Sicherheit aller Menschen. Sie richten sich gegen einen Feind und polarisieren. Frauenfriedensorganisationen haben daher eine kritische Haltung gegenüber Militärbündnissen, vor allem auch gegenüber der NATO.[63]

Die NATO, in der die USA von Beginn an eine zentrale Rolle als »Schutzmacht« spielten, wurde 1949 gegründet. Sie galt im Kalten Krieg als Verteidigung gegenüber der Sowjetunion, die 1955 den Warschauer Pakt aufbaute.

63 Siehe Global Women for Peace against Nato. https://www.pressenza.com/de/2023/07/erklaerung-fuer-den-frieden-von-women-for-peace-united-against-nato/

Mit der Gründung dieser beiden Bündnisse entstanden in Europa zwei einander feindlich gegenüberstehende Militärblöcke, was die Bildung einer gemeinsamen Initiative kollektiver Sicherheit verhinderte. Mit der Auflösung des Warschauer Paktes 1999 hätte es zu einem Zurückfahren und einer schrittweisen Auflösung der NATO kommen sollen, doch dies war nicht der Fall. Die NATO bestand weiter und baute ihren Wirkungsbereich sogar noch aus. Mit den Beitritten von Finnland und Schweden sind nun 32 Staaten Mitglied der NATO, die aufrüstet und in Europa weitere Militärbasen aufbaut. Die nordischen Sektionen von WILPF sind sehr besorgt über die Militarisierung ihrer Region. Sie kritisieren, dass ohne demokratische Beteiligung Verträge mit den USA ausgehandelt wurden, die die Errichtung amerikanischer Militärstützpunkte in den nordischen Ländern vorsehen.[64]

Die Allianz *Global Women for Peace United against NATO* kritisiert, dass das aktuelle strategische Konzept der NATO weit über die ursprünglich behaupteten Verteidigungszwecke hinausgehe.[65] Damit würde die NATO eine Rolle an sich reißen, die den Vereinten Nationen obliegt und diese damit schwächen. Die Ausweitung des Einflussbereiches in den pazifischen Raum hinein wird ebenfalls als problematisch gesehen. Das Vorgehen der NATO widerspreche auch der Schlussakte von Helsinki (1975), mit der ein umfassender und inklusiver Rahmen für Sicherheit und Zusammenarbeit in Europa geschaffen wurde.

Auch der neue »gender-spezifische Ansatz« der NATO und die Beförderung von Frauen in Spitzenpositionen wird nicht goutiert, da die NATO eine Kriegslogik mit immer stärkerer Bewaffnung verfolgt. Die NATO-Politik der Expansion und Militarisierung wird aus zivilgesellschaftlicher feministischer Perspektive nicht als friedenschaffend, sondern als bewaffnete Konflikte eher befeuernd gesehen.

Es ist bedenklich, wenn sich NATO-Mitglieder den NATO-Beschlüssen mehr verpflichtet fühlen als ihren völkerrechtlichen Verpflichtungen als Mitglied der Vereinten Nationen. Ein Beispiel: Beim zweiten Staatentreffen zum Atomwaffenverbotsvertrag im November 2023 brachten zahlreiche Staaten vor, dass sie den Vertrag nicht unterzeichnen könnten, da sie dies in

64 https://wilpf.fi/2024/05/pohjoismaisten-wilpf-osastojen-kannanotto-militarisaatio-ja-amerikkalaiset-tukikohdat-pohjoismaissa/

65 German-translation_Declaration_July.pdf (womenagainstnato.org)

Konflikt mit Verpflichtungen gegenüber der NATO bringen würde. Die italienische Friedensorganisation *Senzatomica* (2023) kritisierte diese Haltung und fragte, was mit den Verpflichtungen im Rahmen der Vereinten Nationen wäre.[66] Es müssten doch alle Länder souverän sein, einem Vertrag der Vereinten Nationen beizutreten und sich nicht von einem Militärbündnis darin einschränken lassen, appellierte Senzatomica an die Staaten, den Atomwaffenverbotsvertrag zu ratifizieren. Statt Militärbündnisse zu schaffen oder auszubauen, gilt es, internationale Zusammenarbeit zu fördern.

Stärkung des Multilateralismus der Vereinten Nationen

Stärkung des Multilateralismus

Seit der Gründung der Vereinen Nationen 1945 wurde eine Vielzahl von völkerrechtlichen Vereinbarungen und Programmen entwickelt, um die Ziele eines friedlichen Zusammenlebens, der nachhaltigen Entwicklung und der Umsetzung der Menschenrechte für alle zu erreichen. Schon 1946 wurde der Internationale Gerichtshof (IGH) zur Umsetzung der UN Charta eingerichtet. Eine der ersten völkerrechtlichen Vereinbarungen war das Übereinkommen über die Verhütung und Bestrafung des Völkermordes (1949).[67] Basierend auf der *Allgemeinen Erklärung der Menschenrechte* wurden in der Folge eine Reihe von Menschenrechtsübereinkommen geschaffen.[68] Im Bereich der Geschlechtergleichstellung sind zum Beispiel die CEDAW-Konvention, das Übereinkommen für die Rechte der Frau sowie die jährlich stattfindende Frauenstatuskommission der UNO zu nennen. Auch in den Bereichen Abrüstung und Rüstungskontrolle gibt es zahlreiche rechtlich verbindliche Verträge und Abkommen.[69] Für den Klimaschutz wurde z. B. das

66 Senzatomica Statement Second Meeting of the State Parties United Nations New York. Download: 30Nov_Senzatomica.pdf (reachingcriticalwill.org)

67 Convention on the Prevention and Punishment of the Crime of Genocide, CPPCG; geschaffen als Reaktion auf die Gräueltaten der Nationalsozialisten, vor allem auf die systematische Vernichtung jüdischer Menschen.

68 Siehe United Nations Human Rights Office of the High Commissioner. https://www.ohchr.org/en/instruments-and-mechanisms

69 Siehe Website von Reaching Critical Will, das Abrüstungsprogramm von WILPF; diese gibt eine exzellente Übersicht über alle Abrüstungs- und Rüstungsbeschränkungsprogramme und deren aktuellen Stand. Disarmament Fora (reachingcriticalwill.org)

Pariser Klimaabkommen beschlossen, und für eine gerechte Entwicklung sorgen die sogenannten SDGs, die nachhaltigen Entwicklungsziele (Sustainable Development Goals).[70]

Im Jahr 2000 wurden die Resolution 1325 der UN-Generalversammlung und in der Folge weitere Resolutionen, die sogenannte *Women, Peace and Security Agenda*, verabschiedet, um Frauen die gleichberechtigte Teilhabe an Maßnahmen für den Frieden, von der Prävention von Kriegen bis zum Schutz vor sexualisierter Gewalt, zu garantieren.

Es gab also viele Fortschritte seit der Gründung der Vereinten Nationen, aber auch viele Probleme und Herausforderungen. Internationales Recht wurde und wird immer wieder gebrochen, auch von den Staaten, die zu den Gründern der Vereinten Nationen gehören. Dies unterminiert das normative Regelwerk der UNO und nimmt den Institutionen die für die Erfüllung ihrer Aufgaben nötige Autorität. Die Vereinten Nationen als »ineffizient« und »schwach« hinzustellen, ist jedoch kontraproduktiv und nützt denjenigen, die das rechtliche Regelwerk der allgemeinen Menschen-/Frauenrechte abschaffen wollen. Staatenvertreter, die sich nicht an die Normen halten und das multilaterale System dadurch schwächen, müssen mit diesem destruktiven Verhalten konfrontiert und zur Verantwortung gezogen werden. Zum destruktiven Verhalten in der Erreichung der Ziele der Charta der Vereinten Nationen gehört auch die Blockade notwendiger Reformen, wie zum Beispiel die Reform des Sicherheitsrates. Dieser hat derzeit fünf ständige Mitglieder,[71] die mit Einstimmigkeit entscheiden, was immer zu einem Veto führt. Diese Vetomöglichkeit führt zu Blockaden und behindert die Aufgabe der Friedenssicherung. Die ständige Mitgliedschaft von fünf Ländern im Sicherheitsrat ist außerdem undemokratisch. WILPF fordert die Abschaffung des Vetos und die Eliminierung der ständigen Sitze (WILPF 2024, S. 9). Eine wirklich demokratische Reform bestünde darin, die Aufgaben des Sicherheitsrates auf die Generalversammlung zu übertragen, in der jeder Mitgliedstaat einen Sitz und eine Stimme hat.

Ein großes Problem für die Arbeit der Vereinten Nationen besteht auch darin, dass diese von den Mitgliedstaaten keine ausreichenden finanziellen

---

70 Siehe https://unis.unvienna.org/unis/de/topics/sustainable_development_goals.html

71 Frankreich, Russland, Vereinigte Staaten von Amerika, Volksrepublik China und das Vereinigte Königreich Großbritannien.

Mittel erhalten. Um die Dimension der Unterfinanzierung nachvollziehbar zu machen, zwei Beispiele: Mit der Summe für die weltweiten Rüstungsausgaben eines Jahres (2,4 Billionen US-Dollar) könnten über 670 Jahre Arbeit der Vereinten Nationen finanziert werden, und über 6700 Jahre der Frauenorganisation der Vereinten Nationen UN Women (WILPF 2014). Die ausreichende Finanzierung der Vereinten Nationen ist daher unabdingbar für Friedenssicherung.

Stärkung der Zivilgesellschaft

Eine weitere wichtige Maßnahme ist die Förderung der Zivilgesellschaft. International tätige NGOs können beratenden Status beim Wirtschafts- und Sozialrat erhalten und an Konferenzen und Beratungen mitwirken. Allerdings können sie nicht mitstimmen und sind von informellen Beratungsgremien, bei denen zum Beispiel Vertragstexte verhandelt werden, ausgeschlossen. Seit 1945 hat sich die Zahl der weltweit tätigen Nicht-Regierungsorganisationen (NGOs) vervielfacht; daher wäre es dringend an der Zeit, die Rolle der Zivilbevölkerung zu stärken. Dazu gibt es zahlreiche Vorschläge wie zum Beispiel die Einführung einer globalen BürgerInneninitiative, damit Menschen Petitionen direkt an die Vereinten Nationen richten können.[72]

Eine feministische Agenda für den Frieden

Die neue *Agenda for Peace* der Vereinten Nationen betont die Wichtigkeit der tatsächlichen Gleichstellung von Frauen und des Abbaus patriarchaler Strukturen für nachhaltigen Frieden: »Wir müssen das Patriarchat und auf Unterdrückung beruhende Machtstrukturen beseitigen, die Fortschritten bei der Gleichstellung der Geschlechter und der vollen, gleichberechtigten und konstruktiven Teilhabe der Frauen am politischen und öffentlichen Leben entgegenstehen.« (Vereinte Nationen 2023, S. 8). Weiter heißt es: »Solange geschlechtsspezifische Machtungleichgewichte, patriarchalische Gesellschaftsstrukturen, Voreingenommenheit, Gewalt und Diskriminierung

72 Siehe 2024 United Nations Civil Society Conference in Support of the Summit of The Future: ImPact for the Future. Outcome Package, Nairobi. https://www.un.org/sites/un2.un.org/files/2024uncsc_impact_for_the_future_outcome_package.pdf

die Hälfte unserer Gesellschaften am Vorankommen hindern, wird Frieden außer Reichweite bleiben. Wir müssen die Perspektiven der Frauen, die von einander verstärkenden Formen der Diskriminierung, Marginalisierung und Gewalt betroffen sind, anhören, achten und sichern.« (ebd., S. 17)

Frauenorganisationen begrüßen die *Agenda for Peace*, fordern aber auch, dass ergänzend konkrete Maßnahmen getroffen werden müssen, um die Macht militarisierter patriarchaler Männlichkeit abzubauen. Geschlechtsspezifische und intersektionale Auswirkungen von Waffengebrauch und Waffenhandel sollten erforscht und untersucht werden. Auch die stereotype binäre Konstruktion von Bewaffnung als stark und männlich und Abrüstung als schwach und weiblich muss problematisiert werden, da sie Fortschritte behindert (Acheson 2023, S. 12). *Reaching Critical Will*, das Abrüstungsprogramm von WILPF, hat umfassende Empfehlungen zum Abbau patriarchaler Strukturen und zur dringend notwendigen Transformation militarisierter Männlichkeit erarbeitet.[73]

Die internationale Frauenfriedensbewegung setzt sich dafür ein, dass Frauen im Bereich der Verhinderung von Kriegen und der Friedenssicherung viel stärker eingebunden werden.[74]

Wichtig ist es aus feministischer Perspektive auch, dem Zusammenhang von Militarisierung und Klimawandel Rechnung zu tragen. Zum einen sind militärische Einrichtungen ein großer Umweltverschmutzer, zum anderen werden viel mehr Mittel für das Militär als für dringend notwendige Umweltschutzmaßnahmen ausgegeben und Umweltkrisen werden sogar als »Risikofaktor« argumentativ benutzt, um Militärausgaben zu erhöhen, statt Mittel umzuschichten.[75]

Eine große Transformation

Militarismus ist, wie im Beitrag dargestellt, ein historisch gewachsener und tief verankerter Teil unseres patriarchalen Gesellschaftssystems. Wie die

73 Siehe https://www.reachingcriticalwill.org/resources/publications-and-research

74 Siehe dazu die Arbeit des zivilgesellschaftlichen Netzwerks NGO *Working Group on Women, Peace and Security*. https://www.womenpeacesecurity.org/

75 Siehe Transnational Institute (TNI) CLIMATE COLLATERAL Why the military's impact on climate change can no longer be ignored Climate Collateral – 2 page report (7).pdf

österreichische Autorin Marlene Streeruwitz in ihrem *Handbuch gegen den Krieg* darlegt, wissen wir nichts über den Frieden, weil es immer Krieg gibt und gab. »Durch Krieg wird das Lebensrecht der Person nicht anerkannt« und »über die Bedrohung des Lebens werden wir aller Grundrechte beraubt«, postuliert sie und entwickelt Denkansätze, die das Lebensrecht des Menschen ins Zentrum stellen (Streeruwitz 2024a, S. 9 und 11). Liebe, so Streeruwitz in der zweiten Publikation, *Handbuch für die Liebe*, gilt als Antidot zum Krieg. »Diese Liebe – jenseits von patriarchaler Besetzung und romantischen Idealen – gilt es zu bewahren und als Aufbruch in eine freie und demokratische Gesellschaft auszuweiten.« (Streeruwitz 2024b, Titelei).

Thirrings Modell der einseitigen Abrüstung Österreichs gibt wichtige Impulse für die Richtung, die es einzuschlagen gilt, trotz oder gerade wegen der neuerlichen Aufrüstungswelle, die uns erfasst hat.

Abrüstung und Entmilitarisierung sind unerlässliche Ziele zur nachhaltigen Sicherung des Friedens. Einseitige Abrüstungsmaßnahmen, wie von Thirring vorgeschlagen, sind wichtige Signale und stellen Vertrauen her. Sie können aber nur einen ersten Schritt darstellen.

Für das Überleben der Menschen und des Planeten ist global eine tiefgehende Transformation der Gesellschaft notwendig. Patriarchale, kapitalistische und militaristische Strukturen, die Ungleichheiten und Ausbeutung herstellen und fördern und Konflikte erzeugen, müssen abgeschafft werden, damit wir mit ganzer Kraft an der Bewältigung der Klimakrise und für ein sicheres auf den universellen Frauen-/Menschenrechten basierendes Leben für alle Menschen tätig sein können. Die Stärkung und Achtung des »Kosmos der Pflege« (Streeruwitz 2024a) ist dafür unerlässlich.

Literatur

Acheson, Ray (2023): *Review of A New Agenda for Peace's Recommendations for Disarmament and Demilitarisation*, published by Reaching Critical Will, the Disarmament Programme of Women's International League for Peace and Freedom, New York. https://www.reachingcriticalwill.org/resources/publications-and-research/publications/16955-review-of-a-new-agenda-for-peace-s-recommendations-for-disarmament-and-demilitarisation

Beauvoir, Simone de (2000): *Das andere Geschlecht: Sitte und Sexus der Frau.* Hamburg: rororo.

Enloe, Cynthia (2023): *Twelve Feminist Lessons of War.* London: Footnote Press Limited.

FRA Agentur der Europäischen Union für Grundrechte (2014): *Gewalt gegen Frauen: eine EU-weite Erhebung. Ergebnisse auf einen Blick.* Vienna. http://fra.europa.eu/sites/default/files/fra-2014-vaw-survey-at-a-glance-oct14_de.pdf

Konrád, György (1988): *Stimmungsbericht.* Frankfurt am Main: edition suhrkamp.

Kmennt, Alexander (2021): *The Treaty prohibiting nuclear Weapons. How it was achieved and why it matters.* Oxon/New York: Routledge.

New Zealand (2023): *New Zealand Intervention.* Agenda item 9. Thematic Discussion on the Humanitarian Impact of Nuclear Weapons Treaty on the Prohibition of Nuclear Weapons Second Meeting of States Parties, 27 November – 1 December 2023. https://reachingcriticalwill.org/images/documents/Disarmament-fora/nuclear-weapon-ban/2msp/statements/27Nov_NZ.pdf

Senzatomica (2023): *Statement on Universality.* The Second Meeting of States Parties to the Treaty on the Prohibition of Nuclear Weapons (TPNW) 27 Nov – Dec 2023 at UN Headquarters New York City. 30Nov_Senzatomica.pdf (reachingcriticalwill.org) [Zugriff 15.05.2024]

Streeruwitz, Marlene (2024a): *Handbuch gegen den Krieg.* Frankfurt am Main: Fischer Taschenbuch.

Streeruwitz, Marlene (2024b): *Handbuch für die Liebe.* Frankfurt am Main: Fischer Taschenbuch.

SIPRI – Stockholm International Peace Institute (2024): *Trends in World Military Expenditure 2023.* SIPRI Fact Sheet April 2024, Stockholm: Home | SIPRI

Thirring, Hans (1963): *Mehr Sicherheit ohne Waffen,* Wien: Verlag Jugend und Volk.

Vereinte Nationen (2023): *Unsere gemeinsame Agenda. Kurzdossier 9. Neue Agenda für den Frieden.* https://www.un.org [Zugriff 15.06.2024]

WILPF (2014): *You get what you pay for.* Geneva. Online: You-Get-What-You-Pay-For-Web.pdf (wilpf.org) [Zugriff 15.05.2024]

WILPF (2015): *WILPF Manifesto 2015.* WILPF Webseite WILPF Manifesto 2015 – WILPF [Zugriff 01.06.2024]

WILPF (2018): *Towards a Feminist Security Council. Guidance Note for Security Council Members.* Geneva.

WILPF (2024): *WILPF's Input to the Zero Draft of the Pact of the Future.* Download: WILPF's Input to Zero Draft of the Pact for the Future – WILPF [Zugriff 15.06.2024]

Working Group on Women, Peace and Security (2023): *Offener Brief an die Ständigen Vertreter bei den Vereinten Nationen im Vorfeld der jährlichen Debatte über Frauen, Frieden und Sicherheit,* New York (womenpeacesecurity.org)

Christine Schweitzer

Ohne Waffen, aber nicht wehrlos? Gewaltfrei Sicherheit schaffen

Einleitung

»Falls Du Frieden willst, bereite den Krieg vor«, wird der römische Philosoph, Politiker und Anwalt Marcus Tullius Cicero (106–43 v. Chr.) bis heute gerne von allen zitiert, die auf Rüstung, Abschreckung und Waffengewalt setzen. Aber 2000 Jahre Geschichte seit Cicero haben uns gelehrt: Wer Krieg vorbereitet, führt zumeist auch irgendwann Krieg. Das war in Rom nicht anders als im 19., 20. und 21. Jahrhundert.

Kleine Fortschritte, die in den beiden Jahrzehnten vor und nach der Jahrtausendwende gemacht wurden (etwa die Reduzierung der Atomwaffen oder die Schaffung einiger neuer atomwaffenfreier Zonen) scheinen spätestens angesichts des russischen Angriffs auf die Ukraine an Bedeutung verloren zu haben. Die meisten Abrüstungs- und Rüstungskontrollabkommen wurden in den letzten zehn Jahren durch die USA und Russland gekündigt, Manöverbeobachtungen ausgesetzt und die OSZE blockiert (Richter 2020, Pifer 2024).

Thirring setzte angesichts der Gefahr einer allgemeinen atomaren Vernichtung Europas auf einseitige Abrüstung und hoffte, dass das Vorbild eines neutralen Landes, Österreich, als »Testfall für die Möglichkeit friedlicher Koexistenz« (Thirring 1963, S. 22), das solche Abrüstung vollzöge, eine Dynamik der internationalen Abrüstung in Gang setzen würde. Dieser Gedanke war Ende der 1980er Jahre vielen Bürgerinnen und Bürgern Europas nicht fremd – Kampagnen für die Abschaffung des Militärs breiteten sich aus. In mehreren Ländern gab es, u. a. in der Schweiz, Slowenien und Deutschland, um 1988–91 herum Kampagnen zur Abschaffung des Militärs. (Siehe die Beiträge von Andreas Gross und Marko Hren) Sie versandeten allerdings schon nach wenigen Jahren wieder.[76]

76 Auch wenn es in Deutschland einzelne lokale Gruppen vor allem der DFG-VK gibt, die das Motto »BRD ohne Armee« weiter benutzen.

Warum das so war, darüber gibt es kaum wissenschaftlich belastbare Aussagen. Friedensbewegte wie die Autorin meinen eine gewisse »Not« von Militärs, militärgläubigen Politiker*innen und Rüstungsindustrie beobachtet zu haben war: Als diese den Eindruck bekamen, dass sie nicht mehr gebraucht werden könnten, suchten sie sich schnell neue Einsatzfelder in Form von Auslandseinsätzen und unter dem Legitimationsmuster der »humanitären Intervention«. Dazu kamen die Krisen jener Zeit – der irakische Angriff auf Kuwait 1990 und ab 1991 die Kriege, die durch den Zerfallsprozess Jugoslawiens ausgelöst wurden. Sie fanden damals genauso allgemeine Aufmerksamkeit zumindest in Mitteleuropa, wie es heute der Krieg in der Ukraine tut. Die internationale Diskussion, auch im Rahmen der Vereinten Nationen, widmete sich der Formulierung einer »Verantwortung, zu schützen«, die als letztes Mittel auch ein militärisches Eingreifen nach Kapitel VII der UN-Charta vorsieht (United Nations o. D.).

Später, ab 2001, folgte der US-geführte »Krieg gegen den Terror«, der zwei Angriffskriege gegen Afghanistan 2001 und Irak 2003 sowie militärische Angriffe in zahlreichen weiteren Staaten bis heute rechtfertigt. Diese Kriege standen dem Krieg Russlands gegen die Ukraine in Brutalität und Opferzahlen um nichts nach (Schweitzer 2022, Rawaf 2013). Nur dass sie bis heute nicht »Angriffskrieg« genannt werden dürfen; lange Zeit durfte in Deutschland noch nicht einmal der Begriff »Krieg« im Kontext des internationalen Militäreinsatzes in Afghanistan benutzt werden (Neuber 2010).

Seit dem russischen Angriff auf die Ukraine 2022 ist der Kreis vollendet. Jetzt geht es wieder um »Landesverteidigung« und wir scheinen in die Zeit eines Kalten Kriegs 2.0 zurückgeworfen worden zu sein: Aufrüstung, Entwicklung neuer Militärtechnologien (Drohnen, Automatisierung, Modernisierung der Mittel- und Kurzstreckenraketen und Atomwaffen), Reduzierung der Kontakte zwischen den Blöcken, hybride Kriegsführung und Cyberwar, sehr viel Propaganda (auch wenn die Medien, über die diese Propaganda verbreitet wird, heute teilweise andere sind) und innergesellschaftlicher Kriegsvorbereitung (Wehrpflicht, Zivilschutz, Offiziere in Schulen usw.).[77]

---

77 Gut dokumentiert sind diese Schritte auf der Seite der Informationsstelle Militarisierung: www.imi-online.de

Die Erfahrung des russischen Angriffs auf die Ukraine mit dem Ziel, das gesamte Land zu besetzen und eine Moskau-freundliche Regierung einzusetzen, hat auch das Sicherheitsgefühl der Bevölkerung in Europa verändert. Wenige Menschen würden heute wie Thirring damals von der »Unmöglichkeit eines Angriffs« (Thirring 1963, S. 20) ausgehen.[78] Besonders groß ist diese Angst in jenen Ländern, die früher einmal zur Sowjetunion gehörten oder einen sowjetischen Angriff erleiden mussten (Baltikum, Polen) (tagesschau.de 25.2.24).[79] Aufgrund der NATO-Bündnisverpflichtung wären im Falle eines russischen Angriffs fast alle europäischen Länder in den Krieg involviert, und ob sich die Kampfhandlungen dabei auf die unmittelbar angegriffenen Länder beschränken ließen, ist höchst unwahrscheinlich.[80]

Es soll in diesem Aufsatz dahingestellt bleiben, ob die Regierung Putin tatsächlich solche Angriffe in Erwägung zieht[81] und wie realistisch solche Pläne wären angesichts der militärischen Probleme, die Russland in der Ukraine hat, selbst falls die Regierung sie hegen sollte.

Jedenfalls ist dies ein Punkt, wo Thirrings Idee einer unilateralen Abrüstung nicht ausreicht. Es braucht sicherheitspolitische Konzepte, die nicht davon abhängig sind, dass die Gegenseite die friedlichen Absichten respektiert. Selbst wenn (Auf-)Rüstung und Militär eine starke Eigendynamik des Selbsterhalts besitzen, die nichts oder nur mittelbar etwas mit dem Bedürfnis nach Sicherheit zu tun haben: Bedrohungen militärischer Art sind real. Aber das bedeutet nicht zwangsläufig, auf Abschreckung und Aufrüstung zu setzen. Sicherheit kann durch andere Mittel als mehr Panzer, mehr Raketen, mehr Geschütze und mehr Soldat*innen erreicht werden.

78 Wobei Thirring diese Aussage auf die sechs Nachbarländer Österreichs einschränkt. »Es ist zwar unwahrscheinlich aber doch nicht völlig unmöglich, daß in den nächsten Jahren einmal wegen Berlin oder Kuba der kalte Krieg in einen heißen umschlagen wird«, schreibt er (Thirring 1963, S. 20). Doch ein solcher Dritter Weltkrieg würde zur Zerstörung ganz Europas führen. (Ebd., S. 21)

79 In Deutschland ergab Anfang April 2024 eine repräsentative Umfrage, dass »eine deutliche Mehrheit (67 Prozent) der Menschen … aktuell Frieden und Sicherheit in Europa sehr stark oder stark bedroht [sieht]. Zugleich hat sich die Zahl der Unbesorgten laut *ARD-DeutschlandTrend* in den vergangenen fünf Jahren halbiert: 2019 – damals nach gut zwei Jahrzehnten ohne größere Kriegssorgen – waren es noch 60 Prozent. Jetzt, gut zwei Jahre nach dem russischen Einmarsch in die Ukraine, sind es gerade noch 30 Prozent.« (ARD-DeutschlandTrend 2024)

80 Schon 2022 wies eine Studie der Rand-Foundation auf Gefahren der Ausweitung des Kriegs in der Ukraine hin. Sie kam zu dem Schluss, dass gezielte Atomschläge Russlands möglich seien (Frederick et al. 2022).

81 Als Beleg wird zumeist ein Aufsatz von Wladimir Putin aus 2021 zitiert, in dem er über die historische Einheit von Russland, Ukraine und Belarus sprach. (Putin 2021).

Weltinnenpolitik

Konzepte alternativer Sicherheit wurden von Pazifist*innen immer wieder ins Gespräch gebracht. Sie gab es auch schon zu Thirrings Zeiten – warum er sie bestenfalls streift, kann hier nicht beantwortet werden. Vielleicht der älteste Ansatz ist, Frieden durch eine »Weltinnenpolitik« bzw. durch eine Weltorganisation der Staaten und internationale Schiedsgerichte zu schaffen. Dieser Gedanke, schon im 19. Jahrhundert bei Friedensgesellschaften in den USA und verschiedenen europäischen Ländern formuliert (Brock & Young 1999), wurde ansatzweise vom Völkerbund und dann den Vereinten Nationen verwirklicht.

Die Entspannungspolitik mit vertrauensbildenden Maßnahmen, wie sie u. a. von Willy Brandt und Egon Bahr betrieben wurde (Friedrich Ebert Stiftung o. D.), der KSZE-Prozess seit Mitte der 1970er Jahre (Bange & Niedhart 2008) und der von dem ehemaligen russischen Präsidenten Gorbatschow formulierte Vorschlag eines »gemeinsamen Hauses Europa« vom Ende der 1980er Jahre können ebenfalls in diesem Kontext einer Schaffung einer auf Ausgleich und Vermittlung beruhenden Weltordnung der Staaten gesehen werden. Das zivilgesellschaftliche Gegenstück zur KSZE/OSZE, das in diesen Jahren aufgebaut wurde, die 1990 gegründete *Helsinki Citizens‹ Assembly*, wollte einen solchen gesamteuropäischen Prozess durch Aktion auf zivilgesellschaftlicher Ebene begleiten (Schenninck 1997). Allerdings kam auch dieser Versuch nach einigen Jahren weitgehend zum Erliegen.

Renaissance von alternativen Sicherheitskonzepten

Seit Ende der 1950er Jahre, besonders aber in den 1970er- und 1980er Jahren, wurden Konzepte alternativer Sicherheitspolitik in die Öffentlichkeit gebracht und diskutiert (s. Lange-Feldhahn und Jäger 1981). Dazu gehörten u. a. Konzepte *struktureller Nichtangriffsfähigkeit* (Afheldt 1983, Lutz 1987), *defensiver Verteidigung* (Afheldt 1983, Nolte & Nolte 1984) und *Sozialer Verteidigung*. Ihre gemeinsame Prämisse ist, dass ein Krieg in Europa nicht mehr führbar bzw. nur zu dem Preis umfassender Vernichtung und allgemeinen Todes zu führen ist.

Das Konzept der strukturellen Nichtangriffsfähigkeit ist eng verwandt sowohl mit dem der defensiven Verteidigung wie mit dem der Gemeinsamen

Sicherheit. Sie wurde insbesondere von bundesdeutschen Sozialdemokrat*innen in den 1980er Jahren in die Diskussion geworfen. Gemeinsam ist den unterschiedlichen Autor*innen, dass sie eine Abrüstung von Waffentypen, die als Offensivwaffen angesehen werden können, mit einer grundsätzlich auf Frieden gerichteten Außen- und Innenpolitik verbinden (Lutz 1987). Lutz definiert sie wie folgt:

> Strukturelle Nichtangriffsfähigkeit im weiteren Sinne [...] ist gegeben, wenn die (inner-)gesellschaftliche und staatliche Struktur (Organisation) von Sicherheit Krieg als Mittel der Politik nach außen auf Dauer und erkennbar ausschließt. Strukturelle Nichtangriffsfähigkeit im engeren Sinne [...] liegt vor, wenn Streitkräfte der militärischen Abhaltung und gegebenenfalls effizienten Verteidigung dienen, nach Organisation, Struktur, Bewaffnung und Strategie aber eine militärische Aggression erkennbar nicht zulassen. (Lutz 1987, S. 24)

Autonome Abwehr oder Defensive Verteidigung ist weniger eng mit einem auf gemeinsame Sicherheit fokussierten Kontext verbunden, auch wenn sie sich durch die Umrüstung auf solche Verteidigung starke friedenspolitische Signale erhofft. Hingegen wurde sie von einigen Autor*innen mit der Sozialen, gewaltfreien Verteidigung verknüpft, entweder in einer sequenziellen Folge oder als parallele Verteidigungsform.

> Autonome Abwehr fordert die ganze Gesellschaft zur Kooperation gegen Kriegsgefährdung heraus, sie wendet Kriegsdrohung und Krieg autonom ab (Strategie der Abwendung). Gelingt dies nicht, müssen – in einer gesetzlich zu fassenden »Allgemeinen Abwehrpflicht« – nicht alle Bürger*innen Soldat*innen sein. Gleicherweise müssen nicht alle Soziale Verteidiger*innen sein. Allerdings müssen sich beide Verteidigergruppen – in ihren Eigenheiten autonom – organisieren und strukturieren, zudem in ihrer je eigenen Verteidigungsaufgabe führen, ausbilden und ausstatten lassen. (Nolte 2022)

Soziale Verteidigung ist insofern das radikalste dieser Konzepte, als dass sie, wenn sie nicht mit defensiver Verteidigung kombiniert wird – was viele ihrer Protagonist*innen mit dem Argument ablehn(t)en, dass es sich um unterschiedliche Logiken des Widerstands handele und sie deshalb nicht vereinbar seien (siehe Ebert 1981, S. 86) – eine Abwendung von militärischen Mitteln beinhaltet. Ihr Ansatz ist, durch zivilen Widerstand einen militärischen Aggressor daran zu hindern, seine Kriegsziele zu erreichen, wenn diese Kriegsziele die Kooperation der Bevölkerung brauchen.

Keines dieser Konzepte hat an Aktualität verloren. Das Problem ist nicht, dass es keine Alternativen gäbe, auch wenn die früher formulierten Konzepte Anpassungen an moderne Formen der Kriegsführung und die internationale politische Situation brauchen. Um nur drei Beispiele zu nennen: Bei defensiver Verteidigung und struktureller Nichtangriffsfähigkeit würde sicherlich heute mehr Gewicht auf Formen der sog. hybriden Kriegsführung mit elektronischen Mitteln und auf Technologie zum Abfangen von Flugkörpern gelegt als damals, als es noch keine Drohnen und andere automatisierte Flugkörper gab. Bei Sozialer Verteidigung braucht es Strategien, wie massiver Repression begegnet werden kann, denn die Herrschenden haben aus den erfolgreichen Aufständen der letzten Jahrzehnte gelernt, wie man gewaltlosen Widerstand effektiv unterdrücken kann. Gemeinsam ist allen, dass die moderne Infrastruktur viel anfälliger für Angriffe und hybride Kriegsführung ist, als man es sich damals vorstellen mochte.

Im Folgenden soll der vielleicht radikalste dieser Vorschläge näher betrachtet werden, der der Sozialen Verteidigung.

Soziale Verteidigung

Ähnlich wie Thirring kam auch der hoch dekorierte britische Admiral Stephen King-Hall (King-Hall 1958) Ende der 1950er Jahre zu dem Schluss, dass angesichts der drohenden Vernichtung durch Atomwaffen einerseits und mit der Sowjetunion einer Bedrohung, die auf die Errichtung eines kommunistischen Regimes abzielt, andererseits, eine militärische Verteidigung unmöglich sei. Er schlug an ihrer Stelle zivilen Widerstand vor, bei ihm »Verteidigung ohne Waffen« oder »passiver Widerstand« genannt. Er argumentierte:

> Wie Sie wissen, bevorzuge ich den passiven Widerstand. Und dies sind meine Gründe:
>
> 1. Ein gewaltsamer Widerstand – also Sabotage, Terror oder Ähnliches – wäre

lediglich eine Fortsetzung des organisierten militärischen Widerstandes oder ein Versuch, militärischen Widerstand ohne militärische Streitkräfte zu organisieren. Was ich von großen militärischen Aktionen im Zeitalter der Atomwaffen halte, darüber habe ich Sie eingehend informiert.
2. Was wir verteidigen wollen, sind unsere Lebensformen. Demokratische Institutionen können während einer Besetzung nicht ordnungsgemäß funktionieren. Was uns zu verteidigen bleibt, *ist daher die Idee oder der Geist der Demokratie.*« (King-Hall 1958, S. 292, kursiv im Original)

»Soziale Verteidigung nennt man die gewaltfreie aktive Verteidigung eines Volkes gegen einen militärischen Angriff von außen oder einen Staatsstreich von Putschisten« (Battke 1979). Sie basiert auf dem Grundgedanken, nicht ein Territorium bzw. die Landesgrenzen zu verteidigen, sondern einen Aggressor dadurch scheitern zu lassen, dass die Bevölkerung ihm den Gehorsam verweigert. Denn, so schon Étienne de La Boétie ca. 1574,[82] die Macht kommt letztlich vom Volk. Gene Sharps bahnbrechendes Werk über gewaltfreie Aktion (Sharp 1973) beruht auf dieser Theorie der Macht. Ein Putschist ist hilflos, wenn der gesamte Staatsapparat nicht mit ihm kooperiert, wie deutsche Offiziere 1920 erfahren mussten, die gegen die junge Weimarer Republik putschten. (Bundeszentrale für Politische Bildung o. D.) Ein anderes Erfolgsbeispiel ist der gescheiterte Putsch in Russland 1990. Und auch ein ausländischer Aggressor kann seine Kriegsziele letztlich nicht ohne die Kooperation der Bevölkerung erreichen. Seine Truppen besetzen zwar ein Land, aber Regierung und Verwaltung können im Regelfall nicht ohne die zahllosen Menschen etabliert werden, die auch vorher schon in (subalternen) Positionen tätig waren. Die Spitzen von Ministerien und Behörden können leicht ausgetauscht werden, aber nur schwerlich der gesamte Unterbau. Ansatzweise wurde solche Wirksamkeit gewaltlosen Widerstands u. a. im Ruhrkampf 1923 gezeigt, als französische und belgische Truppen das Ruhrgebiet besetzten, um fällige Reparationszahlungen einzutreiben (Müller 1995). Auch die Tage des Widerstands gegen die Truppen des Warschauer Pakts in der Tschechoslowakei 1968 werden gerne angeführt (Horsky 1968).

82 Eine neue Herausgabe seiner Schrift erscheint hier: Étienne de la Boétie (2024): Freiwillige Knechtschaft, Felix Meiner Verlag GmbH.

In der Ukraine gab es 2022 neben dem militärischen auch zivilen Widerstand, wie Daza (2022) dokumentierte.

Andere Beispiele beziehen sich auf zivilen Widerstand im Zweiten Weltkrieg, die demonstrierten, dass selbst bei einem völkermordenden Regime gewaltfreier Widerstand Menschen vor der Ermordung schützen kann (siehe Semelin 1995). Mehrere erfolgreiche Beispiele von Befreiung von Besetzung und Fremdherrschaft, die schon Jahrzehnte, wenn nicht länger, andauerten, sind bei den Kämpfen gegen Kolonialregime wie z. B. in Indien zu finden. Ein drittes Feld sind Bürgerkriege, in denen es Gemeinschaften gelang, sich aus Kriegen, die um sie herum tobten, herauszuhalten, wie Anderson & Wallace (2013) dokumentierten.

Einschränkend muss allerdings angemerkt werden, dass die Prämisse für Soziale Verteidigung bei King-Hall und allen anderen, die in der Zeit der Blockkonfrontation über Soziale Verteidigung schrieben, ist, dass das Kriegsziel des Aggressors die Kontrolle des angegriffenen Landes und die Einführung des eigenen politischen Systems ist. Das war das Szenario des Kalten Kriegs – die Ausweitung der Systeme auf die jeweils andere Seite. Auch im heute diskutierten Szenario eines russischen Angriffs auf seine Nachbarn sieht es nicht viel anders aus. Welche Chancen und Möglichkeiten Soziale Verteidigung hat, falls das Kriegsziel »Lebensraum« (Angriff Deutschlands auf Polen 1939) oder »Rohstoffe« sind, soll hier ausgeklammert bleiben.

Zur Entwicklung des Konzepts

Das Konzept der Sozialen Verteidigung, wie es heute vorliegt, wurde, wie eingangs gesagt, angesichts der Bedrohung durch einen Atomkrieg nach dem Zweiten Weltkrieg entwickelt, aber entsprechende Ideen wurden schon in der Zeit vor dem Ersten Weltkrieg formuliert.[83] Bei der Entwicklung des Konzepts lassen sich fünf Phasen unterscheiden:

1. Ihre Anfänge lassen sich bis in die Zeit vor den Ersten Weltkrieg zurückverfolgen, mindestens bis zu einer Schrift des britischen Pazifisten William James von 1910, *The Moral Equivalent to War* (s. Bogdonoff 1982). In den

83 Der folgende Abschnitt wurde schon in Schweitzer 2018 publiziert.

1930er Jahren wurde die Idee gleich mehrfach formuliert. Gandhi schlug mehreren Ländern eine gewaltfreie Verteidigung vor: der Schweiz 1931, Abessinien 1935, der Tschechoslowakei 1938 und Großbritannien 1940. In den Niederlanden formulierte angesichts der Bedrohung durch Deutschland der Antimilitarist Bart de Ligt das Konzept einer »gewaltfreien Volksverteidigung« (s. Arnold 2011) Andere Namen in den 1930er Jahren waren Richard Gregg, Jessie Wallace Hughan, Krishnalal Shridharani und Kenneth Boulding.

2. Entwicklung des modernen Konzepts seit 1950er Jahren als Verteidigung gegen Angriffe von außen und Putsche u. a. durch Stephen King-Hall (1958), Gene Sharp (u. a. 1970, 1985, 1990), Adam Roberts (1967), Johan Galtung (1982a), April Carter (2012) und Theodor Ebert (1981). In dieser Zeit fanden auch mehrere wichtige internationale wissenschaftliche, interdisziplinäre Tagungen zur Sozialen Verteidigung statt: In Oxford 1964 (Roberts 1967) und auch mindestens zwei in Deutschland, veranstaltet von der Vereinigung Deutscher Wissenschaftler (VDW), die in einer Arbeitsgruppe zur Sozialen Verteidigung von 1969–1974 an dem Thema arbeitete (Vereinigung Deutscher Wissenschaftler 1969 und Ebert 1974).
3. Es war der deutsche Friedensforscher Theodor Ebert, der in den 1980er Jahren hinzuzufügen begann, dass der erste Testfall für Soziale Verteidigung eintreten könnte, wenn eine deutsche Regierung eine radikale politische Wende hin zu vollständiger Abrüstung und einer ökologisch nachhaltigen Politik vollziehen würde, denn dann bestehe auch die Gefahr eines Putsches durch innenpolitische Kreise, die diese Wende nicht wollten. (Ebert 1988) Neue Namen aus dieser dritten Phase sind u. a. Jörgen Johansen (1990) und Brian Martin (1993). Graswurzelaktivist*innen begannen zur gleichen Zeit infrage zu stellen, ob die Vorstellung einer »Einführung von Sozialer Verteidigung« durch eine Regierung realistisch sei, oder ob eine solche Wende nicht von unten durch gewaltfreien Widerstand erkämpft werden müsse.[84] Parallel entstanden in dieser Zeit immer mehr historische Studien, z. B. von Jacques Semelin (1995) zu Widerstand im Zweiten Weltkrieg, Barbara

84 Siehe die Sondernummer der *Graswurzelrevolution* von 1988 und die Kongressmaterialien des Bundeskongresses »Wege zur Sozialen Verteidigung«, der 1988 in Minden stattfand.

Müller zum Ruhrkampf (1995) und Miniotaite (1990) zur gewaltfreien Sezessionsbewegung im Baltikum.

4. Nach 1991 wurde es still um Soziale Verteidigung, der Fokus nicht nur von den Regierungen, sondern auch der Wissenschaft und der Friedensbewegung wendete sich anderen Themen zu, v. a. gewaltfreiem Eingreifen in Konflikte anderenorts. Zu den Ausnahmen gehören Jörgen Johansen und Brian Martin (z. B. Johansen & Martin 2019). Parallel entstanden aber in den letzten dreißig Jahren viele neue Studien über zivilen Widerstand und gewaltfreie Revolutionen. Diese Studien steuern viele Erkenntnisse über Methoden und Erfolgsbedingungen zivilen Widerstands bei. Allerdings befassen sie sich überwiegend mit Bewegungen, deren Ziel der Sturz einer Regierung war; Verteidigung gegen Angriffe von außen kommen nur selten vor und der Begriff der Sozialen Verteidigung wird praktisch nicht benutzt.[85]
5. Nach 2014 war zumindest in Deutschland ein gewisses Revival des Interesses an Sozialer Verteidigung zu beobachten, das sich seit dem russischen Angriff auf die Ukraine 2022 nochmals verstärkt hat. In Deutschland entstand 2022 eine Kampagne »Wehrhaft ohne Waffen«; und auch in Frankreich und den Niederlanden wird an dem Thema gearbeitet.[86]

Methoden

Die Methoden der Sozialen Verteidigung lassen sich in drei Kategorien einordnen:

a) Methoden, die der Schaffung und Stärkung des Zusammenhalts der Aktiven gelten. Hier geht es um Stärkung des Zusammenhalts der Verteidiger*innen. Dazu gehören u. a. Demonstrationen und Solidaritätsbekundungen wie Aufkleber, Fahnen und ähnliches. Auch wichtig ist die Dokumentation dessen, was vorfällt – für den Zweck einer späteren Strafverfolgung.

b) Methoden, sich selbst zu schützen. Sie sind sehr vielfältig. Es geht dabei u. a. darum, Kommunikationswege zu sichern, gefährdete Personen zu verbergen oder außer Landes zu bringen, über Solidaritätsnetzwerke Menschen

85 Siehe Schweitzer 2018 für einen Überblick. Außerdem gibt es zahllose Aufsätze in Zeitschriften, die dort nicht bibliografisch erfasst werden konnten.

86 Siehe die Website der Kampagne, www.wehrhaftohnewaffen.de

und deren Familien, die eingesperrt oder getötet wurden, zu unterstützen, die lebensnotwendige Infrastruktur (Ernährung, Heizung) aufrechtzuerhalten, Frühwarnsysteme aufzubauen usw. Wichtig ist in diesem Kontext, darauf hinzuweisen, dass man – im Vergleich zu einem Krieg – doch von einem, gegenüber einem mit modernen Waffen geführten Krieg, geringen Gewaltniveau von Seiten des Angreifers ausgehen kann. Das Argument: »Und wenn sie dann eine (Atom-)Bombe werfen« scheint wenig haltbar zu sein. Wenn einem Angreifer kein physischer Widerstand entgegengesetzt wird, hat er keinen Grund, wahllos Städte und Dörfer zu zerstören.

c) Methoden, die die gegnerische Partei von ihren Zielen abzubringen suchen, also Methoden, die auf den Konfliktinhalt gerichtet sind:

- Ein Generalstreik senkt die Möglichkeit eines Aggressors, wirtschaftlichen Nutzen aus seinem Übergriff zu ziehen; allerdings kann ein Generalstreik nur kurzfristig durchgehalten werden.
- Längerfristig mag die Weiterarbeit in den Strukturen, die verteidigt werden sollen, wichtiger sein. Der Friedensforscher Theodor Ebert (1981) prägte dafür den Begriff der »dynamischen Weiterarbeit ohne Kollaboration«. Damit ist gemeint, dass Menschen an ihrem Arbeitsplatz bleiben, aber die Anweisungen der neuen, illegitimen Regierung verweigern. Dadurch wird der Angreifer zu dezentralem massiven Personaleinsatz gezwungen und die Chancen steigen, die Sicherheitskräfte zu beeinflussen.
- Aus den zahlreichen Fällen erfolgreicher gewaltfreier Aufstände und zivilen Widerstands in Bürgerkriegen wissen wir, dass die Aufnahme von Dialog mit den Angehörigen der gegnerischen Sicherheitskräfte entscheidend ist. Im direkten zwischenmenschlichen Gespräch mit den gegnerischen Sicherheitskräften ergibt sich die Chance, dass diese sich auf die Seite der Verteidiger*innen stellen und den Einsatz von Gewalt verweigern. (Siehe z. B. Chenoweth und Stephan 2011, Nepstad 2021, Chenoweth 2021).
- Galtung zählt auch »Eigensabotage am eigenen Sachvermögen« zu den Methoden (Galtung 1982b, S. 229)
- Aufbau konstruktiver Alternativen zu Institutionen, die der Gegner versucht zu übernehmen (z. B. Schaffung eines alternativen Schulwesens wie im Kosovo in den 1990er Jahren, s. Clark 2000).

- »Verdeutlichung des Leidens, das vom Gegner verursacht wird« (Galtung 1982b, S. 230), das sich sowohl an den Gegner als auch an eine internationale Öffentlichkeit richtet, gehört hier auch dazu, ebenso wie ›Belohnung‹ durch positive Sanktionen für positive oder neutrale Handlungen des Gegners. So können über soziale und andere Medien die Menschen auf der gegnerischen Seite informiert werden, was sich abspielt, und sie im Idealfall dazu bewegt werden, sich mit dem Widerstand zu solidarisieren.

Außerdem gehört zur Sozialen Verteidigung als alternativem Sicherheitskonzept, dass die Vorbereitung auf sie eine abhaltende Wirkung ausübt. Einem möglichen Putschisten oder Angreifer muss signalisiert werden: »Du kannst zwar die Regierenden ermorden oder unser Land besetzen, aber damit erreichst Du letztlich nichts, sondern schadest nur Dir selbst«. Das kann erreicht werden durch Vorbereitung auf Soziale Verteidigung.

Bei aller Fokussierung auf »Widerstand«: Wichtig ist, die Dimension der Konfliktbearbeitung nicht aus den Augen zu verlieren. Jeder Staatsstreich, jeder militärische Angriff, jeder Bürgerkrieg hat seine Vorgeschichte. Und bei eigentlich fast allen Konflikten dieser Art lassen sich bei historischer Betrachtung Punkte ausmachen, wo ein anderes Handeln, eine andere Politik vermutlich auch zu einem anderen Ergebnis geführt hätte.

Fazit

Das Problem bei der Diskussion alternativer Sicherheitskonzepte und Abrüstung ist der politische Wille, die Bereitschaft, überhaupt erst einmal Alternativen denkbar zu machen und zu diskutieren. Die Argumente dafür sind eigentlich zwingend:

- Krieg zerstört, was verteidigt werden soll, und auch die Vorbereitung auf Krieg verschlingt Ressourcen, belastet das Klima und schafft eine Mentalität der Angst und der Gewaltakzeptanz.
- Falls Atomwaffen eingesetzt werden, droht eine weltweite Katastrophe.
- Statt Aufrüstung brauchen wir Ressourcen für Soziales und Klimawandel.
- Gewaltsamer Widerstand gegen einen Staatsstreich kann leicht zu einem Bürgerkrieg führen. Falls der gewaltfreie Widerstand kurzfristig versagt – etwa, weil zu wenige Menschen hinter ihm stehen oder die Repression

zu unerträglich ist: Es gibt immer die Möglichkeit, ihn später wieder aufzunehmen. Stephen King-Hall brachte das prägnant auf den Punkt: »Ich aber vertrete nun einmal die Ansicht, dass ein Land mit feindlicher Besatzung besser dran ist als ein Land in Schutt und Asche«. (King-Hall 1958, S. 16)

Wenn es irgendwelche hoffnungsvollen Zeichen in dieser Zeit gibt, dann ist es das zunehmende Selbstbewusstsein von Ländern des Globalen Südens, den alten Mächten der Zeit nach dem Zweiten Weltkrieg die Stirn zu bieten. Eine multipolare Welt scheint immer mehr Gestalt anzunehmen – ob sie allerdings eine friedlichere wird, ist eine andere Frage. Dabei bräuchte es dringend Kooperation auf globaler Ebene, um der größten menschengemachten Bedrohung, der wir uns gegenübersehen, Herr zu werden: der Naturzerstörung und dem Klimawandel. Wir können uns Krieg und Rüstung gar nicht mehr leisten – weder von den Ressourcen her noch von ihren Folgen. Vielleicht ist das eine Einsicht, die letztlich hilft, Militär und Rüstung zu überwinden.

Literatur

Afheldt, Horst (1983): *Defensive Verteidigung.* Reinbek b. Hamburg: Rowohlt.

Anderson, Mary B./Wallace, Marshall (2013): *Opting Out of War. Strategies to Prevent Violent Conflict.* Boulder/London: Lynne Rienner Publishers.

ARD-Deutschland Trend (2024): *Mehrheit sieht den Frieden in Europa bedroht,* Stand: 04.04.2024. Online: https://www.tagesschau.de/inland/deutschlandtrend/deutschlandtrend-3418.html [Zugriff 5.4.24]

Arnold, Martin (2011): *Gütekraft – Bart de Ligts humanistische Geestelijke Weerbaarheid.* Overath: Verlag Bücken & Sulzer.

Bange, Oliver/Niedhart, Gottfried (Hg.) (2008): *Helsinki 1975 and the Transformation of Europe.* New York/Oxford: Berghahn Books.

Battke, Achim (1979): *Verteidigung ohne Waffen.* Tübingen: Verein für Friedenspädagogik.

Bogdonoff, Philip (1982): *Civilian-Based Defense: A Short History.* Online: http://pbogdonoff.home.igc.org/cbdhist.html [Zugriff: 1.6.2018; die Website ist nicht mehr verfügbar]

Boserup, Anders/Mack, Andrew (1974): *Krieg ohne Waffen? Studie über Möglichkeiten und Erfolge sozialer Verteidigung.* Reinbek: rororo aktuell.

Brock, Peter/Young, Nigel (1999): *Pacifism in the twentieth century.* Syracuse: Syracuse University Press.

Bundeszentrale für Politische Bildung (o.D.): *Vor 100 Jahren: Kapp-Lüttwitz-Putsch.* Online: https://www.bpb.de/kurz-knapp/hintergrund-aktuell/306434/vor-100-jahren-kapp-luettwitz-putsch/ [Zugriff 8.4.24]

Carter, April (2012): *People Power and Political Change. Key issues and concepts.* London/New York: Routledge

Chenoweth, Erica (2021): *Civil Resistance. What everyone needs to know.* Oxford: Oxford University Press.

Chenoweth, Erica/Stephan, Maria J. (2011): *Why Civil Resistance Works. The Strategic Logic of Nonviolent Conflict.* New York: Columbia University Press.

Clark, Howard (2000): *Civil Resistance in Kosovo.* London: Pluto-Press.

Daza Sierra, Filip (2022): *Ukrainian Nonviolent Civil Resistance in the Face of War.* https://www.icip.cat/en/publication/ukrainian-nonviolent-civil-resistance-in-the-face-of-war/ [Zugriff 5.4.24]

Ebert, Theodor (1968): *Gewaltfreier Aufstand – Alternative zum Bürgerkrieg.* Freiburg i. Br.: Waldkircher Verlagsgesellschaft.

Ebert, Theodor (1981): *Soziale Verteidigung – Formen und Bedingungen des Zivilen Widerstands.* Waldkirch: Waldkircher Verlagsgesellschaft.

Ebert, Theodor (1988): Die Umsetzung Sozialer Verteidigung über ein rot-grünes Regierungsbündnis. In: *Graswurzelrevolution.* Sonderheft Soziale Verteidigung, Nr. 123–124, S. 33–36.

Ebert, Theodor (1990): Die Entwicklung des Konzepts der Sozialen Verteidigung in Deutschland. In: *Militärpolitik Dokumentation (Sonderheft: Soziale Verteidigung),* 13. Jg., 80,81/1990, S. 3–30.

Ebert, Theodor (Hrsg.) (1974): *Demokratische Sicherheitspolitik. Von der territorialen zur sozialen Verteidigung.* München: Hanser.

Frederick, Bryan/Charap, Samuel/Mueller, Karl P. (2022): *Responding to a Limited Russian Attack on NATO During the Ukraine War.* Online: https://www.rand.org/pubs/perspectives/PEA2081-1.html [Zugriff 5.4.24]

Friedrich Ebert Stiftung (o.D): *Geschichte der Entspannungspolitik.* Online: https://www.fes.de/geschichte/entspannungspolitik [Zugriff 10.4.24]

Galtung, Johan (1982a): *Anders verteidigen. Beiträge zur Friedens- und Konfliktforschung.* Reinbek: Rowohlt.

Galtung, Johan (1982b): Zur Strategie der nichtmilitärischen Verteidigung – Probleme und Lösungsvorschläge. In: Galtung, Johann: *Anders verteidigen. Beiträge zur Friedens- und Konfliktforschung.* Reinbek: Rowohlt, S. 217–286.

Horsky, Vladimir (1968): *Systemveränderung und Systemverteidigung. Studien zur Friedensforschung Bd 14.* München/Stuttgart: FEST.

Jochheim, Gernot (1988): *Soziale Verteidigung – Verteidigung mit einem menschlichen Gesicht. Eine Handreichung.* Düsseldorf: Patmos.

Johansen, Jörgen (1990): *Socialt forsvar – en ikkevoldsrevolution.* Morjärv: Bokförlaget NU.

Johansen, Jörgen; Martin, Brian (2019): *Social defence.* Nössemark: Irene Publishing.

King-Hall, Stephen (1958): *Den Krieg im Frieden gewinnen.* Hamburg: Henri Nannen Verlag.

Lange-Feldhahn, Klaus/Jäger, Uli (1981): *Alternative Sicherheitskonzepte. Arbeitshilfen für eine notwendige Diskussion.* Tübingen: Verein für Friedenspädagogik.

Lutz, Dieter S. (1987): Zur Theorie Struktureller Angriffsunfähigkeit. In: *Hamburger Beiträge zur Friedensforschung Heft 22.* Hamburg: ISFH.

Martin, Brian (1993): *Social Defence, Social Change.* London: Freedom Press.

Miniotaite, Grazina (1990): *Nonviolent Resistance in Lithuania. A Story of Peaceful Liberation.* Albert Einstein Institution Monograph Series.

Müller, Barbara (1995): *Passiver Widerstand im Ruhrkampf. Eine Fallstudie zur gewaltlosen zwischenstaatlichen Konfliktaustragung und ihren Erfolgsbedingungen.* Münster: Lit-Verlag.

Nepstad, Sharon Erickson (2011): *Nonviolent Revolutions. Civil Resistance in the Late 20th Century.* Oxford: Oxford University Press.

Neuber, Arno (2010): *Den Krieg führen – mit noch mehr Soldaten. Die Bundesregierung sucht nach einer Sprachregelung für den Kriegseinsatz in Afghanistan und schickt noch mehr Truppen.* Online: http://www.imi-online.de/2010/02/16/den-krieg-fuehren-m/ [Zugriff 9.4.24]

Nolte, Hans-Heinrich/Nolte, Wilhelm (1984): *Ziviler Widerstand und autonome Abwehr.* Baden-Baden: Nomos.

Nolte, Wilhelm (2022): Defensive Verteidigung als Alternative. In: *Friedensforum 5/2022*, S. 49–50.

Pifer, Steven (2024): Atomare Anspannung. In: *ipg journal.* Online: https://www.ipg-journal.de/rubriken/aussen-und-sicherheitspolitik/artikel/atomare-anspannung-7280/

Putin, Vladimir (2021): Über die historische Einheit der Russen und der Ukrainer. In: *Zeitschrift Osteuropa* 2021/7. Online: https://zeitschrift-osteuropa.de/hefte/2021/7/ueber-die-historische-einheit-der-russen-und-der-ukrainer [Zugriff 5.4.24]

Rawaf, Salman (2013): The 2003 Iraq War and Avoidable Death Toll. In: *PLOS MEDICINE.* Online: https://doi.org/10.1371/journal.pmed.1001532 [Zugriff 5.4.24]

Richter, Wolfgang (2020): *Nukleare Rüstungskontrolle in Gefahr. Der neue Rüstungswettlauf und die Erosion der Rüstungskontrolle unterminieren die strategische Stabilität.* SWP Aktuell Nr. 34. Online: https://www.swp-berlin.org/publications/products/aktuell/2020A34_ruestungskontrolle.pdf [Zugriff 5.4.24]

Roberts, Adam (Hrsg.) (1967): *The Strategy of Civilian Defence. Non-violent Resistance to Aggression.* London: Faber and Faber Ltd.

Schennink, Ben (1997): Helsinki from Below: Origin and Development of the IFSH. In: *OSCE Yearbook 1997*, Baden-Baden: OSCE, S. 403–415.

Schweitzer, Christine (2018): Ziviler Widerstand und Soziale Verteidigung. Was wir heute über die Realität von Sozialer Verteidigung wissen. In: *Schnee von gestern oder Vision von morgen? Neue Wege Sozialer Verteidigung. Dokumentation der Jahrestagung des Bunds für Soziale Verteidigung 2018*, HuD 58. Minden: BSV.

Schweitzer, Christine (2022): *Das Afghanistan-Monitoring-Projekt.* Online: https://www.friedenskooperative.de/monitoring-projekt-Afghanistan [Zugriff 10.4.24]

Schweitzer, Christine (2022): *Afghanistan – Die Rolle Deutschlands.* Online: https://www.friedenskooperative.de/monitoring-projekt-Afghanistan/die-rolle-deutschlands [Zugriff 10.4.24]

Semelin, Jacques (1995): *Ohne Waffen gegen Hitler. Eine Studie zum zivilen Widerstand in Europa.* Frankfurt a. Main: dipa Verlag.

Sharp, Gene (1970): *Exploring Nonviolent Alternatives,* Boston: Porter Sargent Publisher.

Sharp, Gene (1973) *The Politics of Nonviolent Action.* Boston: Porter Sargent Publisher.

Sharp, Gene (1985): *Making Europe Unconquerable: The Potential of Civilian-based Deterrence and Defence.* London: Taylor & Francis.

Sharp, Gene (1990): *Civilian-based defence. A Post-military Weapons System.* Princeton: Princeton University Press.
Tagesschau.de (25.2.24): *Bedrohung durch Russland. Das Baltikum – die Achillesferse der NATO.* Online: https://www.tagesschau.de/ausland/europa/nato-baltikum-russland-100.html [Zugriff 5.4.24]
Thirring, Hans (1963): *Mehr Sicherheit ohne Waffen*, Wien: Verlag für Jugend und Volk.
United Nations, Office on Genocide Prevention and the Responsibility to Protect (o. D.), https://www.un.org/en/genocide-prevention [Zugriff 9.4.24]
Vereinigung Deutscher Wissenschaftler (1969): *Civilian Defence. Gewaltloser Widerstand als Form der Verteidigungspolitik. Tagungsbericht.* Bielefeld: Bertelsmann Universitätsverlag.

IV. ANTIMILITARISMUS UND ABRÜSTUNG – INTERNATIONALE ERFAHRUNGEN

Andreas Gross

Hans Thirring und die konkrete Utopie »Schweiz ohne Armee«

> Die entfesselte Macht des Atoms hat alles verändert, nur nicht unsere Denkweisen. Auf diese Weise gleiten wir einer Katastrophe ohnegleichen entgegen. Wir brauchen eine wesentlich neue Denkungsart, wenn die Menschheit am Leben bleiben soll.
>
> ALBERT EINSTEIN (1879–1955)

Aus der 1980 geborenen Idee »Schweiz ohne Armee« war 1989 in der Schweiz die »Utopie des Jahres« geworden. Vielleicht sollte man sogar von der »Utopie eines Jahrzehnts« reden, der konkreten Utopie der 1980er Jahre. Denn das Projekt, die Armee abzuschaffen und durch eine »umfassende Friedenspolitik« zu ersetzen, war ganz gewiss die umstrittenste und wohl deswegen am intensivsten und am breitesten diskutierte politische Idee der Schweiz der 1980er Jahre. In einem Land, von dem die schweizerische Regierung, der Bundesrat, in seiner Stellungnahme zur Idee »Schweiz ohne Armee« im Frühjahr 1988 behauptet hatte, diese sei deswegen besonders verwerflich, weil die Schweiz nicht nur eine Armee habe, sondern sogar eine sei![87] Die Regierung reduzierte die Schweiz also auf die Armee. Sie verwandelte die Idee, die Armee abzuschaffen, in die Idee zur Abschaffung der Schweiz. Einen triftigeren Beleg dafür, wie sehr die schweizerische Gesellschaft sich militarisiert hatte und das Schweizer Militär und seine Armee zu einem Tabu geworden waren, gibt es wohl kaum.

Im Kreis der Jusos entstanden

Entstanden war die »Furzidee« – so die Einschätzung des damaligen Vorsitzenden der Sozialdemokratischen Partei der Schweiz – im Herbst 1980

87 Botschaft des Bundesrates zur Volksinitiative für eine Schweiz ohne Armee im offiziellen schweizerischen Bundesblatt vom 18. Mai 1988.

im Kreis von Jungsozialisten. An ihrer Jahresversammlung im Frühling 1981 machten sich die Jusos die Idee zu eigen, vertraten sie als konkrete Utopie in der Öffentlichkeit und verknüpften sie mit dem klassischen Reforminstrument der schweizerischen (direkten) Demokratie, der Volksinitiative zur Ergänzung der Bundesverfassung. Vorgeschlagen wurden die beiden Sätze: »Die Schweiz hat keine Armee. Sie entwickelt eine umfassende Friedenspolitik, welche die Selbstbestimmung des Volkes stärkt und die Solidarität unter den Völkern fördert.« Die Jusos wollten diese Volksinitiative aber nicht alleine lancieren. Sie schlugen vielmehr allen interessierten Reformkräften vor, dazu eine eigene Organisation zu gründen. Darin sollten sich all jene, welche die Armee aus welchen Gründen auch immer überwinden wollten, zu Hause fühlen und eine starke Reformbewegung entwickeln können. Dies geschah am 12. September 1982 in der Kleinstadt Solothurn und deren alternativer Genossenschaftsbeiz »Zum (Schweizer) Kreuz«. Über 100 Menschen, alt und jung, Pazifisten und Feministinnen, Alternative und Antimilitaristen, alte Kommunisten, junge Grüne, aktive Soldaten, ja sogar Offiziere und Kriegsdienstverweigerer (Zivildiener gab es damals noch nicht; die Schaffung eines Zivildienstes, eines Menschenrechts, war eine der realpolitischen Hoffnungen, die mit einem guten Ergebnis für die Abschaffungs-Initiative verbunden wurden): Sie alle gründeten die »Gruppe für eine Schweiz ohne Armee« (GSoA) – heute noch die wichtigste und stärkste Gruppierung in der schweizerischen Friedensbewegung. Im Frühjahr 1985 wurde die Volksinitiative lanciert. Das heisst, die Sammlung der notwendigen 100.000 Unterschriften (entsprach 2,2 % der Stimmberechtigten) begann. 18 Monate später, fristgemäss, am 12. September 1986, deponierte die GSoA zur allgemeinen Überraschung 112.941 Unterschriften von Schweizer Bürgerinnen und Bürgern für eine Schweiz ohne Armee bei der Schweizerischen Bundeskanzlei in Bern.

Die Direkte Demokratie kann die Gesellschaft zu einer Diskussion zwingen, die sie nicht will

Die Verknüpfung der ebenso revolutionären wie aufmüpfigen und provokativen Idee mit einem höchst legitimierten, 100 Jahre alten Reforminstrument, der Volksinitiative, war doppelt produktiv. Erstens konnte dadurch vermieden werden, dass die GSoAtInnen aus der Gesellschaft ausgegrenzt, politisch verteufelt, ja gar kriminalisiert wurden. Sie wollten das System mit einem systemischen Instrument verändern. Dagegen konnte kein Verteidiger des Systems systemisch etwas einwenden. Vielmehr musste er auf die Idee eingehen. Denn zweitens besteht die politische Macht, welche das Recht auf eine Volksinitiative den Bürgerinnen und Bürgern verschafft, gerade darin, dass sie die Gesellschaft zu einer Diskussion zwingen kann, die diese lieber vermeiden würde. Im Unterschied zu Österreich und Deutschland kann in der Schweiz keine Regierung und auch keine Parlamentsmehrheit verhindern, dass ein rechtmässig zustande gekommenes Volksbegehren auch der Volksabstimmung unterbreitet wird. Das heisst, alle können nur noch versuchen, die Stimmberechtigten von ihren Ansichten zu überzeugen. Das Anliegen tot zu schweigen geht nicht; zu gross wäre das Risiko, dass die Befürworter*innen einer Reform die öffentliche Diskussion beherrschen und zu den Machern der Mehrheits-Meinung werden. Und so gibt es zum Einstieg in die Diskussion über eine Volksinitiative nach der Sammlung der notwendigen Anzahl von Unterschriften keine Alternative mehr.

Die massenhafte, breitestmögliche allgemeine gesellschaftliche Diskussion ist immer das effizienteste Mittel zur Überwindung eines gesellschaftlichen Tabus. Genau dies ist auch mit der Armee in der Schweiz während der 1980er Jahre geschehen. Schon die Ankündigung der Jusos, eine entsprechende Volksinitiative ins Auge zu fassen, löste eine heftige öffentliche Debatte aus. Und während der Unterschriftensammlung verschafft einem eine Volksinitiative das allgemein anerkannte Recht, auf allen Strassen, Plätzen und Vorhöfen jeder Gemeinde ganz fremde Mitbürgerinnen und Mitbürger anzusprechen; fast keiner verweigert sich dann der Diskussion. Womit immer ein kleiner Anfang gemacht wird. Ohne Garantie für die Veränderung der Einstellungen. Aber ohne Diskussion erfolgt ganz sicher keine Veränderung. Die Diskussion ist die notwendige, wenn auch nicht hinreichende Voraussetzung für eine gesellschaftliche Veränderung.

Zwischen dem Frühling 1981 und dem Winter 1989 haben in der Schweiz gewiss Dutzende von Millionen von solchen Diskussionen über Krieg, Frieden, die Welt, die Schweiz, Europa und die Armee stattgefunden. Die GSoA-Mitglieder haben mehrere Millionen davon selber angestossen. Die Kraft all dieser Worte, die gesellschaftliche Energie, welche aus diesen Reibungen entstand, führte am 29. November 1989 zum Sturz der Schweizer Mauer, der Schweizer Armee. 1.052.218 Schweizerinnen und Schweizer stimmten für eine »Schweiz ohne Armee«. Das waren 35,6 % aller Stimmenden. Bei einer Stimmbeteiligung, die mit Ausnahme der fremdenfeindlichen Anti-Ausländer-Initiative von 1969 mit 68,5 % noch nie so hoch war seit dem Zweiten Weltkrieg. Zwei der 26 Kantone, Jura und Genf, haben der Initiative gar mehrheitlich zugestimmt. Für alle war das eine »Sensation«, für die einen »ein Schock«, für andere eine unglaubliche Ermutigung. Auf jeden Fall fiel das Tabu. In jedem Gasthaus ist Freiheit gewonnen worden; kein Armeegegner wurde mehr hinausgeworfen. Die Armee wurde ein Thema wie jedes andere; man durfte nun in guten Treuen verschiedener Meinung sein. Und der Schaffung des Zivildienstes mochte sich auch kaum mehr jemand zu widersetzen. Nationalrat Helmut Hubacher brachte den entsprechenden Antrag am Montag nach dem GSoA-Abstimmungs-Wochenende in das Parlament ein; das Volk und die Kantone stimmten mit einer Dreiviertelsmehrheit vier Jahre später für den Zivildienst.

Vom europäischen Atompazifismus zum Kleinstaats-Pazifismus

Die GSoA selber ist ein Kind sowohl der Zürcher Jugendbewegung als auch der europäischen Friedensbewegung der frühen 1980er Jahre. Die Jugendbewegung motivierte die Menschen dazu, dem Leben im Falschen auf den Grund zu gehen. Ebenso zum Mut zu formulieren und für das einzutreten, was die radikale Analyse der Miss- und Umstände ergab. Deshalb begnügten sich die Gründer*innen der GSoA nicht mit der Solidarität mit der europäischen atompazifistischen Friedensbewegung und deren Kampf gegen die Stationierung von neuen Nato-Pershing-Atomraketen. Sie dachten weiter und merkten, dass der Kleinstaat Optionen möglich machte, welche anderen Staaten verwehrt waren. Gerade weil der Kleinstaat nicht »matchentscheidend« war, konnte er andere Wege versuchen. Vor allem der neutrale Kleinstaat Schweiz, der »von Freunden umzingelt« war; selbst so Diktatoren wie Milošević oder Gaddafi dürften auch in Zeiten grösster Not nie auf die Idee gekommen sein, einen militärischen Angriff auf die Schweiz vorzubereiten. Der Schweiz stand der Weg der vollständigen militärischen

Abrüstung und der Investition der so gewonnen Mittel und Ressourcen in eine umfassende Friedenspolitik zum Abbau der Gewaltträchtigkeit unserer verschiedenen Beziehungen und Lebensverhältnisse offen. Alles spricht dafür, dass ein Krieg in Europa zwischen den Supermächten UdSSR/Warschauer Pakt und der Nato/USA zu einem Atomkrieg eskalieren würde, demgegenüber jegliche »militärische Verteidigung« auch eines nur indirekt betroffenen kleinen Staates illusionär wäre. Statt zu versuchen, einen solchen »Fall-out« eines europäischen Atomkrieges zu überleben – wozu im Übrigen die Armee auch nichts beitragen könnte, ginge es doch darum, einen Krieg und eine solche atomare Eskalation in Europa zu verhindern; wobei auch dabei die Armee nichts helfen kann. Statt solchen militärischen Illusionen für zehn Milliarden Franken jährlich anzuhängen, wollte die GSoA die konkrete Utopie der armeefreien umfassenden Friedenspolitik entwickeln.[88]

Inspirationen von Thirring und Kohr …

Es gehört zu den politkulturellen Eigenheiten der GSoA, dass sie ihre gewaltfreie Friedenspolitik als Frucht der zeitgenössischen kritischen Debatten selber entwickelt hat. Erst nachher ging sie auf der Suche nach den entsprechenden Wurzeln dieser Politiken in die europäische Geschichte der Linken und der Pazifisten und wurde vielfach fündig.[89] Auch in Österreich, namentlich in den Werken des damals in Grossbritannien lebenden österreichischen »Philosophen des Kleinstaates«, Leopold Kohr (1909–1994), von Hans Thirring (1888–1976) sowie Sozialminister Alfred Dallinger (1926–1989), und vor allem des in der Nachfolge von Ernst Bloch zum »Philosophen der konkreten Utopie« gewordenen Robert Jungk (1913–1994). Zu Hans Thirring und dem »Thirring-Plan« finden sich im telefonbuchartigen, 670-seitigen *GSoA-Jahrbuch*[88] sieben Seiten mit zwei Artikeln von Ernst Glaser und

88 Siehe dazu »Für ein neues friedenspolitisches Denken und Handeln in der Schweiz«. In Gross/Crain/Erne/Furrer 1989, S. 323–332.

89 So erzählte ich zu Beginn meines Aufsatzes »Die Bedeutung der ›Schweiz ohne Armee‹ in der Geschichte der schweizerischen Arbeiterbewegung« (Gross 1989b), dass mich die Lektüre eines Aufsatzes von Ulrich Bröckling die Bedeutung der kontrafaktischen Geschichtsschreibung entdecken liess, in der die »unterlegenen Alternativen nicht einfach ausgeblendet werden in der Darstellung der Geschichte«, und veranlasst habe »vor fünf Jahren« (das heisst also 1983/84) damit zu beginnen »die Geschichte der ›Schweiz ohne Armee‹ auszugraben.

Georg Breuer, die zum 100. Geburtstag von Thirring und zum 25. Geburtstag des »Thirring-Plans« im August 1988 in der Zeitschrift *Zukunft* der SPÖ publiziert worden waren.

Für Ernst Glaser ist es die »Grundthese« Thirrings, die stark an Albert Einsteins weise Erkenntnis erinnert: »Die Feststellung, die Thirring schon in seiner ersten Schrift nach 1945 ausgesprochen hatte, dass infolge des möglichen Einsatzes von Atomwaffen die Kriegstechnik ein Stadium erreicht habe, welches das Risiko sowohl für Angreifer als für Verteidiger so erhöhte, dass es sinnlos geworden ist, jemals wieder Kriege zu führen.« Kommentar von Glaser: »Die technische Entwicklung schien Thirring also die Realisierung der Ziele des konsequenten Pazifismus endlich zu ermöglichen [...]«. (GSoA-Jahrbuch 88, S. 67)

In seiner Schrift *Mehr Sicherheit ohne Waffen* formulierte Hans Thirring den Kerngedanken, der 20 Jahre später auch der GSoA zu Grunde liegen sollte:

> Es wird bei uns entweder keinen Krieg geben (was mehr als 99 Prozent sicher ist) oder die letzte Auseinandersetzung zwischen Ost und West, die mit der totalen Vernichtung Europas enden würde. Im ersten Fall benötigen wir sowieso keine Bewaffnung. Im letzteren Fall wäre ein österreichisches Bundesheer absolut machtlos, weil sich die mechanischen Zerstörungen außerhalb unseres Landes abspielen würden, während der radioaktive Niederschlag vom Himmel fiele und alles Ackerland verseuchen würde, ohne dass wir das Geringste dagegen tun könnten. Auf der anderen Seite aber kann eine allgemeine Entspannung, eingeleitet durch eine österreichische Abrüstung, sehr stark dazu beitragen, die ohnehin schon geringe Wahrscheinlichkeit eines Umschlagens des kalten in einen heißen Krieg noch weiter zu verringern. (Thirring 1963, S. 21)

... aufgenommen 1968 vom Basler Philosophen Hans Saner

Ob dem Basler Philosoph Hans Saner (1934–2017), in den 1960er Jahren Assistent des in Basel lehrenden ursprünglich deutschen Philosophen Karl Jaspers, das Werk und die ungewöhnlichen Thesen Hans Thirrings bekannt waren, entzieht sich meiner Kenntnis.

Ausgeschlossen werden kann dies aber nicht. Denn Hans Saner war im europäischen kritischen Denken zu Hause und ein feiner Kenner von Kants *Ewiger Frieden*. 1968 erhielt er für seine Dissertation zur Friedensphilosophie Kants den Hermann-Hesse-Preis.

Die Verleihung dieses Preises in Karlsruhe nutzte Hans Saner zu einer fulminanten Rede, mit der er die später als »Helvetosklerose« diagnostizierte schweizerische Befindlichkeit herausfordern wollte. Grundlage von Hans Saners Plädoyer war ein Zitat des deutschen Physikers Max Planck (1858–1947), das auch von Hans Thirring hätte stammen können: »Die größte Gefahr sind heute die Leute, die nicht wahrhaben wollen, dass das jetzt anhebende Zeitalter sich grundsätzlich von der Vergangenheit unterscheidet. Mit den überkommenen politischen Begriffen werden wir mit dieser Lage nicht fertig werden. Der Bankrott der traditionellen Vorstellung von Krieg, Angriff und Verteidigung ist offenbar. Ohne Umdenken ist kein Ausweg aus der Gefahr möglich.« (Saner 1968)

In seiner Karlsruher Rede ging es Hans Saner vor allem um den Nachweis, wonach das Den Haager Neutralitätsrecht den neutralen Staat nicht dazu zwinge, eine Armee zu unterhalten. Es zwinge ihn nur, sich im Falle eines Angriffs mit allen ihm zur Verfügung stehenden Mitteln zur Wehr zu setzen. Wenn keine Armee vorhanden ist, könnten dies auch nichtmilitärische Mittel sein. Damit wollte sich Saner aber keineswegs um die Grundsatzfrage drücken. Denn er sagte klipp und klar: »Da den Kleinstaaten in Europa in einem nuklearen Krieg nur die Rolle des Opfers zuteil wird, ein konventioneller europäischer Krieg gegen sie aber ganz unwahrscheinlich ist, sollten sie alles daran setzen, auch den Beweis dafür zu erbringen, dass ein Staat fortschreiten kann, ohne ein Kriegssystem zu sein. Ich meine ganz konkret: Sie sollten die Armee abschaffen.« (Ebenda) Diese Erkenntnis Saners sollte sich für die GSoA-Initiative als überlebenswichtig erweisen. Denn sie hat verhindert, dass der Bundesrat und die Bundesversammlung die Volksinitiative »Für eine Schweiz ohne Armee« wegen Völkerrechtswidrigkeit für ungültig erklären und der Volksabstimmung vorenthalten konnten.

Schweizer Sozialdemokraten stimmen schon Mitte der 1920er Jahre »Zukunftsmusik« an

Der Philosoph Saner stellte sich mit seinem Plädoyer für die Abschaffung der Schweizer Armee in die Tradition des linken und des religiös-sozialen Pazifismus.[90] Der prominenteste Vertreter des letzteren in der Schweiz war der Zürcher Theologe und Professor Leonhard Ragaz, der unmittelbar nach dem Abwurf der ersten Atombombe kurz vor seinem Tod die wahrhafte Zeitenwende erkannt hatte. Ragaz, der möglicherweise auch Thirring wiederum kein Unbekannter gewesen war, schrieb im Herbst 1945: »Der Krieg bedeutet nun die Selbstvernichtung der Menschheit. Mit dem Krieg muss es zu Ende sein [...] Die schweizerische Neutralität wäre dann ein Friedensinstrument, wenn wir auf Grund davon unsere Armee abschaffen und erklärten, dass wir [...] der Völkergemeinschaft durch das Beispiel des Friedens und durch Werke des Friedens dienen wollten.« (Zitiert in Gross 1989a)

Für die Linken waren Vertreter der Arbeiterbewegung im schweizerischen Parlament seit langem auf den Spuren von Leopold Kohr – schon lange bevor dieser selber sie hat legen können. So meinte der 82-jährige Pionier der Schweizer Sozialdemokratie, Herman Greulich (1842–1925), im Dezember 1924 im Nationalrat:

> Die einzige [sicherheitspolitische, A. G.] Garantie der kleinen Staaten ist die, als oberstes Prinzip der internationalen Beziehungen die moralische Kraft über die physische zu stellen. Die moralische Macht der Kleinstaaten ist der vollständige Verzicht auf alle Gewaltmittel, die vollständige Abschaffung des Militärs. Ich bin mir bewusst, dass ich hier Zukunftsmusik bringe, aber Zukunftsmusik, die einmal wahr werden wird. (Zitiert in Gross 1989b, S. 48)

Nur zwei Jahre später stellte der junge Zürcher Redaktor der sozialdemokratischen St. Galler Tageszeitung *Die Volksstimme*, der spätere Nationalrat und

90 In seinem ebenfalls im Sammelband *Frieden mit Europa* publizierten Aufsatz »Wäre es nicht besser, die Schweiz würde konsequent auf Frieden setzen« fasste Hans Saner seine wichtigsten Gründe für die Abschaffung der Armee nochmals zusammen; der letzte Abschnitt dieses im Sommer 1989 geschriebenen Textes lautet: »Man kann die Initiative demnächst an einem Wochenende ablehnen. Aber die Frage, die sie aufwirft, wird bleiben: wäre es nicht besser, wir hätten als kleines Land den Mut, konsequent auf den Frieden zu setzen?« (Gross/Crain/Kaufmann 1989)

zweite sozialdemokratische Bundesrat Max Weber, sogar erstmals eine Volksinitiative für die Abschaffung der Schweizer Armee zur Diskussion. Weber schrieb im Januar 1926 unter dem Titel »Initiative vor«: »Aus all diesen Erwägungen ergibt sich notwendig die Forderung, den Kampf um die Armee ins Volk hineinzutragen und ihn dort auszufechten. Und das kann unserer Meinung nach nur geschehen durch eine Verfassungsinitiative.« (zit. in Gross 1989b, S. 48) Der Basler National- und Regierungsrat Fritz Schneider, eine überragende Persönlichkeit der Schweizer Sozialdemokratie, reichte dem Bundesrat, der schweizerischen rein bürgerlichen Regierung am 23. Dezember 1925 einen von 47 Kollegen mitunterzeichneten Antrag ein:

> Es sei den Räten eine Vorlage zu unterbreiten, die im Interesse der Förderung des Friedens zwischen den Völkern, der Wohlfahrt des eigenen Volkes und der Beseitigung der militärischen Ursachen der Kriege, eine Änderung der Bundesverfassung im Sinne der vollständigen militärischen Abrüstung vorsieht. (Ebenda)

Österreichische Linke summen sie weiter

Ob Hans Thirring von dieser »Zukunftsmusik« aus der Schweiz der 1920er Jahre etwas vernommen hat, ist mir nicht bekannt. Ganz gewiss war Hans Thirring aber dem Wiener Publizisten Günther Nenning bekannt und ohne Nenning hätte der Basler Publizist und Stuttgarter Dokumentarfilmer Roman Brodmann 1971 seine kleine Politfiktion *Schweiz ohne Waffen* nicht geschrieben. Eine Fiktion, die selbst von der damals linksliberalen Basler *National-Zeitung* als »Brodmanns Hirngespinste« (Brodmann et al. 1986/1987, S. 555) abgetan wurde. Wer hätte da gedacht, dass keine 13 Jahre später der Filmemacher Brodmann mit einer kleinen Equipe des Süddeutschen Fernsehens aus Stuttgart in die Schweiz fahren und das Zustandekommen einer Volksinitiative »Für eine Schweiz ohne Armee« filmisch begleiten würde. Roman Brodmann:

> Natürlich war es merkwürdig, etwas zu filmen, das man schon einmal beschrieben hat, rein aus der Phantasie heraus. Der 12. September 1986 war dann schon ein sonderbares Erlebnis, als die Unterschriften in Bern abgegeben wurden, vor allem weil der Ablauf des Zustandekommens in mancher

Hinsicht meiner Fiktion entsprach – ohne dass die Akteure das wussten. Nur wenige wussten überhaupt um die Existenz meines Buches. Sie hatten sich auch nicht darauf berufen. Aber der Ablauf und die Argumentation waren auf verblüffende Weise deckungsgleich mit meiner Fiktion.[91]

Doch auch Günther Nennings Volksbegehren zur Abschaffung des Bundesheeres vom 22. Januar 1970 war das Kind einer Wiener Polit-Fiktion. (Vgl. Jordan 1989) Diese war als »1. April-Scherz« in Nennings Zeitschrift *Neues Forum* in Form einer fiktiven Rede des damaligen österreichischen Aussenministers für die Abschaffung des Bundesheeres erschienen. Verfasst hatte sie der Publizist, Psychologe und Linkskatholik Wilfried Daim. Sie löste nichts weniger als die »grösste antimilitaristische Mobilisierung der 2. Republik« (Jordan 1989, S. 247) aus. Auf die Frage eines Lesers in der darauf folgenden Ausgabe des *Neuen Forum*, ob ein solches Volksgehren nicht doch ernsthaft in Erwägung gezogen werden sollte, meinte Chefredaktor Nenning: »Ja, und ich bin dafür«. 1700 Aktivisten meldeten sich und machten mit. Im Januar 1970 wurde der Text beschlossen. Die Abschaffung des Bundesheeres prägte gar den ganzen Wahlkampf. Bundeskanzler Kreisky wusste auch dies zu nutzen. Im Oktober 1971 fuhr die SPÖ die absolute Mehrheit ein. Zwar sind die Unterschriften auf obskure Weise verschwunden, das Volksbegehren wurde nie aufgelegt, doch die Wehrdienstzeit wurde verkürzt und das Zivildienstgesetz 1974 beschlossen. In Meinungsumfragen brachten 50 Prozent aller Österreicherinnen und Österreicher zum Ausdruck, dass sie die militärische Verteidigung des Landes für sinnlos halten. (Ebenda, S. 253)

Über eine Million Schweizerinnen und Schweizer nehmen die Melodie in Buch, Film, Taten und Stimmen auf

Der Basler Roman Brodmann stand als junger Soldat im berühmt-berüchtigten Frühjahr 1940 am Rhein, schaute eingegraben auf das nördliche Ufer und stellte schon damals seine Verteidigungsbemühungen in Frage. 1962 wurde er ganz persönlich ein Opfer der nationalen Lebenslüge, wonach es die Armee

91 Roman Brodmann: »Auf den Spuren der eigenen Utopie«, Zürcher *Sonntags-Blick* vom 7. Juni 1987. Abgedruckt im Anhang von Brodman/Gross/Spescha 19872, S. 560.

gewesen sei, welche die Nazis 1940 vom Angriff auf die Schweiz abgehalten hätte. Das Schweizerische Fernsehen weigerte sich, einen Film Brodmanns über einen Kriegsdienstverweigerer zu senden, den in der Schweiz des Kalten Krieges ein Gefängnisaufenthalt erwartete. Brodmann zog daraus die Konsequenzen, kündigte und emigrierte nach Stuttgart, wo er bald zu einem der bedeutendsten »deutschen Dokumentarfilmer« werden sollte. Das hielt ihn freilich nicht davon ab, sein Engagement zur Entmilitarisierung der Schweizer Gesellschaft fortzusetzen. So publizierte er 1971 nach zahlreichen Gesprächen mit pazifistischen Theologen und Soziologen und gewiss nicht ohne auch von Nennings Aktion gehört zu haben, »ein kleines Büchlein« mit dem Titel *Eine Schweiz ohne Waffen.* Darin schilderte er, wie eine »Bieler Friedensgruppe« eine Volksinitiative »Für eine Schweiz ohne Waffen« lancierte. Mit der Begründung:

> Wir halten die Bewaffnung unter den heutigen Umständen nicht mehr für ein optimales Mittel zur Erhaltung der Freiheit und Unabhängigkeit eines Kleinstaates wie der Schweiz. Wir wollen unser Land nicht weiterhin durch eine unzulängliche Rüstung gefährden, sondern durch konsequente Abrüstung schützen: unsere stärkste Verteidigungslinie ist das Vertrauen der Welt. (Gross 1989a, S. 177)

16 Jahre später kam Roman Brodmann wieder auf das Buch und dessen Thema. Diesmal als Regisseur des Filmes *Vom Traum vom Schlachten der heiligsten Kuh.* Am 1. Juni 1987 wurde er von der ARD zur besten Sendezeit um 20 Uhr 15 ausgestrahlt und von 4,6 Millionen Deutschen und etwa 300.000 Schweizerinnen und Schweizern gesehen. Roman Brodmann auf die Frage, ob er denn eigentlich eine Art »Vaterfigur« der Gruppe für eine Schweiz ohne Armee sei:

> Nein, es gab lange vor mir Leute, die den Anspruch, Vaterfigur zu sein, viel eher hätten. Ich habe vor 15 Jahren mit dieser Frage spekuliert, es war ein rein utopisches Büchlein. Das Interessante dabei ist, dass ich jetzt, 14 Jahre später, mit der Kamera praktisch auf der Spur meiner eigenen utopischen Beschreibung war. Ich kann nicht sagen, dass die Initiative der GSoA auf meine Anregung zurückzuführen ist. Diese Leute sind ganz eigenständig

auf diesen Plan gekommen. Es gab aber schon Gelegenheiten, wo sie mein altes Büchlein noch einmal aufgeschlagen haben und feststellten: Wir machen ja etwas, das es auf dem Papier sozusagen schon einmal gegeben hat.[92]

Die Reaktion auf den ARD-Film war enorm. Die offizielle Schweiz war entsetzt. So sehr, dass man den Eindruck bekam, sie hätte erst mit und durch den Brodmann-Film an der ARD wirklich gemerkt, was da in den vergangenen zwei Jahren »draussen im eigenen Land« eigentlich passiert ist: Über 112.000 Schweizerinnen und Schweizer haben sich getraut, ganz offiziell eine »Volksinitiative für eine Schweiz ohne Armee und eine umfassende Friedenspolitik« zu unterzeichnen und einer Volksabstimmung zuzuführen.

Wieder kam prominente Unterstützung auch aus Österreich. Der mit Hans Thirrings »Friedensplan« und Leopold Kohrs Philosophie des Kleinstaates bestens vertraute Sozialdemokrat und Sozialminister Alfred Dallinger (1926–1989) schrieb 1987 in einem Buch zur Zukunft der Sozialdemokratie: »Als kleines neutrales Land hätten wir die Chance, neue sicherheitspolitische Wege zu gehen, die auf das Mittel der Androhung beziehungsweise Anwendung militärischer Gewalt prinzipiell verzichten«. Der GSoA selber schrieb Dallinger in einem Brief, mit dem er sich für die Ablehnung der Einladung zum Basler Kongress der GSoA über die besonderen friedenspolitischen Möglichkeiten von Kleinstaaten entschuldigen wollte:

Nun wäre es zu einfach, wollte ich mich mit dem Hinweis auf eine – tatsächlich vorhandene – Terminkollision entschuldigen. Termine lassen sich allenfalls verschieben. Mein Ministeramt würde aber eine Wortmeldung bei dem Kongress mit der Deutlichkeit, die der Sache allein angemessen wäre und Eurem wichtigen Anliegen dienlich sein könnte, unmöglich machen.[93]

1989 wurde die Volksinitiative »Für eine Schweiz ohne Armee« in einer Breite und Intensität diskutiert wie kaum je ein Vorschlag aus der Bürgerschaft zuvor. Die Beteiligung an der Volksabstimmung erreichte einen

92 Aus einem Interview mit Roman Brodmann in der Zeitschrift *Tele* vom Ende Mai 1987, wiederabgedruckt in Brodman et al. 19872, S. 558.

93 Abgedruckt im GSoA-Jahrbuch 88, S. 9–10; wiederabgedruckt in der Widmung von Gross/Crain/Erne/Furrer 1989.

absoluten Rekordwert. Über eine Million Schweizerinnen und Schweizer stimmten der Initiative am 26. November 1989 zu. Bei den Jüngeren unter 30 war es sogar eine Mehrheit. Für die offizielle Schweiz ein Schock. Die Schweizer Armee wurde enttabuisiert, vollständig entzaubert. Sie war die Schweizer Mauer, die im Herbst 1989 ebenso fiel wie die Berliner Mauer. Über ein Drittel der Bürgerinnen und Bürger konnten sich eine Schweiz ohne Armee vorstellen.[94] Die GSoA hatte es geschafft, die erfolgreichste Niederlage der an Entscheidungen reichen schweizerischen Demokratiegeschichte zu produzieren. Sie eröffnete in der schweizerischen Sicherheitspolitik eine neue Epoche, die bis zum 22. Februar 2022 dauern sollte. Doch auch nach dieser »Zeitwende« konnte man auch in der Schweiz nicht mehr einfach auf die Zeit vor der Wende vom 26. November 1989 zurückgehen. Wie sagte doch der Filmemacher, Zweiter Weltkriegs-Veteran und GSoA-Pionier, Roman Brodmann, in der Schlusseinstellung seines ARD-Filmes im Frühling 1987:

> Der Traum vom Schlachten der heiligsten Kuh wird natürlich schon deshalb ein Traum bleiben, weil alle, auch die Freunde dieser Initiative, sagen, es ist ja nur ein Traum, Denn das ist ein ungeheuerlicher Vorgang, der sich real nicht denken lässt, dass auf dieser traditionell kriegerischen Welt zum ersten Mal ein Volk ohne Not und ohne Druck die Waffen niederlegen würde. Der allgemeine atomare Untergang ist inzwischen denkbarer und plausibler.[95]

Literatur

Brodmann, Roman (1986, 19872): Nachwort zum Hirngespinst. In: Brodmann, Roman/ Gross, Andreas/M. Spescha (Hg.): *Unterwegs zu einer Schweiz ohne Armee. Der freie Gang aus der Festung.* Basel: Z-Verlag.

Dallinger, Alfred: Die österreichische Sozialdemokratie im Jahr 2000. In: Josef Weidenholzer (Hg.) (1987): *Rekonstruktion der Sozialdemokratie.* Linz: Verlag Sozialwissenschaftliche Vereinigung.

Furrer, Stefan/Gross, Andreas/Kaufmann, Bruno/Moser, Reto/Schmid, Adrian/Schoch, Renate (Hg.) (1990): *GSoA-Jahrbuch 89/90. Texte und Debatten zur Schweiz ohne Armee von August 89 bis Juni 90.* Zürich: GSoA-Verlag.

Gross, Andreas (1981): Initiative zur Abschaffung der Armee? Die Idee und ihre Geschichte. In: *Neue Wege,* Oktober. (Wieder abgedruckt in: *GSoA-Infos Nr 1/Juni 1983).*

94 »Utopie wird Realität, 35,6 % Ja – ein schöner Anfang«. In: Furrer et al. 1990.

95 Zitiert im Anhang zu Brodman et al. 19872, S. 567.

Gross, Andreas (1989a): Vom gebrochenen Verhältnis der Schweiz zu ihrer Kleinheit oder der Kleinstaat als friedenspolitische Chance. In: Andreas Gross/Fitzgerald Crain/Bruno Kaufmann (Hg.): *Frieden mit Europa. Eine Schweiz ohne Armee als Beitrag zur Zivilisierung der Weltinnenpolitik.* Zürich: Realotopia-Verlag.

Gross, Andreas (1989b): Die Bedeutung der ›Schweiz ohne Armee‹ in der Geschichte der schweizerischen Arbeiterbewegung. In: Gross, Andreas/Crain, Fitzgerald/Erne, Roland/Furrer, Stefan (Hg.) (1989): *Denkanstösse zu einer anstössigen Initiative, Sozialdemokratinnen und Sozialdemokraten für eine Schweiz ohne Armee.* Zürich: Realotopia-Verlag.

Gross, Andreas/Crain, Fitzgerald/Erne, Roland/Furrer, Stefan (Hg.) (1989): *Denkanstösse zu einer anstössigen Initiative, Sozialdemokratinnen und Sozialdemokraten für eine Schweiz ohne Armee.* Zürich: Realotopia-Verlag.

Gross, Andreas/Crain, Fitzgerald/Kaufmann, Bruno (Hg.) (1989): *Frieden mit Europa. Eine Schweiz ohne Armee als Beitrag zur Zivilisierung der Weltinnenpolitik.* Zürich: Realotopia-Verlag.

GSoA-Kollektiv (Hg.) (1989): *GSoA-Jahrbuch 88. Texte und Debatten zur Schweiz ohne Armee von Januar 1988 bis Dezember 1988.* Zürich: GSoA.

Jordan, Gerhard (1989): Das Bundesheer in Österreich und der Widerstand dagegen, in: In: Andreas Gross/Fitzgerald Crain/Bruno Kaufmann (Hg.): *Frieden mit Europa. Eine Schweiz ohne Armee als Beitrag zur Zivilisierung der Weltinnenpolitik.* Zürich: Realotopia-Verlag, S. 241–272.

Thirring, Hans (1963): *Mehr Sicherheit ohne Waffen.* Wien: Jugend und Volk.

Marko Hren

Die Initiative »Slowenien ohne Armee« (SOVA) im Kontext des entstehenden unabhängigen Staates Slowenien (1986–1991)[96]

Ich habe mich sehr gefreut, als ich die Einladung zu diesem Beitrag erhalten habe. Sie weckte Erinnerungen an Dutzende von Treffen, die hauptsächlich vom Alpen-Adria-Friedenskomitee[97] der drei Nachbarländer Österreich, Italien und Slowenien in den 1980er Jahren organisiert wurden, bei denen wir eine Vielzahl von Themen diskutierten, die von Friedenserziehung, globaler Solidarität, Menschenrechten bis zu Umweltfragen und natürlich alternativen Sicherheitskonzepten reichten.

Der Kontext zu Beginn der Friedens- und SOVA-Bewegung

Erinnern wir uns an das Jahr 1986, das Jahr der Atomkatastrophe von Tschernobyl und ein Höhepunkt der europäischen Anti-Atomraketen-Bewegung. Die slowenische Friedensbewegung war aktiv, wir waren sogar Mitorganisatoren der größten Demonstration in Genf 1985 mit dem Motto »Reagan – Gorbatschow, Le monde n'est pas à vous!«. Wir werden uns immer an die charismatische Petra Kelly von den deutschen Grünen erinnern, die in Genf sprach und uns ermutigte, uns der paneuropäischen grünen und Friedensbewegung anzuschließen. Ihre großartige Vision einer starken paneuropäischen Bewegung, die mehrere Themen umfasst, war fesselnd. Wir vermissen Petra heute.

Die Bewegung *European Nuclear Disarmament* (END)[98] gewann an Schwung und erweiterte ihren Aktionsradius unter dem Slogan »Frieden

96 Dieser in Englisch verfasste Text wurde von Werner Wintersteiner ins Deutsche übertragen.
97 Eine lose Plattform von Friedensbewegungen der drei Länder. Das Villacher Friedenskomitee gab dazu auch die Zeitschrift »alpe-adria« heraus. Siehe Radmann 2008 und Wintersteiner/Sturm 2021.
98 Vgl. dazu Mastnak 2023.

und Menschenrechte sind unteilbar«, mit dem die END die Dynamik des Ost-West-Dialogs in Gang setzte.

Die jugoslawischen Regierungsverantwortlichen waren militaristisch und ihre systemische Übermacht wurde durch den scherzhaften Ausspruch veranschaulicht, dass die jugoslawische Armee die siebente Republik der Föderation sei. Während das sozialistische föderative Jugoslawien als Konzept sowohl in wirtschaftlicher als auch in gesellschaftspolitischer Hinsicht offensichtlich scheiterte und auslief, folgte das Regime mit wenigen Ausnahmen nicht den demokratischen Reformen und gesamteuropäischen Trends. Da es keine Übernahme zeitgenössischer demokratischer Standards gab, stand der Aufstand in allen Republiken bevor. Das Regime reagierte mit noch mehr Gewalt, und es kam zu weiteren Menschenrechtsverletzungen. Dieser Kreislauf gewann zusehends an Dynamik und führte zu einer Reihe von Initiativen und Organisationen, die sich für den Wandel einsetzten, wobei der Schwerpunkt auf der Zivilgesellschaft lag, einem Konzept, das – vereinfacht gesagt – eine zivile Sphäre unabhängigen (autonomen) Denkens und Handelns meint.

Dabei war die Zusammenarbeit im Alpen-Adria-Friedenskomitee für die slowenische Friedensbewegung wesentlich. Wir bezogen uns auf regionale Erfahrungen mit Friedenserziehung und grünen Initiativen, auf die Kampagne *Schweiz ohne Armee* (GSoA),[99] den Fall der unbewaffneten Sicherheit in Costa Rica,[100] die faszinierende erste palästinensische Intifada sowie auf zeitlich weiter zurückliegende Experimente wie den in diesem Buch vorgestellten Thirring-Plan (1963) zur einseitigen Abrüstung Österreichs. Der internationale Austausch und insbesondere die Vorzeigemodelle von unbewaffneten Sicherheitskonzepten waren für uns inspirierend und von zentraler Bedeutung, als wir das Ziel verfolgten, »Slowenien ohne Armee« als Schlüsselinhalt eines neuen Sicherheitskonzepts des entstehenden unabhängigen Sloweniens vorzuschlagen.

Die Kampagne für eine Schweiz ohne Armee in den späten 1980er Jahren beflügelte uns und wir starteten die Kampagne für ein Referendum für *Slowenien ohne Armee* als »Schwesterprojekt« der GSoA. Es genügt an dieser Stelle hinzuzufügen, dass die *Rote Fabrik*, ein multikulturelles Zentrum in

99 Siehe den Beitrag von Andreas Gross in diesem Band.
100 Siehe den Beitrag von Leo Gabriel in diesem Band.

Zürich, das als Hauptquartier für die GSoA-Referendumskampagne diente, mich dazu inspirierte, die Umwandlung der Metelkova-Kaserne in Ljubljana in einen kreativen Cluster zu starten. Ohne GSoA hätte es keine Entmilitarisierungskampagne und kein Kulturzentrum Metelkova gegeben.

Die Ziele der SOVA-Initiative: Abrüstung und gesamtjugoslawische Friedenskonferenz

Der Vorschlag zur Entmilitarisierung Sloweniens wurde 1988 von der Friedensbewegung ausgearbeitet und erstmals ihrem Dachverband, dem offiziellen *Verband der Sozialistischen Jugend Sloweniens* (ZSMS),[101] auf dessen Kongress in Portorož im November 1989 zur Genehmigung vorgelegt, und zwar als Initiative SOVA (deutsch: Eule), ein Akronym, das für S*lovenija* O*dpravi* V*ojaški* A*parat* (Slowenien löst den Militärapparat auf) steht. Traditionell ist die Eule ein Tier, das die Weisheit der Natur verkörpert.

Auf demselben Kongress kündigte die sozialistische Jugendorganisation ihre Umwandlung in eine politische Partei an, die zu den für das Frühjahr 1990 angekündigten Wahlen antreten sollte. Nach der Genehmigung des SOVA-Dokuments durch ZSMS wurde es formell an alle damals entstehenden politischen Parteien zur Genehmigung geschickt. Im März 1990, einige Wochen vor den ersten demokratischen Wahlen in Slowenien am 8. April 1990, hielten die politischen Organisationen, die sich der SOVA-Initiative angeschlossen hatten, eine Pressekonferenz ab: Neben der ZSMS – damals bereits in die liberale Partei umgewandelt (unterzeichnet von Jožef Školč, Janez Sodržnik und Jaša Zlobec) – und der Friedensbewegung (unterzeichnet von Tomaž Mastnak), wurde die Initiative von der *Unabhängigen Liste der Neuen Sozialen Bewegungen* (unterzeichnet von Zoja Skušek Močnik, Marko Hren und Vlasta Jalušič), der *Slowenischen Demokratischen Partei* (unterzeichnet von Janez Janša) und den *Slowenischen Grünen* (unterzeichnet von Peter Jamnikar) unterstützt.

101 Die offizielle Jugendorganisation ZSMS wurde in den 1980er Jahren schrittweise transformiert, beginnend mit ihrem historischen 12. Kongress 1986, wo unsere Bewegungen die zukünftige feste Unterstützung von ZSMS für die sozialen Bewegungen inspirierten. Ignac Krivec war Koordinator für die sozialen Bewegungen in der ZSMS-Leitung und er war der wichtigste Anwalt für die komplette Autonomie der Bewegungen unter dem Schirm von ZSMS.

In kürzester Zeit gewann die Initiative die Unterstützung der aufstrebenden politischen Eliten. Sie entwickelte sich schnell zu einer neuen *Erklärung für den Frieden*, die sofort von einer großen Zahl von Politikern und Hunderten von Meinungsmachern unterzeichnet wurde, darunter auch vier Mitgliedern des slowenischen Ratsvorsitzes (Milan Kučan, Dušan Plut, Ciril Zlobec und Matjaž Kmecelj, während sich das fünfte Mitglied des fünfköpfigen Ratsvorsitzes, Ivan Oman, der Unterschrift enthielt).[102] Die Erklärung wurde daher von der Mehrheit der noch ausstehenden politischen Parteien, den jungen *Christdemokraten*, den *Grünen*, der *Partei der demokratischen Erneuerung*, den *Liberaldemokraten*, der *Sozialdemokratischen Union Sloweniens* und von Vertretern der neuen sozialen Bewegungen unterstützt. Ihr Hauptziel war es, eine breite politische und öffentliche Unterstützung für die Artikel in der neuen slowenischen Verfassung zu erreichen, die den friedlichen Charakter der neugeborenen Republik festschreiben und wie folgt lauten sollten: »Die Republik Slowenien ist ein entmilitarisierter Staat. Die für die vollständige Entmilitarisierung erforderliche Übergangszeit wird im Verfassungsrecht festgelegt.« Ein Einberufungsstopp für die jugoslawische Armee wurde ins Auge gefasst, während der Schutz der Grenzen in den Zuständigkeitsbereich der bestehenden Polizei- und Territorialverteidigungstruppen fallen sollte, die unter der souveränen Kontrolle der slowenischen Regierung, des Präsidenten und des Parlaments stünden. In der Erklärung wurde klargestellt, dass die Prozesse der Unabhängigkeit, der Entmilitarisierung und der Friedenspolitik einander ergänzen sollten. Mit anderen Worten: Der Entmilitarisierungsprozess wurde von den Unterzeichnern als eine komplexe Strategie zur Unterstützung des Unabhängigkeitsprozesses durch eine aktive Friedenspolitik konzipiert und verstanden.

Gleichzeitig bereitete die slowenische Friedensbewegung eine internationale Friedenskonferenz der ehemaligen jugoslawischen Republiken vor – die Idee war, eine Friedenskonferenz unmittelbar nach Abschluss der demokratischen Wahlen in allen ehemaligen jugoslawischen Republiken zu veranstalten. Es ist wenig bekannt, dass die neue unabhängige slowenische Regierung die Idee der Gründung eines Friedensinstituts zum Zweck der

102 Bei der Präsidentschaftswahl in Slowenien 1990 wurden vier Mitglieder der Präsidentschaft sowie der Präsident der Republik Slowenien, Milan Kučan, direkt vom Volk gewählt.

Organisation von Friedenskonferenzen unter der Schirmherrschaft der UNO und/oder der OSZE unterstützte.[103]

Der Kontext von SOVA ist daher in der Verfassungsdebatte während des Prozesses der Unabhängigkeit Sloweniens angesiedelt – im Unterschied zum österreichischen Thirring-Plan, der im Kontext des Kalten Krieges lanciert und durch Einsteins Pazifismus, die Neutralitätsdiskussionen Österreichs, der Schweiz und einiger anderer Länder in Europa inspiriert wurde.

Die Friedenserklärung wurde bald darauf von den Politikern des rechten Flügels (z. B. Jože Pučnik) als »Kapitulationsakt der politischen Linken« bezeichnet. Janez Janša, ein Erstunterzeichner der Erklärung, konzentrierte sich in seiner neuen Funktion als Verteidigungsminister auf die Vorbereitung der militärischen Verteidigung. Die Tatsache, dass die Regierungschefs davon ausgingen, dass ein Gewaltakt der jugoslawischen Armee unvermeidlich war, und sie sich daher auf eine militärische Konfrontation vorbereiteten und folglich die slowenische Armee gründeten, ist gut dokumentiert und muss hier nicht dargestellt werden.[104]

In der kritischen Zeit, Anfang 1991, gab es die emblematische Geste des ehemaligen Vorsitzenden von *Iustitia et Pax* und ehemaligen Erzbischofs, Msg. Tone Stres, der Ende Februar 1991 seine Unterschrift unter die Friedenserklärung zurückzog und gleichzeitig seine Mitgliedschaft im *Zentrum für die Kultur des Friedens und der Gewaltlosigkeit* aufkündigte, wohin er als Vertreter der katholischen *Iustitia et Pax* als Vorstandsmitglied eingeladen war.

Es ist bezeichnend, dass Stres, ein damals wichtiger römisch-katholischer religiöser Führer, sich aus der Friedensinitiative nicht wegen ihres Inhalts zurückzog, sondern aus rein politischen Erwägungen – er schrieb mir in seinem persönlichen Brief (ich bewahre ihn immer noch in meinem Archiv auf), dass die Friedenserklärung von oppositionellen linken Parteien gekidnappt worden war. Das war eine seltsame Erkenntnis – bis heute figuriert

103 Premierminister Lojze Peterle versprach ein Budget. Siehe: *Si vis Pacem Para Pacem* unter: https://www.dlib.si/results/?euapi=1&query=%27keywords%3d%C4%8De+ho%C4%8De%C5%A1+mir+pripravljaj+mir%27&sortDir=ASC&sort=date&pageSize=25

104 Siehe etwa die Publikation von *Združenje za vrednote Slovenske osamosvojitve* (VSO) (Vereinigung für die Werte der slowenischen Unabhängigkeit; https://vso.si/). Ich war ursprünglich Mitglied im Leitungsteam von VSO, doch ich zog mich zurück, als klarwurde, dass andere Mitglieder, zentrale Persönlichkeiten der slowenischen Unabhängigkeit, keine ehrliche Absicht hatten, das *Weißbuch der slowenischen Unabhängigkeit* wahrhaft und ohne Vorurteile zu verfassen.

die Friedenserklärung tatsächlich immer wieder als Gegenstand politischer Diskreditierungen, obwohl sie als parteiübergreifende »natürliche Weisheit« initiiert und konzipiert wurde. Doch die Vertreter des rechten Flügels, die die Initiative anfangs unterstützten, haben sich nach und nach zurückgezogen. Vielleicht hat Niko Grafenauer, ehemaliger Redakteur von *Nova revija*, den richtigen Punkt getroffen, als er eines Abends, als wir Anfang 1991 den PEN-Club verließen, zu mir sagte: »Marko, die Entmilitarisierungskampagne ist ein großartiger taktischer Schachzug – wir werden die jugoslawischen Behörden in die Irre führen und sie werden wirklich denken, dass wir abrüsten, während wir uns in Wirklichkeit darauf vorbereiten, uns hinter den Kulissen zu schützen!« Vielleicht war dies nicht nur eine Erkenntnis eines ehrlichen Dichters, Niko.

Hauptziel der slowenischen Friedensbewegung war die Einberufung einer internationalen Friedenskonferenz mit den neu gewählten politischen Führungen aller ehemaligen jugoslawischen Republiken (geplant für Juni 1991), um einen Prozess der friedlichen Auflösung Jugoslawiens festzulegen, die wichtigsten Streitpunkte für die Verhandlungen zu ermitteln und sich auf die zu befolgenden Verfahren zu einigen. Das Friedensinstitut von Ljubljana wurde zu diesem Zweck gegründet und sein internationaler Beirat war richtungsweisend, da er auf diese Kernaufgabe zugeschnitten war. Ihm gehörten weltweit führende Expert*innen für Konfliktlösung im Frühstadium an.[105] Die SOVA-Vision sollte auf der Friedenskonferenz für die Region als unilaterale Geste des guten Willens propagiert werden, um den Boden für eine angemessene Atmosphäre zur Erreichung friedlicher Lösungen zu bereiten.

105 Die Mitglieder des ursprünglichen Internationalen Expertenbeirats waren: Brian Martin, University of Wollongong, Australien; Arno Truger, Institut für Friedensforschung, Österreich; Peter Bruck, Universität Salzburg, Österreich; Jean-Marie Muller, L'Institut de recherche sur la resolution nonviolente des conflits, Frankreich; Michael Randle, Dpt. of Peace Studies, University Bradford, Großbritannien; Ferenc Miszlivetz, Forscher, Ungarn; Antonio Papisca, Universität Padua, Italien; Johan Galtung, International Peace Research Institute, Oslo, Norwegen; Juan Gutierrez, Gernika Friedensinstitut, Baskenland, Spanien; Lynne Myfanwy Jones, Forscherin, Großbritannien; Andreas Gross, Atelier für Direkte Demokratie und GSoA, Schweiz; Gene Sharp, Albert Einstein Institute, Boston, USA; Dietrich Fischer, Exploratory project on the conditions of peace, USA; Danilo Türk, Fakultät für Rechtswissenschaften, Ljubljana, Slowenien; Anton Grizold, FSPN Ljubljana, Slowenien; Radmila Nakarada und Sonja Licht, Inštitut za evropske študije, Belgrad, Serbien; Zdravko Grebo, Fakultät für Rechtswissenschaften, Sarajevo, BIH; Silva Mežnarič, Universität Zagreb, Kroatien. Unterstützung kam von Julio Quan, UN Peace University, Costa Rica. Aktive Beteiligung an der Konferenz waren zugesagt von Alberto L'Abate, Universität Florenz, Italien; Piotr Ogrodzinski, East European Research Group, Polen, und Peter Wallensteen, Peace and conflict research, Universität Uppsala, Schweden.

Hatte SOVA eine Chance auf Erfolg?

Kurz und bündig: Wir hatten eine relativ große Unterstützung durch die slowenischen politischen Akteure, wir hatten eine hervorragende Unterstützung durch die breite Öffentlichkeit, wir hatten ausgearbeitete, spezifische und zeitgemäße Ziele, eine zeitlich genau geplante Strategie und Taktik. Es stellt sich die Frage, ob SOVA und die geplanten Friedenskonferenzen unter Berücksichtigung der unterschiedlichen Positionen der serbischen und der jugoslawischen Militärführung eine reale Erfolgsaussicht gehabt hätten. Hätten wir eine Chance gehabt, den Krieg zu verhindern, vorausgesetzt, alle geplanten Schritte wären im vorgesehenen Zeitrahmen durchgeführt worden?

Meine Antwort, die ich im Folgenden gebe, nimmt als Schlüssel die internationale Diplomatie, um das Rätsel zu lösen.[106] Wir sind gescheitert, da der Hauptakteur, die slowenische Regierung, zu einem bestimmten Zeitpunkt zu dem Schluss kam, dass für friedensschaffende Maßnahmen keine Zeit mehr bleibe und Slowenien sich auf eine militärische Verteidigung vorbereiten müsse. Die Zeit drängte und wir verloren den Schwung, die Friedenskonferenz rechtzeitig zu organisieren – das Friedensinstitut von Ljubljana wurde erst einige Wochen vor der militärischen Aggression der jugoslawischen Armee gegen Slowenien eröffnet. Zu diesem Zeitpunkt waren unsere Visionen bereits in militärischem Eisen und Schwefel begraben.

Es ist festzustellen, dass die einheimischen offiziellen (den öffentlichen Forschungsorganisationen angehörenden) Forscher*innen nicht an der Erforschung sozialer Phänomene im Zusammenhang mit dem Frieden und der Zeitgeschichte interessiert sind. Die Frage nach der Durchführbarkeit von SOVA wurde nie gründlich untersucht und von unparteiischen, unvoreingenommenen Forscher*innen bewertet. Es sind fast ausschließlich ausländische, d. h. nicht-slowenische Forscher*innen, die an mich mit der Bitte um besondere Informationen, Einschätzungen und Beiträge zur Evaluierung von Aktivitäten aus den 1980er Jahren, der Vorkriegszeit und dem slowenischen Unabhängigkeitsprozess herantreten. Aus diesem Grund kam der jüngste Band des slowenischen Forschers Tomaž Mastnak, eines Akademikers und wichtigen Mitglieds der Friedensbewegung, gerade rechtzeitig für meine Arbeit.

106 Siehe im Detail dazu Hren 2012.

Überschneidungen und Verflechtungen des nationalen und internationalen Kontextes

Nach meinem Verständnis weisen internationale und nationale Kontexte einen großen Bereich von Überschneidungen auf, verkörpert im Begriff der Macht der direkten Demokratie und des zivilen Widerstands, wobei der erste proaktiv, also politisch, und der zweite pro-defensiv, also ebenfalls politisch, ist.

Die erste große Publikation der slowenischen Friedensbewegung wurde 1986 unter dem Titel *Cold Peace and other Hot Topics*, im Folgenden *Cold Peace* (Slowenisch *Hladni mir in druge vroče teme*) veröffentlicht. Sie umfasste eine Vielzahl von Themen, die das geplante Spektrum der Aktivitäten der Bewegung aufzeigten – ein Spektrum, das fast perfekt mit den Themen übereinstimmte, die im oben erwähnten Alpen-Adria-Friedenskomitee diskutiert wurden:

1. Menschenrechte und die Untrennbarkeit von Menschenrechten und Frieden, mit einem starken Akzent auf Kriegsdienstverweigerung aus Gewissensgründen;
2. In diesem Zusammenhang Friedenserziehung als notwendiges Element für die Reform der Lehrpläne;
3. Friedens- und Sicherheitskonzepte (Verteidigung), Konfliktverhütung, Friedenskonsolidierung;
4. Umweltthemen, angefangen bei der drängenden Frage der nuklearen Bedrohung, aber nicht nur diese;
5. Demokratie, Rechtsstaatlichkeit, politischer und kultureller Pluralismus;
6. Ausführliche Dokumente über Ost-West- und globale Solidarität, aber auch über die Libyen-Krise und den Protest gegen die Sowjetunion nach der Informationsblockade in der ersten Woche der Tschernobyl-Katastrophe;
7. Vernetzung und Partnerschaften in Jugoslawien mit Friedensinitiativen in allen Republiken.

Das Buch *Cold Peace* deckte mit einem ganzheitlichen Friedensansatz praktische Aktionslinien ab, befasste sich aber auch mit einem theoretischen

Einblick in die neuen sozialen Bewegungen als Auslöser des sozialen Wandels und der politischen Dynamik, auch im Hinblick auf Pluralisierung und Demokratie.

Aber einige Schlüsselbotschaften des Bandes blieben verborgen, es ist das, was nicht geschrieben und nicht veröffentlicht wurde. Lassen Sie mich daher zwei unveröffentlichte Geheimnisse des historischen *Cold Peace* Bandes lüften.

Erster nicht veröffentlichter Inhalt: Friedensoption für Jugoslawien wurde realistisch entworfen

Auf der ersten, bewusst fast leer gelassenen Seite des Bandes *Cold Peace* stößt der Leser auf einen winzigen Hinweis: »Die Einleitung wird von der GESCHICHTE verfasst werden.« Leider ignorieren die Historiker*innen das Experiment Sloweniens, den Krieg in Jugoslawien zu verhindern, weitgehend. Die leere Seite des *Cold Peace* wartet immer noch auf Forscher*innen, die diese Aufgabe übernehmen sollen. Was ich heute auf dieser leeren Seite wahrnehme, ist mein verzweifeltes Bedauern, dass wir gescheitert sind, und mein Kummer, dass wir uns nicht noch mehr angestrengt haben, den Schwung von Anfang 1991 zu nutzen.

Ich habe dazu eine gründliche, radikale und klare Hypothese veröffentlicht, die den gängigen Interpretationen[107] der Ereignisse des slowenischen Unabhängigkeitsprozesses widerspricht (in Hren 2012), in der ich die Reaktionen der KSZE, der UNO, USA und des Europäischen Rates analysierte und zu dem Schluss kam, dass die Europäische Union (die damalige Troika unter dem Vorsitz Hollands) und der US-Kongress die Unabhängigkeit und den reibungslosen Übergang der jugoslawischen Republiken zu demokratischen Regimen de facto unterstützten. Ich präsentierte Beweise für solche Behauptungen, Zitate historischer Dokumente, die Historiker normalerweise nicht zitieren, und kam zu dem Schluss, dass die Strategie der slowenischen Friedensbewegung, eine präventive Friedenskonferenz mit den neu gewählten

107 Die meisten Protagonist*innen der slowenischen Unabhängigkeit, darunter der frühere Premierminister Lojze Peterle, der frühere Verteidigungsminister Janez Janša, der frühere Präsident Milan Kučan, behaupten in ihren Erinnerungen in etwa: »Die ganze Welt war gegen Sloweniens Unabhängigkeit, doch trotz dieses Widerstands der internationalen Politik hat die slowenische Führung tapfer und hartnäckig Slowenien siegreich zur Unabhängigkeit geführt.«

Führungen in allen Republiken des ehemaligen Jugoslawien vorzubereiten, realistisch, zeitlich angemessen und realisierbar war und schließlich zum Erfolg, d. h. zur friedlichen Auflösung Jugoslawiens, hätte führen können.

Auf diese Hypothese gab es weder eine Antwort noch Widerspruch, noch wurde sie von der slowenischen Forschungslandschaft aufgegriffen. Zwölf Jahre später wiederhole ich die Forderung nach einer gründlichen Analyse.

Zweiter nicht veröffentlichter Inhalt: Ihr Jugoslawien – Unser Europa

Historiker wiederholen immer wieder, dass die Idee eines unabhängigen Sloweniens zum ersten Mal von den Herausgebern der *Nova revija* Nr. 57 im Jahr 1987 formuliert und veröffentlicht wurde.

Tatsache ist jedoch, dass die Idee und die Vision eines unabhängigen Sloweniens, das der Europäischen Union beitritt, bereits von der slowenischen Friedensbewegung in dem Band *Cold Peace* (1986) sehr direkt geäußert wurden. Das Buch wurde von der Arbeitsgruppe Friedensbewegung und ZSMS herausgegeben. Die historische Bedeutung von ZSMS zeigt sich in der Tatsache, dass seit den 1980er Jahren bedeutende Politiker in dieser Organisation ausgebildet wurden, dass die Partei LDS[108] direkt aus der ZSMS hervorging und der historisch herausragendste politische Führer, der Visionär Dr. Janez Drnovšek, Vorsitzender der LDS, Mitglied der jugoslawischen Präsidentschaft in der kritischen Zeit der Auflösung Jugoslawiens, ehrenamtlicher Förderer des Friedensinstituts, und später Premierminister und gewählter Präsident Sloweniens war.

Als der Band bereits in einer Auflage von 1000 Exemplaren gedruckt war, forderte uns die Zentrale des ZSMS auf, die Titel der beiden abschließenden Kapitel des Buches zu streichen: der erste lautete ursprünglich wie folgt »Unser Europa« und der zweite »Ihr Jugoslawien«. Alle Exemplare wurden von uns von Hand zensiert. Die schwarze Tinte, die die Schrift überdeckte, konnte die ursprünglichen Untertitel nicht vollständig verdecken – diese

108 LDS: Liberalna demokracija Slovenije (Liberaldemokratie Sloweniens). Sie stellte 1990 den Philosophen Slavoj Žižek als Präsidentschaftskandidaten auf.

sind heute noch deutlicher zu sehen, da die Zensurfarbe mit der Zeit verblasst, während die gedruckten Buchstaben durchgehend schwarz bleiben. Ist dies nur eine lustige pikante Geschichte oder ein wichtiges Detail, das beweist, dass die slowenische Friedensbewegung von Anfang an eindeutig auf den Anschluss an die demokratische europäische Kultur abzielte und entschlossen war, den Ungehorsam und die Ablehnung des militaristischen zentralisierten Jugoslawiens zu praktizieren?

Die Aktivitäten der Friedensbewegung von damals wurden vom slowenischen Fernsehen in einem Dokumentarfilm mit dem Titel *Prepovedane igre* (Verbotene Spiele) dokumentiert, der 1985 aufgenommen und 1986 veröffentlicht wurde. Der 43 Minuten lange Film beginnt mit Szenen, die den Verkauf des *Cold Peace* Buches auf den Straßen von Ljubljana zeigen, und setzt sich fort mit unseren internationalen Aktivitäten, der Teilnahme an Genfer Anti-Atomwaffen-Demos und vielen anderen Aktionen. Werner Wintersteiner und ich werden in einer freundschaftlichen Umarmung dokumentiert, als er Ljubljana besuchte und an unseren Treffen teilnahm.

Es war die Friedensbewegung, die den slowenischen Frühling auslöste

War es nicht die Friedensbewegung, die die wichtigste Episode des slowenischen Frühlings ausgelöst hat – die Verhaftung von vier Intellektuellen rund um MikroAda? Janša und ich waren Mitglieder der Friedensbewegung, und beide waren wir Manager bei der Softwarefirma MikroAda. Bei den geheimpolizeilichen Ermittlungen in unseren Büros im Frühjahr 1988 wurden zwei Corpus-delicti-Dokumente beschlagnahmt. Offizielle Historiker*innen sprechen nur über ein Dokument – das sogenannte geheime Militärdokument, in dem von einem möglichen abgestuften Gewalteinsatz der jugoslawischen Behörden gegen die Akteure des slowenischen Frühlings (die sogenannte demokratische Opposition) die Rede ist.

Das zweite Dokument spricht jedoch von Vorbereitungen für den zivilen Widerstand und befand sich ganz oben auf der Liste des beschlagnahmten Materials während der geheimen Ermittlungen. Aber nicht nur, dass der Aufruf zum zivilen Ungehorsam der erste Punkt auf der Liste der Dokumente ist, die den Höhepunkt des slowenischen Frühlings auslösten. Igor Bavčar berichtete der parlamentarischen Kommission,[109] die mit der Ausarbeitung eines Berichts über die Verhaftung von vier Intellektuellen beauftragt war, dass die Geheimdienste den slowenischen politischen Führern über die geheimen Ermittlungen bei MikroAda berichteten, dabei aber nur das Papier von Marko Hren, in dem zu Ungehorsam und gewaltfreiem Widerstand aufgerufen wurde, und kein anderes Material erwähnten.

In den Jahren 1987 und 1988 war Slowenien einer Reihe von Bedrohungen durch das jugoslawische Regime und insbesondere durch die jugoslawische Armee ausgesetzt. Die Widerstandsbewegungen bereiteten sich auf eine Eskalation der Gewalt und grobe Verstöße gegen die Menschenrechte vor. Janez Janša (zukünftiger Verteidigungsminister und Premierminister), Igor Bavčar (zukünftiger Innenminister), Igor Omerza und ich waren bei MikroAda beschäftigt, das neben seinem Kerngeschäft im Bereich der Informations- und Kommunikationstechnologie auch als operatives Zentrum der slowenischen Demokratiebewegung diente. Wir waren im Besitz einer Reihe von Dokumenten, die die bedrohlichen Pläne des Regimes enthüllten, und anderen Dokumenten, die die Vorbereitung des Widerstands unterstützten. Das Büro von MikroAda war voll mit sensiblen Informationen. Es ist kein Zufall, dass die Geheimdienste die Aktivitäten der Mitarbeiter von MikroAda genau beobachteten. Die Archive des Nachrichtendienstes belegen, dass er im April 1988 wiederholt heimlich in unsere Büros eingedrungen ist und Dokumente geprüft hat und schließlich am 31. Mai 1988 unsere Büroangestellten offiziell verhört, eine Reihe von Papieren beschlagnahmt und Janez Janša verhaftet hat, während ich zu dieser Zeit in den USA war. Dies löste eine massive Widerstandskampagne der Bevölkerung aus, die oft als Slowenischer Frühling bezeichnet wird und schließlich 1990 in ein Unabhängigkeitsreferendum und die ersten demokratischen Wahlen mündete.

Es ist kein Zufall, dass das erste Dokument auf der Liste der beschlagnahmten Materialien mein Aufruf zu Generalstreik und gewaltfreiem Widerstand war, den ich als Sprecher der Friedensbewegung unterzeichnet

109 Igor Bavčar (1995). Bavčar behauptet, dass die Chronologie der Aktivitäten der Geheimpolizei bezeugt, dass am 26. April 1988 die politischen Führer Stane Dolanc und Andrej Maric über ein pazifistisches Papier, das zum gewaltlosen Widerstand aufrief, informiert wurden und kein anderes beschlagnahmtes Material besprochen wurde. Bavčar erinnert an die Protokolle der parlamentarischen Untersuchungskommission bezüglich der Verantwortung für die Verhaftungen von 1988.

hatte.[110] Das Papier sollte nach meiner Rückkehr aus den USA veröffentlicht werden und wurde im MikroAda-Büro in den Schubladen von Janez Janša aufbewahrt. Mit dem Papier sollte massiver Widerstand gegen die Verletzung der Menschenrechte in Slowenien mobilisiert werden. In der Einleitung des Papiers wird auf den Kampf Gandhis in Indien verwiesen, und in der Schlussfolgerung werden verschiedene Möglichkeiten der Beteiligung der Öffentlichkeit an dem geplanten massiven gewaltfreien Widerstand vorgeschlagen. Gandhis Kampagnen in Südafrika und Indien sowie die Jain-Philosophie, die Ahimsa in den Mittelpunkt der menschlichen Ethik stellt, waren eine Inspiration für slowenische Kampagnen. Es könnte sein, dass der Versuch, die gandhianische Strategie in Jugoslawien anzuwenden, entscheidend für die Entwicklung der Ereignisse im ehemaligen Jugoslawien seit 1988 war. Diese Schlussfolgerungen ergänzen andere Quellen, aus denen hervorgeht, dass die jugoslawischen Geheimdienste[111] dem Potenzial der gewaltfreien Gandhi-Strategien und insbesondere den internationalen Beziehungen der Friedensbewegung, insbesondere dem Alpen-Adria-Friedenskomitee, große Bedeutung beimaßen.[112]

Die offiziellen Chronisten und die einheimischen Forscher*innen, die sich mit dem slowenischen Unabhängigkeitsprozess befassten, schenkten diesem Aspekt der Geschichte jedoch keine Aufmerksamkeit und verpassten die Gelegenheit, Gewaltlosigkeit als politische Strategie zu fördern. Selbst Mastnak (2023), ein Mitglied der ehemaligen Friedensbewegung, unterlässt es in seiner jüngsten Untersuchung über die Zivilgesellschaft, zumindest

110 Die gesamte Dokumentation der Konfiszierung ist in dem Buch von Janez Janša, Ivan Borštner und David Tasič 7 *let pozneje* (7 Jahre später) im Kapitel IV (Document no. 3 aus Janez Janšas Schreibtisch) wiedergegeben.

111 Vgl. Kranjc 1998. Marjan Kranjc diente im Hauptquartier des slowenischen Geheimdienstes (SDV). In den Jahren 1986–1988 war er außerdem Leiter des militärischen Nachrichtendienstes für den nordjugoslawischen Armeedistrikt (der Slowenien und einen nordöstlichen Teil Kroatiens umfasst). Kranjc unterstreicht, dass die Nachrichtendienste die Friedensbewegung mit höchster Priorität überwachten und dass die Friedensbewegung für die jugoslawische Armee den Gegner Nr. 1 darstellte, und dass die Nachrichtendienste der jugoslawischen Armee direkt regelmäßige Berichte über die Aktivitäten des Objekts der operativen Überwachung, unter »Nr. HSM 098600470« (HSM steht für Hren Stanislav Marko) erhielten. Unsere persönlichen Dossiers wurden nach dem Ende Jugoslawiens vernichtet.

112 Ibid. Kranjc berichtet, dass er persönlich für die Infiltration durch der internationalen Friedensorganisationen durch Undercover-Agenten zuständig war. Auf Seite 100 der genannten Publikation führt er sie an, sechs davon waren in Österreich, darunter das Alpen-Adria-Friedenskomitee, der Verein für Zivildienst und Soziale Verteidigung, das Zentrum für Aktive Gewaltlosigkeit und die Arbeitsgruppe für eine atomwaffenfreie und entmilitarisierte Zone rund um Österreich.

einen kurzen vergleichenden Blick auf die Bedeutung verschiedener Begriffe, Konzepte und Ontologien für die sozialen Bewegungen in Slowenien zu werfen, wenn er sich nur auf den Begriff *Zivilgesellschaft* konzentriert, was die Bedeutung dieses Begriffs herunterspielt.

Es war die Friedensbewegung, die die strategischen Schlüsselbereiche des slowenischen Frühlings inszeniert hat

War es nicht die Friedensbewegung, die die internationalen Aspekte der Menschenrechtskampagne für die Freilassung der inhaftierten Janša, Borštner, Tasič und Zavrl konzipierte und koordinierte, die Einrichtung des Unterstützungsbüros der Bewegung *Menschenrechte für Slowenien* in Paris förderte, eine Tournee der slowenischen Opposition zu den europäischen Parlamenten und politischen Parteien organisierte und leitete und systematisch eine Reihe von Newsletters in englischer Sprache herausgab? Ab 1984 wurden die Informationen drei- bis sechsmal pro Jahr unter verschiedenen Titeln veröffentlicht, zunächst unter dem Titel *Ljubljana Peace Movement Bulletin*, *The Independent Voices from Slovenia* und nach 1991 unter *The Intruder*. Im Oktober 1988, kurz nach der Inhaftierung der vier Intellektuellen in der Metelkova-Kaserne in Ljubljana, wurde eine Sonderausgabe der *Independent Voices from Slovenia* mit dem Titel »*Slovenian Spring, Centralism or Democracy?*« herausgegeben. Nach den einleitenden Texten der beiden Herausgeber Braco Rotar und Marko Hren folgten die Beiträge der bekannten Autoren Mojca Drčar Murko, Janez Janša, France Bučar, Tomaž Mastnak, Miha Kovač, Anton Stres und Tonči Kuzmanić. Dies war ein Schlüsselwerk zur Förderung der slowenischen politischen Opposition gegen das jugoslawische Regime. Die internationalen Aspekte des Kampfes für die Freilassung der vier Intellektuellen aus dem Militärgefängnis wurden von der Friedensbewegung koordiniert, ebenso wie die politischen Positionen der entstehenden politischen Fraktionen.

Konkrete Erfolge und ihre Manifestationen

Das Friedensforschungsinstitut in Ljubljana und das Metelkova-Kulturzentrum waren zwei Kampagnen, die ihren Ursprung in der Friedensbewegung hatten und Teil ihrer Strategie waren. Jahrzehntelang und auch heute noch ist das Friedensinstitut von Ljubljana eine wichtige nichtstaatliche Forschungsorganisation mit Sitz im Kulturzentrum Metelkova, und zwar nicht zufällig in ihrem geometrischen Zentrum. Das Metelkova-Kulturzentrum ist eine verkörperte Erinnerung an den slowenischen Frühling, die größte greifbare Errungenschaft der Zivilgesellschaft und ein Beweis für ihre Macht in den 1980er Jahren.

Die slowenische Friedensbewegung hat ihre Visionen in die Organisation einer Friedenskonferenz für den Balkan im Jahr 1991 einfließen lassen – das Friedensinstitut wurde formell gegründet, um als Dachorganisation für die internationale Konferenz unter der Schirmherrschaft der KSZE und der UNO zu dienen.

Wo haben wir versagt: beim Timing?! Wir hatten ein sehr kurzes Zeitfenster, um zu handeln, und wir waren zu langsam, während auf der anderen Seite die serbischen/jugoslawischen Streitkräfte schneller vorgingen, bewaffnete Zusammenstöße und Zwischenfälle provozierten und schließlich 1990/91 sowohl in Kroatien (auch an der bosnischen Grenze) als auch in Slowenien militärisch intervenierten. Die Initiative *Slowenien ohne Armee* wurde folglich sofort Gegenstand einer politischen Konfrontation zwischen der sogenannten Linken und der sogenannten Rechten. Dies betraf auch die Mitglieder der Friedensbewegung. Die Bewegung verabschiedete 1992 eine Erklärung zur Selbstauflösung. Wir schlossen das *Zentrum für die Kultur des Friedens und der Gewaltlosigkeit*, während wir gleichzeitig die beiden institutionellen »Kinder« der Friedensbewegung formell mit einem Erbe in Form von Büros, Ausrüstung und Bibliothek ausstatteten: das Friedensinstitut von Ljubljana und das Metelkova-Netzwerk. Die Friedensbewegung löste sich organisch und nach demokratischen Verfahren auf. Aber die Aktivitäten wurden in strukturierter Form fortgesetzt.

Europäische und globale Friedens-, Menschenrechts- und Umweltaktivist*innen erinnern sich noch gut daran, dass das Büro in Ljubljana und die slowenische Friedensbewegung für die meisten globalen Aktionen auf dem Gebiet des ehemaligen Jugoslawien eine erste Anlaufstelle darstellten. Wir veröffentlichten regelmäßig Nachrichten über die Entstehung von Friedens- und Menschenrechtsgruppen in der weiteren Umgebung. In diesem Sinne sind die Errungenschaften nicht erfassbar und unmöglich zu messen, aber unsere Freund*innen und Kolleg*innen von den Bewegungen in

Kroatien, Bosnien, Kosova, Serbien, Mazedonien und Montenegro sind die Hüter der Wahrheit.

Eine greifbare Errungenschaft der Friedensbewegung ist in der slowenischen Verfassung verankert, wo das Recht auf Kriegsdienstverweigerung aus Gewissensgründen gewährt wird und die Friedenspolitik eine obligatorische Hauptsäule der verfassungsmäßigen Werte von Sicherheit ist.

Literatur

Bavčar, Igor (1995): *Zapisnik 13. seje z dne 27. novembra 1995. Preiskovalna komisija državnega zbora RS o parlamentarni preiskavi o politični odgovornosti posameznih nosilcev javnih funkcij za aretacije, obsodbe in izvršitev obsodb v aferi JBTZ.* Ljubljana: zasebni arhiv.

Hren, Marko (2011): Če hočeš mir, pripravljaj mir! *Spremna publikacija besedilu SI VIS PACEM PARA PACEM.* https://www.dlib.si/details/URN:NBN:SI:DOC-UQVDMAQX

Hren, Marko (2012). Slovenian peace movement in the context of Yugoslav anti-war contention. In: *Resisting the Evil, Post-Yugoslav anti-War Contention*, hg. von Bojan Bilić und Vesna Janković. Baden-Baden: Nomos. https://www.dlib.si/details/URN:NBN:SI:DOC-ZPBPSA2D/?euapi=1&query=%27keywords%3dpeace+movement%27&sortDir=ASC&sort=date&pageSize=25

Janša, Janez/Borštner, Ivan/Tasič David (1995): *7 let pozneje.* Ljubljana: Založba Karantanija.

Kranjc, Marjan (1998): Balkanski vojaški poligon. Vloga in pomen vojaško obveščevalne službe, protiobveščevalne službe JLA in varnostne službe JLA. [Der Militärbereich des Balkans. Die Rolle der militärischen Gegenspionagedienste] *Borec, revija za zgodovino, literaturo in antropologijo*, Heft 567–569.

Mastnak, Tomaž (2023): *Civilna družba* [Zivilgesellschaft]. Band 1 des Lexikons *Osemdeseta: Pojmovnik novega kulturnega polja* [Die Achtzigerjahre: Ein konzeptionelles Lexikon des neuen kulturellen Feldes], hgg. von Oto Luthar und Martin Pogačar. Ljubljana: ZRC SAZU. https://omp.zrc-sazu.si/zalozba/catalog/book/2086

Radmann, Diana (2008): *Die Geschichte der Friedensbewegungen im Alpen-Adria-Raum in den 1980er Jahren – Ein Projekt im Alpen-Adria-Raum.* https://www.aau.at/wp-content/uploads/2018/06/radmann-friedensbewegungen-im-alpen-adria-raum.pdf

Wintersteiner, Werner/Sturm, Marjan (2021): Visionen und Wege – Zivilgesellschaftliche Kooperationen im Alpen-Adria-Raum. In: Karl Anderwald/Karl Hren/Kathrin Stainer-Hämmerle (Hg.): *Kärntner Jahrbuch für Politik 2021 | Koroški politični zbornik 2021.* Klagenfurt/Celovec: Mohorjeva/Hermagoras, 277–293.

Leo Gabriel

Costa Rica: das Land ohne Armee – ein Modell für die Welt?

Es war einmal ein wunderschönes, kleines Land, gespickt von hohen Bergen, Seen und einem reichen Waldbestand, das aufgrund seiner immerwährenden Neutralität, zu der es sich bekannt hatte, oft als eine Oase des Friedens in einer von Konflikten geplagten Region bezeichnet wurde. Nach einem blutigen Bürgerkrieg rang sich die aus mehreren Parteien bestehende Regierung zur Überzeugung durch, dass es nie wieder Krieg geben soll und dass die Armee, sofern sie überhaupt notwendig wäre, nur zivile Aufgaben zum Schutz der Zivilbevölkerung übernehmen soll.

Was wie ein Märchen aus Tausend und einer Nacht begann, ist Wirklichkeit geworden. Dreimal dürfen wir raten, um welches Land es sich dabei handelt. Die überwiegende Mehrzahl der Quiz-Liebhaber wird natürlich sofort auf die Schweiz tippen, weit weniger assoziieren wahrscheinlich Österreich mit dieser Geschichte. Und nur ganz wenigen Europäerinnen und Europäern wird es in den Sinn kommen, auf das 51.000 km2 große und von ca. 5 Millionen Menschen besiedelte Costa Rica zu setzen, obwohl es das einzige der drei Länder ist, das es schon 1948 geschafft hat, seine Armee komplett aufzulösen, um die dafür vorgesehenen Mittel zum Aufbau des in ganz Lateinamerika gelobten Sozialversicherungssystems zu verwenden.

Eine bewegte Geschichte

Die Entscheidung, die Armee abzuschaffen, war für Costa Rica das Ergebnis eines langen und schmerzhaften Prozesses. Wie in allen Ländern Lateinamerikas war die Geschichte des Landes von politischen Unruhen und militärischen Interventionen geprägt. In den frühen Jahren des 20. Jahrhunderts sah sich Costa Rica mit zahlreichen neokolonialen Konflikten konfrontiert, die oft zu politischer Instabilität und wirtschaftlichem Niedergang führten.

Die Geschichte beginnt mit einem Krieg: Nachdem im Jahr 1948 der letzte Bürgerkrieg in Costa Rica gewonnen war, setzten die Sieger unter

Federführung des sozialdemokratischen Präsidenten José Maria Figueres eine provisorische Regierung ein, die in kürzester Zeit eine ganze Reihe bemerkenswerter Reformen umsetzte. Sie etablierte demokratische Strukturen, ergriff umfangreiche sozialpolitische Maßnahmen – und schaffte das Militär ab!

Artikel 12 der Verfassung der Republik Costa Rica[113]

Die Armee als eine dauerhafte Institution ist verboten. Die zur Überwachung und zum Erhalt der öffentlichen Ordnung notwendigen Polizeikräfte werden eingesetzt.

Militärische Kräfte dürfen nur im Rahmen eines kontinentalen Abkommens oder zur nationalen Verteidigung aufgebaut werden;

in jedem Fall sollen militärische Kräfte der »Zivilmacht« untergeordnet werden: Sie dürfen weder individuell noch gemeinsam beratend tätig werden oder Erklärungen abgeben.

Jeden 1. Dezember wird der *Día de la Abolición del Ejército* (»Tag der Abschaffung des Militärs«) gefeiert. Die Entscheidung, keine Streitkräfte zu brauchen, hat »Generationen von Costa-Ricanern geformt, die keine Panzer oder Kampfflugzeuge in ihrem Land kennen und niemals eine Waffe tragen oder auf einem Schlachtfeld werden sterben müssen«, sagte Außenminister Manuel González bei einem solchen Anlass.[114] Zurückblickend hat sie sich als mutig, aber richtig erwiesen.

Neutralität: nicht mit Nichtstun zu verwechseln

Denn während in den benachbarten Ländern Zentral- und Südamerikas blutige Auseinandersetzungen zwischen Rebellen, Paramilitärs, Drogenkartellen und Geheimdiensten tobten, herrschte und herrscht in Costa Rica Frieden. Angesichts der anhaltenden bewaffneten Konflikte jenseits der Grenzen verkündete das Land 1983 seine dauerhafte und aktive unbewaffnete Neutralität.

113 Vgl. https://www.ohne-ruestung-leben.de/nachrichten/article/sicherheit-ohne-armee-costa-rica-47.html
114 https://ticotimes.net/2015/12/01/costa-rica-celebrates-67-years-without-army

Dass dies auf keinen Fall mit außenpolitischem Nichtstun verwechselt werden darf, zeigte Präsident Óscar Arias Sánchez in der zweiten Hälfte der 1980er Jahre, als im benachbarten Nikaragua ein von den USA angezettelter Bürgerkrieg gegen die 1979 durch eine bewaffnete Revolution an die Macht gekommene *Frente Sandinista de Liberación Nacional* (Sandinistische Nationale Befreiungsbewegung) begann. Gleichzeitig fanden im etwas weiter gelegenen El Salvador und in Guatemala revolutionäre Prozesse gegen die von den Militärs im Dienste der lokalen Oligarchien bestimmten autoritären Regime statt, bei denen in jedem der genannten Länder zwischen 70.000 und 100.000 Menschen das Leben verloren. Mit intensiven diplomatischen Bemühungen gelang es Óscar Arias (Präsident von 1986 bis 1990 und von 2006 bis 2010), die Staatschefs der zentralamerikanischen Länder an einen Tisch zu bringen und zu einer gemeinsamen Friedenssicherung in der Region zu verpflichten. Im Jahr 1987 erhielt er dafür sogar den Friedensnobelpreis.

Kein Verteidigungshaushalt

Gerade einmal 0,6 bis 0,8 Prozent seines Bruttonationaleinkommens investiert Costa Rica in Polizeistreitkräfte und Grenzschutz. Einen Verteidigungshaushalt gibt es nicht. Das Geld, das Costa Rica damit einspart, kommt in erster Linie dem Bildungs- und Gesundheitswesen zugute. Mit großem Erfolg. Die Armutsrate gehört zu den niedrigsten, der Lebensstandard zu den höchsten in Lateinamerika, und die parlamentarische Demokratie ist relativ stabil.

Natürlich ist Costa Rica kein reines Paradies. Auch hier gibt es Korruption, Kriminalität und den von Kolumbien her versorgten Drogenhandel. Als eine der wichtigsten Aufgaben hat sich die aktuelle Regierung auf die Fahnen geschrieben, die weiterhin große Einkommensungleichheit zu bekämpfen. Doch Costa Rica hat für derartige Vorhaben weitaus bessere Voraussetzungen als viele der umliegenden Länder. Eine kluge Sozialpolitik und der Frieden im Land zahlen sich aus.

Die »Schutzmacht« wird nicht gebraucht

Skeptiker weisen mit Recht darauf hin, dass die Neutralität Costa Ricas durch die USA als ›Schutzmacht‹ abgesichert wird. Seit einigen Jahren sind sogar US-Truppen im Land, angeblich um von dort aus Missionen zur Eindämmung des kolumbianischen Drogenschmuggels durchzuführen – eine Stationierung, die in Costa Rica sehr umstritten ist. Als ›Schutzmacht‹ wurde die USA seit 1948 übrigens nicht ein einziges Mal gebraucht.

Costa Rica hat keine Feinde. Dafür ist es ein Vorzeigeland für Sozialpolitik, Wirtschaft, Demokratie und Umweltschutz. Seit 1980 befindet sich in Ciudad Colón, unweit der Hauptstadt San José, auch der Campus der *United Nations University for Peace (UPEACE)*, mit der auch das österreichische Friedensinstitut in Stadtschlaining für viele Jahre zusammengearbeitet hat.[115] Augenzwinkernd wird deshalb das Land gerne als die »Schweiz Zentralamerikas« bezeichnet. Und die Costa-Ricaner*innen scheinen überzeugt zu sein, dass der Verzicht aufs Militär der sicherste Weg ist, all das zu erhalten und zu schützen.

Die Konsequenzen

Die Entscheidung, auf eine Armee zu verzichten, hatte weitreichende Konsequenzen. Einer der offensichtlichsten Vorteile war die massive Einsparung finanzieller Ressourcen, die normalerweise für militärische Ausgaben verwendet werden. Diese Mittel wurden stattdessen in Bildung, Gesundheitswesen und Infrastruktur investiert, was zu einem deutlichen Anstieg des Lebensstandards und der Lebensqualität der Bevölkerung führte. Darüber hinaus ist das Land dabei, eine Vorreiterrolle in Sachen Klimaschutz einzunehmen.[116]

Darüber hinaus ermöglichte die Abwesenheit einer Armee eine Konzentration auf die Förderung des Friedens und der Diplomatie. Costa Rica etablierte sich als führender Befürworter der internationalen Abrüstung und des Völkerrechts. Das Land ist Gastgeber für eine Vielzahl von Friedens- und Menschenrechtsorganisationen, darunter die Vereinten Nationen und der Interamerikanische Gerichtshof für Menschenrechte.[117]

115 »UPEACE ist die einzige Institution innerhalb des Systems der Vereinten Nationen, die sich ausschließlich der Friedenserziehung widmet. Die einzigartigen Eigenschaften von UPEACE liegen in ihrem spezialisierten UN-Mandat, der globalen Gemeinschaft, dem interdisziplinären Lehrplan, dem Engagement für praktisches Lernen und der Betonung der nachhaltigen Entwicklung.« (https://upeace.org/)

116 https://www.international-climate-initiative.com/iki-medien/artikel/costa_ricas_langfriststrategie_bis_2050/; https://www.nationalgeographic.de/umwelt/2019/11/costa-rica-als-land-klein-doch-sachen-nachhaltigkeit-ganz-gross

117 Vgl. dazu: https://www.pressenza.com/de/2020/12/costa-ricas-aktive-rolle-bei-der-abruestung-ein-vorbild-fuer-demilitarisierung/

Sicherheit in einer unsicheren Welt

Ein häufiges Argument gegen die Abschaffung von Armeen ist die Vorstellung, dass ein Land ungeschützt und anfällig für Bedrohungen von außen sein könnte. Costa Rica hat gezeigt, dass dies nicht unbedingt der Fall sein muss. Obwohl das Land keine traditionelle Armee hat, verfügt es über eine gut ausgebildete und hoch angesehene bewaffnete Polizei, die sogenannte *Guardia Civil*, die nicht nur für die Aufrechterhaltung von Recht und Ordnung im Inland, sondern auch für die Erhaltung des reichen costa-ricanischen Ökosystems trotz des auch dort vorhandenen Extraktivismus transnationaler Bergbauunternehmen verantwortlich ist. Wichtig ist auch zu erwähnen, dass diesen bewaffneten Kräften im Unterschied zu den meisten Ländern Lateinamerikas keine besondere politische Bedeutung zukommt.

Allerdings spielt Costa Rica eine aktive Rolle bei der Förderung regionaler Sicherheitsmechanismen und der Zusammenarbeit mit anderen Ländern bei der Bekämpfung von Bedrohungen wie Drogenhandel und Terrorismus. Durch die Betonung von Bildung und sozialer Gerechtigkeit hat Costa Rica auch eine starke Basis für soziale Stabilität geschaffen, die dazu beigetragen hat, interne Konflikte zu minimieren.

Ein Modell für die Zukunft?

Angesichts zunehmender globaler Spannungen und militärischer Konflikte stellt sich die Frage, ob das costa-ricanische Modell, keine Armee zu haben, für andere Länder als lebensfähige Alternative betrachtet werden könnte. Sicherlich ist Costa Rica ein einzigartiger Fall, und nicht jede Nation könnte seine Armee einfach abschaffen und ähnliche Ergebnisse erzielen. Dennoch bietet die Erfahrung Costa Ricas wertvolle Einsichten und Anregungen für die Diskussion über alternative Wege zur Sicherheit und zum Frieden.

In einer Zeit, in der die Welt mit komplexen Herausforderungen wie Klimawandel, Armut und Pandemien konfrontiert ist, könnten Ressourcen, die normalerweise für militärische Zwecke verwendet werden, für dringendere und nachhaltigere Ziele eingesetzt werden. Durch Investitionen in Bildung, Gesundheitswesen und Sozialversicherungssysteme könnten

Länder möglicherweise langfristig eine größere Sicherheit und Stabilität erreichen als jene politischen Kräfte, die heute wieder auf die militärische Abschreckung setzen.

ANHANG

Anti-Militarismus in Österreich. Ein historischer Streifzug[118]

Anti-Militarismus hat in der Geschichte der österreichischen Friedensbewegungen seit dem 19. Jahrhundert immer eine große Rolle gespielt, auch wenn viele Traditionen in Vergessenheit geraten sind. Dieser kurze Überblick zeigt, dass die Forderung nach Abrüstung die Geburtsstunde der österreichischen Friedensbewegung einläutete und immer wieder neue Initiativen inspirierte.

»Die Waffen nieder!«

Bertha von Suttners epochemachender Appell, ihr Roman »Die Waffen nieder!« (1889), war die Initialzündung zur Gründung einer Friedensgesellschaft in Österreich. Suttner war wohl auch die erste, die das System der Rüstungsspirale durchschaute und die den Einsatz des neu erfundenen Flugzeugs als »Barbarisierung der Luft« denunzierte, wie der Titel einer ihrer Schriften lautete. Das Scheitern der Abrüstungsbemühungen auf den beiden Haager Kongressen (1899 und 1907), an denen Bertha von Suttner als Korrespondentin Anteil nahm, bahnte den Weg zum Ersten Weltkrieg.

Frauen gegen Militarismus und Krieg

Im Ersten Weltkrieg nahmen auch Frauen aus Österreich am Haager Frauen-Friedenskongress 1915 teil, darunter Olga Misař und Leopoldine Kulka. 1917 entstand trotz Zensur und Versammlungsverbot eine *Sektion Friedenspartei* innerhalb des Allgemeinen Österreichischen Frauenvereins. Elsa Beer-Angerer, Leopoldine Kulka und Yella Hertzka fuhren 1919 zum ersten Kongress der *Women's International League for Peace and Freedom* (WILPF) in Zürich. Leiterin von WILPF Österreich wurde Rosa Mayreder. Der 3. WILPF-Kongress fand

118 Dank an Pete Hämmerle für etliche wertvolle Hinweise.

1921 in Wien statt. Olga Misař baute auch die österreichische Sektion des *Bundes für Kriegsdienstgegner* auf, der 1924 eine Großveranstaltung mit 10.000 Teilnehmer*innen abhielt. 1928 fand die 2. »Internationale Konferenz der Kriegsdienstgegner« auf dem Sonntagsberg (Niederösterreich) statt. Olga Misař lud im Namen des »Komitees für innere Abrüstung« Gandhi 1931 nach Wien ein, der dieser Einladung jedoch nicht folgte. (Vgl. den Beitrag von Rosa Logar)

Gegen den »Mord auf Kommando«

Der Wiener Pierre Ramus (d. i. Rudolf Großmann) war sowohl Aktivist wie auch Theoretiker des anarchistischen Pazifismus. Nach Stationen in den USA und in England gründete er 1907 in Österreich das anarchistische Organ *Wohlstand für Alle*. Im Weltkrieg zweimal wegen Spionage und Hochverrats verhaftet, stand er bis Kriegsende unter Hausarrest. 1919 gründete er den *Bund herrschaftsloser Sozialisten* mit der Zeitschrift *Erkenntnis und Befreiung*, in der er ein kompromissloses Festhalten an Gewaltlosigkeit und Antimilitarismus propagierte. Sein Werk gilt wieder als aktuell, da die Bedeutung des Anarcho-Pazifismus wie auch anderer radikal anti-militaristischer Positionen zunimmt.

Der Jüllig-Plan

Eine weitere wichtige Abrüstungsinitiative war die 1922 gegründete *International Union of Voluntary Disarmament*, deren Amerika-Sekretärin die aus Österreich stammende Erna Jüllig-Broda war. Europa-Sekretärin war Seraphine Puchleitner, die als erste Frau im Jahr 1902 an der Universität Graz promoviert hatte. Das Ziel der manchmal *Jüllig-Plan* genannten sehr originellen Initiative bestand darin, ein System der freiwilligen, simultanen und gleichmäßigen Abrüstung der Staaten unter Aufsicht des Völkerbunds zu verwirklichen. Entsprechend der Einwohnerzahl sollte sich eine proportional entsprechende Anzahl von Wehrpflichtigen unterschiedlicher Staaten zum absoluten Verzicht auf Kriegsdienst verpflichten, solange bis diese freiwillige Selbstentwaffnung Kriege letztlich unmöglich machen würde.

Im Vorfeld der Abrüstungskonferenz des Völkerbundes 1932 organisierte der Internationale Versöhnungsbund (IFOR) eine *European Youth Peace Crusade for Disarmament and World Peace* (rund 900 Jugendliche, auch aus Österreich).

Für das Atomwaffenverbot

Nach 1945 dominierte in Österreich, wie in den meisten Staaten, ein »Atompazifismus«, d. h. die Forderung nach nuklearer Abrüstung stand im Vordergrund. 1946 wurde die Österreichische Friedensgesellschaft gegründet, deren Leitspruch lautete: »Krieg ist ein Verbrechen gegen die Menschheit; er wird von Menschen gemacht und kann von Menschen verhindert werden.« Für den Ersten Weltfriedenskongress in Paris 1952 erhielt die österreichische Delegation, darunter Hans Thirring, keine Einreiseerlaubnis. Den Stockholmer Appell von 1950, der das Verbot von Atomwaffen forderte, unterschrieben fast eine Million Österreicher*innen. 1963 startete in Österreich die Ostermarschbewegung (bis 1968), deren Leitung Robert Jungk innehatte.

Gegen die Wiederbewaffnung Österreichs

Nach Abschluss des Staatsvertrages und der Wiedererlangung der Souveränität beschloss das Parlament am 7. 9. 1955 den Aufbau einer Armee, wobei die (zunächst allgemein ungeliebte) Neutralität (die erst danach, am 26. 10., beschlossen wurde) als Begründung für die Notwendigkeit militärischer Verteidigung angeführt wurde. Genau umgekehrt machten Pazifist*innen die Neutralität zu einem zusätzlichen und sogar hauptsächlichen Argument für Abrüstung. In der ersten Nummer der Zeitschrift *Antimilitarist* 1955 schrieb die Herausgeberin Luise Eisenmenger Micko (1897–1968) einen Leitartikel: »Allgemeine Mordpflicht? – Nein!«. Statt eines Heeresministeriums forderte sie ein »Friedensministerium« und für den Fall einer tatsächlichen Wehrpflicht das Recht auf Militär- und Kriegsdienstverweigerung aus Gewissensgründen. Ähnlich wie später Thirring plädierte sie für ein neutrales und unbewaffnetes Österreich als »eine friedliche Insel ohne Kriegsmaterial und Heer«. »Wir wollen uns zum Völkerrecht bekennen, aber nicht zum Völkerfaustrecht«, lautete ihre eingängige Parole.

Ein scharfer Kritiker der Wiederbewaffnung war auch der römisch-katholische Priester, Theologe, Pazifist und Wissenschaftler Johannes Ude (1874–1965). 1944 wegen Wehrkraftzersetzung und »Feindbegünstigung« zum Tode verurteilt, entging er der Todesstrafe nur aufgrund des Zusammenbruches des NS-Regimes. Ude, eine prominente Figur und in ständiger

Auseinandersetzung mit der Kirchenhierarchie, sah das Militär als prinzipiell unvereinbar mit dem Christentum und forderte eine Volksabstimmung über die Einführung eines Bundesheeres. Die Behauptung, Österreich müsse zur Sicherung seiner Neutralität militärisch gerüstet sein, bezeichnete er als einen Mythos.

Das *Manifest gegen die Wiederbewaffnung Österreichs* (1955) des Dichters H.C. Artmann ist ein leidenschaftlicher Appell in poetischer Form. Es endet mit den Worten:

> Ein Österreich
> das nach wiederbewaffnung schreit
> ist mit dem quakfrosch zu vergleichen
> der mit bruchband und dextropur versehen
> einen antiken dragonersäbel erheben wollte …

Eine wichtige anti-militaristische Anlaufstelle ist seit Jahrzehnten die Wiener ARGE für Wehrdienstverweigerung, Gewaltfreiheit und Flüchtlingsbetreuung, wie sie inzwischen heißt. Organisationen wie Service Civil International Austria (SCI) und IFOR haben sich (vor der Einführung des Zivildienstes) für die Möglichkeit eines Dienstes ohne Waffe eingesetzt und diese beworben.

Volksbegehren zur Abschaffung des Bundesheeres

Wenn all dies das Umfeld war, in dem Thirrings Vorschlag entstanden ist und aufgenommen wurde, so ist der Thirring-Plan umgekehrt auch Impulsgeber für verschiedene antimilitaristische Initiativen geworden. Das Volksbegehren zur Abschaffung des Bundesheeres (1969–1971) von Wilfried Daim und Günther Nenning wäre ohne Thirring wohl kaum denkbar gewesen. Der Text des Antrags zum Volksbegehren sah – ähnlich wie Thirring – einen internationalen Vertrag über die Anerkennung des Status der unbewaffneten Neutralität vor ebenso wie – über Thirring hinaus – gewaltlosen Widerstand gegen eine militärische Besetzung. Obwohl die Unterschriften unter dubiosen Umständen verschwanden und das Volksbegehren niemals eingeleitet wurde, hatte es (und indirekt auch der Thirring-Plan) doch Einfluss auf die Verkürzung der Wehrdienstzeit (1971) und die Einführung des Zivildienstes (1975).

Gegen Rüstung und Neutralitätsverletzungen, für die Anerkennung der NS-Deserteure

In den folgenden Jahren und Jahrzehnten entzündete sich der Widerstand gegen Österreichs Waffenexporte. 1980 gelang es, die Lieferung von 100 Kürassier-Panzern an die chilenische Militärjunta zu verhindern. 1985 flog der Noricum-Skandal auf: Diese Tochterfirma der staatlichen VÖEST verkaufte – im Gegensatz zum Neutralitätsgesetz – Kanonen an kriegsführende Staaten. Erst 1989 wurde dazu ein Untersuchungsausschuss eingesetzt. Vor Gerichte wurde das Management schuldig gesprochen, die Politiker (außer Ex-Innenminister Blecha) erhielten alle einen Freispruch.

Zivilen Widerstand gab es auch gegen den Ankauf von Abfangjägern. Die zwei Volksbegehren (1985 und 1986) wurden im Parlament jedoch abgelehnt, ebenso wie ein drittes (2002), das über 600.000 Stimmen erhielt.

Trotz jahrzehntelanger Bemühungen, die bereits 1945 beginnen, gelang es erst im Jahre 2009, im Nationalrat ein Aufhebungs- und Rehabilitationsgesetz für die ungehorsamen Soldaten des Zweiten Weltkrieges zu verabschieden. Erst ab dann sind alle Unrechtsurteile gegen Deserteure und andere Verfolgte der Wehrmachtgerichte (wie etwa Franz Jägerstätter) endgültig aufgehoben und die Betroffenen offiziell als Opfer des Nationalsozialismus anerkannt.

Weltweite atomare Abrüstung

Einen neuen Schwung erhielt die Friedensbewegung in den 1980er Jahren mit massiven weltweiten Kampagnen gegen die NATO-Nachrüstung und die Atomwaffen des Warschauer Pakts. Bei Großdemonstrationen in Wien 1982 und 1983 nahmen 70.000 bzw. 100.000 Menschen teil. Eine spezifisch österreichische Initiative war dabei der *Villacher Vorschlag*, der eine atomwaffenfreie und militärisch verdünnte Zone rund um Österreich forderte.

Neue Entwicklungen

Im Jänner 2013 stimmten bei einer bundesweiten Volksbefragung fast 60 Prozent für die Beibehaltung der allgemeinen Wehrpflicht und des Zivildienstes.

Rund 40 Prozent sprachen sich für ein Berufsheer und ein bezahltes freiwilliges Sozialjahr aus. Andere Optionen standen nicht zur Auswahl.

In den letzten Jahren hat sich eine Plattform »Rüstungsatlas Österreich« gebildet, die an einer systematischen Erfassung der Rüstungsindustrie in Österreich arbeitet. 2024 formierte sich Widerstand gegen die Beteiligung Österreichs am Sky Shield, dem NATO-Weltraum-»Schutzschirm«, der mit der Neutralität unvereinbar ist und ein neues Wettrüsten auslösen könnte. (Vgl. den Beitrag von Günther Greindl)

Gewaltfreie Sicherheit

Gewaltfreiheit und gewaltfreier Widerstand bilden das notwendige Gegengewicht zum Militarismus. Hier soll nur das jahrzehntelange Wirken von Jean Goss und Hildegard Goss-Mayr (IFOR) im Sinne aktiver Gewaltfreiheit hervorgehoben werden, das sich vor allem auf den globalen Süden erstreckte, aber stark auf Österreich ausstrahlte.

Inspiriert durch die deutsche Initiative »Sicherheit neu denken« und ihr Konzept einer zivilen Sicherheitspolitik hat sich, unter Federführung des Internationalen Versöhnungsbunds/Österreich eine Arbeitsgruppe gebildet, die Impulse für eine gewaltfreie Gestaltung von Gesellschaft und Staat erarbeitet. Ein Ergebnis ist die Publikation *Frieden ist möglich – aber sicher!* (FREDA 2022). Diese Arbeit bildet auch den Hintergrund für das Pilotprojekt *Ziviler Friedensdienst* zur Ausbildung und zum Einsatz ziviler Friedensfachkräfte, dessen Einrichtung 2020 beschlossen wurde. (Vgl. den Beitrag von Ewa Ernst-Dziedzic)

*

Dieser kursorische Überblick zeigt: Es gibt alternative Konzepte zu militärischer Gewalt schon lange, teilweise als Prinzipien, die einer Konkretisierung harren, teilweise aber auch als ausgearbeitete Konzepte, die eben nicht umgesetzt wurden. Es wäre wichtig, sie heute erneut zu studieren. Denn vieles hat bis heute nichts von seiner Aktualität eingebüßt. So auch das »Manifest zur Kriegsdienstverweigerung« von Georg Uehlinger (*Antimilitarist* 51/1968), in dem es abschließend heißt, »daß die einzige Rettung für die Welt und die Menschheit die Gewaltlosigkeit und die Abrüstung ist. Im Zeitalter der Massenvernichtungswaffen müssen wir andere Mittel und Wege suchen und finden. Eine Alternative wäre der Aufbau einer gewaltlosen Landesverteidigung im Sinne und Geist von Mahatma Gandhi. Die Gewaltlosigkeit ist kein Sich-Beugen, kein Sich-Unterwerfen vor der Macht der anderen! Der Pazifist setzt ebenso wie der Soldat sein Leben ein.«

Die Autorinnen und Autoren

Dr. Erwin Bader, geboren 1943 in Schladming, Ao. Univ.-Prof. i. R., Philosoph, Präsident der Bertha v. Suttner-Friedensmission. Ab 1977 katholischer Religionslehrer, 1995–2005 Erster Vorsitzender des Universitätszentrums für Friedensforschung der Universität Wien. Zahlreiche Bücher und Aufsätze. Auszeichnungen u. a.: Karl-von-Vogelsang-Staatspreis für Geschichte der Gesellschaftswissenschaften; Aufnahme in das Verzeichnis »2000 Outstanding Intellectuals in the World«.

Dr. Ewa Ernst-Dziedzic, geboren 1980 in Proszowice/Polen, ist Politikerin, Politologin, Autorin und Aktivistin. Von 2017 bis 2024 war sie Abgeordnete zum österreichischen Nationalrat auf der Liste der Grünen und Sprecherin für Außenpolitik, Menschenrechte und Migration. Studium der Philosophie, Publizistik, Translations- und Politikwissenschaft. Aktiv tätig beim Österreichischen Frauenring.

Dr. Leo Gabriel, geboren 1945 in Neunkirchen, ist Journalist, Dokumentarfilmer und Sozialanthropologe; er studierte in Wien und Paris Rechtswissenschaften und Sozialanthropologie. Von 1970 bis 1996 lebte er vorwiegend in Mexiko und Nikaragua, wo er die Agencia Periodistica de Información Alternativa leitete. Nach seiner Rückkehr nach Wien leitete er das Ludwig Boltzmann Institut für zeitgenössische Lateinamerikaforschung.

Univ. Prof. Dr. Heinz Gärtner, geboren 1951 in Pisweg/Kärnten, unterrichtet am Institut für Politikwissenschaft an der Universität Wien. An der Johns Hopkins Universität in Washington DC war er Fellow der Austrian Marshall Plan Foundation. Derzeit Leiter des Beirats des International Institute for Peace (IIP). 1997 erhielt er den Bruno-Kreisky-Preis für das politische Buch. Träger des Militär-Verdienstzeichens des österreichischen Bundesheeres.

OR Erik Gornik, geboren 1944 in Krumau/Oberdonau. Seit 1996 Angehöriger des Bundesministeriums für Landesverteidigung. Nach diversen Verwendungen im militärischen Außendienst seit 2009 Leiter der Bibliothek des Heeresgeschichtlichen Museums in Wien.

General i. R. DI Mag. Günther Greindl, geboren 1939 in Ried im Traunkreis, ist Präsident des Vereins *Aufbruch-Österreich.* Theresianische

Militärakademie in Wr. Neustadt und Generalstabskurs an der Landesverteidigungsakademie Wien; anschließend Studium der Raumplanung an der TU Wien. Auslandsverwendung in Zypern (UNFICYP), am Golan (UNDOF) und UN Chief Military Observer in Irak–Kuwait (UNIKOM); Sonderbeauftragter des UN-Generalsekretärs in der »United Nations Protection Force« (UNPROFOR) im ehemaligen Jugoslawien. 2013 Verleihung des »Egon Ranshofen-Wertheimer-Preises« für Verdienste um das Ansehen Österreichs im Ausland.

Andreas Gross, geboren 1952 in Kobe/Japan, aufgewachsen in Basel, Werkstudent in Zürich (Geschichte) und Lausanne (Politikwissenschaften), Uni-Assistent, seit 1992 Lehrbeauftragter für Direkte Demokratie u. a. in Marburg, Jena, Hamburg; Eintritt in die Schweizerische SP und die Jusos; 1982 Mitbegründer der *Gruppe Schweiz ohne Armee* (GSoA); Mitentwickler der »Volksinitiative Schweiz ohne Armee« (1985–1989) und der Volksinitiative für den UNO-Beitritt der Schweiz (1998–2002); langjähriger Schweizerischer Nationalrat und Autor zahlreicher Bücher. Lebt in Saint Ursanne (Jura) und leitet das »Atelier für Direkte Demokratie«.

Marko Hren, geboren 1959 in Ljubljana, konzipierte die Kampagnen der jugoslawischen und slowenischen Friedensbewegung in den 1980er- und 1990er Jahren; Mitbegründer und Leiter des Zentrums für die Kultur des Friedens und der Gewaltlosigkeit in Ljubljana (1988); er war Mitglied des Rates für Sicherheit des slowenischen Präsidenten. 1990 konzipierte er das Multikulturelle Zentrum, das im Hauptquartier der ehemaligen jugoslawischen Armee in der Metelkova-Straße in Ljubljana eingerichtet wurde.

Dr.in Karin Liebhart, geboren 1963 in St. Pölten, Politologin, Lektorin am Institut für Politikwissenschaft der Universität Wien, Wissenschaftliche Leiterin des Instituts für Konfliktforschung Wien. Forscht in den Bereichen Rechtsextremismus, neue Formen demokratischer Partizipation, visuelle Politik und Gender Studies.

Rosa Logar, geboren 1958 in St. Paul, Internationale Expertin für Gleichstellung, Prävention von Gewalt an Frauen und Mädchen und feministische Friedensarbeit. Vorstandsmitglied von Women's International League for Peace and Freedom (WILPF); Vorsitzende von WILPF-Austria. Mitbegründerin des ersten Frauenhauses in Österreich und Gründungsmitglied des Europäischen Netzwerks WAVE (Women against Violence Europe).

Dr. Christoph Matznetter, geboren 1959 in Wien; Studium der Politikwissenschaft an der Universität Wien; Zivildienst; Wirtschaftsprüfer und Steuerberater. Politische Funktionen: Mitglied des Bundesparteipräsidiums der SPÖ seit 2001, Mitglied des Bundesparteivorstandes der SPÖ seit 2000, langjähriger Präsident des Sozialdemokratischen Wirtschaftsverbandes Österreich. Staatssekretär im Bundesministerium für Finanzen (2007–2008); Abgeordneter zum Nationalrat auf der Liste der SPÖ zwischen 2002 und 2024.

Dr. Gerhard Oberkofler, geboren 1941 in Innsbruck, war von 1983 bis 2002 Professor für Wissenschaftsgeschichte an der Universität Innsbruck. Seine Hauptforschungsgebiete sind: Universitäts- und Wissenschaftsgeschichte des 19. Jahrhunderts bis zur Gegenwart und Biografien von Wissenschaftler*innen wie von Pionier*innen der Befreiungstheologie.

Dr. Christine Schweitzer, geboren 1959 in Hamburg, Studium der Ethnologie in Köln; Promotion 2009 an der Universität Coventry; Geschäftsführerin beim Bund für Soziale Verteidigung und wissenschaftliche Mitarbeiterin beim Institut für Friedensarbeit und Gewaltfreie Konfliktaustragung. Ihre Schwerpunkte sind Zivile Konfliktbearbeitung, Soziale Verteidigung, gewaltfreie Intervention in gewaltsame Konflikte und Ziviles Peacekeeping.

Dr. Werner Wintersteiner, geboren 1951 in Wien, Univ.-Prof. i. R. der Alpen-Adria Universität Klagenfurt (AAU), Gründer und ehemaliger Leiter des Zentrums für Friedensforschung und Friedensbildung an der AAU. Im Leitungsteam des Universitätslehrgangs Global Citizenship Education. Schwerpunkte: Literatur, Politik und Frieden; (kulturwissenschaftliche) Friedensforschung; Friedenspädagogik und Global Citizenship Education sowie (transkulturelle) literarische Bildung. Vorstandsmitglied des *Herbert C. Kelman Institut for Interactive Conflict Transformation* (HKI).